WILLY MILLOWITSCH

Heiter währt am längsten

Die Bühne meines Lebens

WILLY MILLOWITSCH

Heiter währt am längsten

Die Bühne meines Lebens

ERSCHIENEN BEI HESTIA

Nach den Tonbandprotokollen des Autors
aufgezeichnet von Birgitt Wolff und Peter Heim
Recherchen und Mitarbeit: Hannes vom Ufer

Printed in Austria

ISBN 3-7770-0385-9
Umschlaggestaltung: Atelier Schütz, München
Umschlagfoto: © Foto Aug, Köln
Satz: Compusatz GmbH, München
Druck und Bindung: Wiener Verlag, Himberg bei Wien

Minge leeve Willy*,

nun hast Du endlich, nach jahrelangem eisernen Widerstand, Deine Erinnerungen geschrieben; nicht nur, weil Du gleichzeitig achtzig Jahre alt geworden bist – Pardon, sagte ich alt, das ist natürlich das völlig falsche Wort, es müßte eigentlich heißen achtzig Jahre jung –, also nicht darum, sondern weil Dich meine Tochter Dagmar so beschwatzt und Dir auf der Seele gekniet hat, bis Du in milder Resignation gestöhnt hast: »Wenn et also sein muß, jut, mache mer dat.« Und dann hast Du losgelegt, furios wie auf der Bühne, nicht nur ein Vollblut-Schauspieler, sondern nun auch ein Vollblut-Erzähler.

Du hast es eingangs schon gemerkt: Ich habe nicht geschrieben: »Deine Memoiren«, sondern »Deine Erinnerungen«. Memoiren haben immer so einen Geruch von Ernst, tiefer Würde und gedankenschweren Wertungen; man erwartet von ihnen Auseinandersetzungen zwischen Gott und Mensch, Mensch und Mensch, Himmel und Erde, und da hineingestellt das eigene mehr oder minder interessante Leben, einen Kosmos um das eigene Ich, das sich dann in erbrachten Leistungen, in erhaltenen Ehrungen und Würdigungen sonnt und den staunenden oder ergriffenen Lesern vor Augen führt, welch ein ungewöhnliches Leben sich

* übersetzt für Nichtkölner: Mein lieber Willy

hier niederschlägt. Memoiren können wie ein Purpurmantel sein, den man sich um die Schultern legt.

Wie anders sind Erinnerungen. Sie sind eine Fülle von Erlebnissen, Begebenheiten, Situationen; Abenteuer im täglichen Leben und vor allem Abenteuer mit Menschen. Denn nichts ist abenteuerlicher als die Erinnerung an Menschen, die einmal den eigenen Weg gekreuzt haben, und nichts gibt dem eigenen Leben mehr Gewicht als die Erfahrungen mit Menschen.

Nein, Willy, zieh nicht den Kopf ein – es wird nicht bierernst; das magst Du gar nicht, denn Dein Motto »Jeder Tag ist verloren, an dem man nicht gelacht hat!« hast Du wahrhaftig jeden Tag neu bekräftigt: jeden Abend vor Hunderten von Menschen in Deinem Theater in Köln und oft, dennoch zu selten, vor Millionen von Fernsehzuschauern, die sich freuten und zur Fröhlichkeit bereit waren, wenn es hieß: Ein Lustspiel mit Willy Millowitsch. Und ich habe es ja oft genug mit Dir zusammen erleben dürfen, was passiert, wenn Du, ganz gleich in welcher Stadt, durch die Straßen gehst oder in einem Lokal sitzt, wenn du irgendwo den Menschen zum Greifen nahe bist: da geht ein Leuchten über die Gesichter, da strahlen die Augen, da hörst Du »Das ist doch der Millowitsch!«, und sie kommen zu Dir, bitten um ein Autogramm, sprechen vom letzten Fernsehabend – lauter fröhliche Menschen, die durch Deinen Humor für einige Stunden dem grauen Alltag entfliehen konnten. Ist das nicht wunderbar, unzähligen Tausenden ein Lachen schenken zu können, ein bißchen Glück des Vergessens aller alltäglichen Nöte?

Einmal waren wir in München zusammen und aßen

in einem bekannten Lokal eine wunderbar knusprige Schweinshaxe. Wir saßen etwas abseits auf einer drei Stufen höheren Empore, hatten gerade die duftenden Haxen bekommen und freuten uns auf den ersten Bissen, da hatte bereits in dem großen Saal vor uns die alarmierende Nachricht Tisch nach Tisch erreicht: »Der Millowitsch ist hier!« Und dann ging's los: Ein Pilgerzug stellte sich auf und marschierte an unserem Tisch vorbei, mit glänzenden Augen und fröhlichen Zurufen, und Du schriebst ein Autogramm nach dem anderen, drücktest Hände und – die Schweinshaxe wurde kälter und kälter. Doch da sagtest Du im echten Millowitsch-Ton: »Kinder, loßt mich doch jet esse... die Haxe jefriert ja...« Und da war wieder um Dich das Lachen, das Du so liebst und das Dein Lebenselixier ist.

Oder das: Wir fuhren zusammen nach Saarbrücken, mit dem Zug, Du, Deine Frau Gerda, meine Frau Elsbeth und ich. Eine Karnevalsgesellschaft hatte Dich im vorigen Jahr zum »Dr. humoris causa« ernannt, und Du hattest mich als nächsten »Dr.« vorgeschlagen. Nun waren wir auf dem Weg zur Verleihung der »Doktor-Würde«, bei der Du die Laudatio auf mich halten wolltest. Bis Koblenz, wo wir umsteigen mußten, verlief die Fahrt noch normal, aber schon auf dem Bahnsteig in Koblenz, beim Warten auf den Anschlußzug, kam Unruhe in den Reihen der anderen Wartenden auf: »Das ist doch der Millowitsch!« Das Einlaufen unseres Zuges verhinderte eine neue Prozession zu Dir, aber – kaum saßen wir, schienen sich fast alle Mitfahrer zu einer Wanderung entschlossen zu haben. Unentwegt zogen sie an unserem Abteil vorbei, feixten, winkten, lachten, schoben die Tür auf, und wieder schriebst Du Autogramm um Autogramm, und sogar der Schaffner und der Zugführer kamen herein, mit einem Lächeln im Gesicht und Mitleid in den Augen. »Ich schließ die Tür ab...«, sagte der Zugführer, »und mach sie vor Saarbrücken nicht wieder auf. Wenn Sie die Gardinen vorziehen, Herr Millowitsch, dann haben Sie Ruhe.«

So geschah's, aber ich glaube, daß Du trotz der verdienten Stille, die danach eintrat (nur unsere Frauen sprachen unentwegt), im Grunde Deines Herzens ein kleines Schuldgefühl spürtest, die durch Dich fröhlich gewordenen und Dich verehrenden Menschen ausgesperrt zu haben.

Kleine Erlebnisse am Rande eines großen Lebens mag man das nennen, aber gerade diese menschlichen Kleinigkeiten sind die Würze der Erinnerungen. Und diese hast Du nun niedergeschrieben, hast sie preisgegeben für alle Menschen, die Dich mögen, die durch Dich wieder lachen konnten, die »ihren Willy« sehen und hören wollen, die dich lieben, als gehörtest Du zur Familie. Und es sind Millionen von Familien.

Was Du auch spielst, auf der Bühne oder auf der Mattscheibe: für uns, die wir Dir zuschauen, ist es wie eine Befreiung von einem inneren Druck. Wir sehen uns im Menschlichen und Allzumenschlichen, in der Parodie unseres Alltags und unserer Schwächen, im Spiegel unseres Glücks und auch unserer Sorgen – und weil das alles von Dir aus einem fröhlichen Herzen kommt, können wir befreiend lachen und unsere Seelen in sprudelndem Frohsinn baden.

Einen Hamlet können viele spielen – aber keiner

einen Millowitsch. Da bist Du einmalig, unerreicht, unantastbar wie ein Naturereignis. Wie arm wären wir, wenn es Dich nicht gäbe, aber – Gott sei gedankt:

Es ist wunderbar, daß es Dich gibt!

Dein Heinz G. Konsalik

Vorwort

An dieser Stelle wollte ich eigentlich all den Menschen aus meinem Freundeskreis und meiner Familie danken, die mir geholfen haben, das Material zusammenzutragen, das für die Beschreibung einer achtzigjährigen Lebensstrecke notwendig ist. Ich tue es nicht. Ich weiß, daß meine Freunde verzeihen. Sie kennen den Grund. Sie verstehen, daß das, was geschehen ist, als ich die letzten Kapitel verfaßte, die Schritte begleiten wird, die in diesem Leben für mich noch zu gehen sind. Ich hatte daran gedacht, auf die Herausgabe des Buches zu verzichten, denn manchmal treffen uns Ereignisse, die stärker sind als die Kraft, die in uns wohnt. Meine Freunde waren anderer Ansicht. »Mach weiter, Willy!« sagten sie. Wie oft schon hab ich das in meinem Leben gehört. Aber schließlich überzeugte mich das Argument, daß dieses Buch ja nicht von mir allein handelt, sondern von einer Familie und von der Stadt, der diese Familie alles verdankt. Und die wir über alles lieben.

Ich widme es dem Jungen, für den ich täglich bete!

Wer das Staunen verlernt...

Ich sitze in dem Raum, der mir der liebste ist auf dieser Welt: meine kleine Garderobe in der Aachener Straße.

Vier winzige »Nichts-sehen-Nichts-hören-Nichts-reden-und-Nichts-fühlen«-Äffchen gucken mich an. Von den Fotografien an den Wänden tun die Freunde das gleiche. Viele dieser Fotos sind verblaßt. Na und? Ich trage die Gesichter in meinem Herzen.

Ich sitze auf dem Stuhl, auf dem schon mein Vater saß, und blicke in den Spiegel, der so vielen beim Schminken geholfen hat. Das Tonband, das sich zwischen den Puderdosen dreht, will dasselbe wie ich: Registrieren, was gewesen ist.

Ein Spiegel kann Blicke nicht festhalten, doch mein Vater ist wohl seinen Augen genauso begegnet wie ich heute. Er muß das gleiche gefühlt haben...

»Wer das Staunen verlernt, Willy, lernt nie«, hat er mir einmal gesagt. »So ist das nun mal in unserem Beruf.«

Er hat so recht, der Peter Millowitsch.

Ich habe diese Wahrheit ein Leben lang erfahren, denn ich habe das Staunen nie verlernt. Mir erscheint so vieles wie ein Wunder: Daß es mich noch gibt – und, so Gott will, noch einige Jahre weiter geben wird. Daß ich Teil dieser Familie bin, deren Stolz es ist, über Generationen Menschen zum Lachen zu bringen und ihnen dieses kleine bißchen Glück und Freude zu geben, das die Welt so selten für sie bereithält. Daß ich eine Frau habe, die in sich selbst schon wieder ein Wunder ist, und Kinder, die für ihre Zukunft das tun wollen, was ich ein Leben lang tat und wiederum von meinem Vater übernommen habe. Und der vom Großvater. Und Großvater von seinem Vater und so fort...

Selbst wenn man nüchtern und ohne Sentimentalität oder familiäre Gefühlsduselei darüber nachdenkt: Ist es nicht unglaublich? Soll man da nicht staunen?

Abend um Abend erneuert sich für mich dieses Wunder – dann, wenn beim Schlußapplaus im Saal die Lichter angehen und das Dunkel die Gesichter der Besucher freigibt. Sie waren ja nicht zu mir gekommen, sie kamen zu den Millowitschs ins Millowitsch-Theater.

»Loß mer nohm Millowitsch jonn...« – das sagten schon ihre Großeltern. Und da stehen sie nun, rufen, winken und klatschen. Sie sind so glücklich. Was habe ich schon gebracht? Ein bißchen Humor, meine Erfahrung, mein Herz – ja, das auch –, einen Schwank, eine Posse, eine Klamotte, ein Volksstück. Und doch ist etwas darin, das sie ein bißchen nachdenklich macht, das sie ihre Umgebung, ihre Welt, ihre Heimat, ihr Köln erfahren läßt, und manches vielleicht auch, das sie von den Stühlen reißen mußte und das sie doch nicht begriffen haben. Aber schließlich kommen die Pointen, die sie ihre Zeit erkennen, über sich selbst und die anderen lachen lassen.

Sie danken mit strahlenden Augen, mit Applaus, mit ihren klatschenden Händen. Sie danken mir mehr, als ich erwarten kann und verdiene. Sie sind nicht nur meine liebsten Freunde, sie sind auch meine Familie, und sie hören nicht auf, bis ich sie wie Kinder nach Hause schicken muß.

Wer kann sich an so etwas gewöhnen?

Wie soll man da nicht staunen?

Es wird dunkel. Im Haus erlöschen die Lichter. Sie sind gegangen, und ich schließe die Tür meiner Garderobe ab. Garderobe? – Ein Kabüffchen. Türe? – Nein: Türchen. Ein Durchlaß, gerade ein Meter sechzig hoch, ich vermute es, ich habe es nie ausgemessen. Aber als Curd Jürgens mich mal besuchen kam, stieß er mit seinem mächtigen Brustkorb genau gegen die Oberkante. Er machte ein ganz betretenes Gesicht.

»Wie soll ich das, Willy...?«

»Was denn?«

»Da reinkommen?«

»Bücken«, hab ich gesagt, »bücken, Curd.«

Er hat's getan und war stolz, auf dem Garderobensessel der Millowitschs zu sitzen.

Nun die Treppe. Eine steile Treppe, die Kanten sind mit schwarz-gelben Warnstrichen versehen, damit da keiner drüber stolpert und runtersegelt. Es gab genug Leute, bei denen die schwarz-gelbe Warnung nichts nützte.

Ich liebe diese Treppe, ich bin ihr sehr dankbar: Bei meinen achtzig Jahren hält sie mich noch fit. Zunächst geht's durch den Hof, am Büro vorbei, rauf zur Bühne, und von dort wieder bis zur Ensemblegarderobe und dann schließlich in meine Garderobe! 36 Stufen sind das. Guter alter Zement. Die Mauern, solider, von der Zeit gefärbter Backstein. 50 Jahre – die Treppe rauf, die Treppe runter! 50 Jahre, dasselbe Haus, das »Volkstheater Millowitsch«, Aachener Straße 5 zu

Köln – unser Haus! Das letzte der vielen Häuser, die wir bespielten. Seit 50 Jahren in den Händen unserer Familie.

Manchmal fühle ich mit den Fingerspitzen über die Backsteine; an den Stellen, wo sie nicht gekalkt wurden, hat die Zeit sie schwärzlich-braun gefärbt. Was sie alles gesehen, alles gehört haben? Mauern schlukken Stimmen – aber sie bewahren sie auch. Und wer sich ein wenig Mühe gibt und nett zu ihnen ist, für den lassen sie die eine oder die andere Stimme wieder frei.

»Willy! Willy!! – Haben Sie nicht meinen Sohn gesehen?«

»Nein, Frau Millowitsch. Vorher war er noch unten im Fundus!«

»Aber er muß doch irgendwo stecken?«

Mama, meine Mutter. Wenn sie nicht gerade über den Büchern saß, die Steuern, die Einnahmen, die Gagen, Schneider-, Maler-, Transport- oder Kostümkosten zusammenrechnete, und dann dazu die ewigen Abzüge, die Spesen, die Schulden, die Ausgaben – sie waren ja so gewaltig –, und wenn sie nicht gerade von einer Probe kam, einen Text für die winzigen Rollen lernen mußte, die sie manchmal übernahm, dann lief sie herum und fragte, wo Willy steckt.

Gewiß, ich fühlte mich wohl in der Nähe meiner Mutter. Wohl und geborgen. Und darin liegt auch der Grund, warum ich ein Leben lang die Nähe der Frauen der Gesellschaft der Männer vorzog. Aber das Haus war einfach zu groß – und ich so jung. Außerdem war ich Mädchen für alles. Wenn was schiefging, wenn irgendwo was fehlte, dann hieß es: »Der Willy muß ran!«

Irgendwo steckte ich dann auch... In der Requisitenkammer, im Keller, in der Schreinerei oder in der Werkstatt meines Vaters. Basteln, Dekorationen bauen, das war seine große Leidenschaft. Da wurde gehämmert, gebohrt, gepinselt und geleimt, und ich mußte ihm dabei helfen. – Mußte? Es machte Spaß...

Oder ich fuhr mit dem Wagen los oder zog den Karren – denn viele Requisiten waren so elend teuer, daß wir sie uns in der Stadt zusammenpumpen mußten. So etwas lief nie ohne Pausen ab: ein Bierchen mit Kollegen beim »Früh« – ein anderes beim »Café Franck«, was besonders praktisch war, da es ganz in der Nähe des Theaters lag. Dann der Stopp beim Friseur Sterck. Ein absolutes Muß, denn der Meister hatte mir allmorgendlich den frisch gewachsenen Schnauzer zu stutzen. Der war auch so ein Millowitsch-Markenzeichen wie die feuerrote Perücke, die mein Vater und später auch ich in unserer Bühnenexistenz als Tünnes trugen. Später wurde der Anton daraus, doch es blieb Abend für Abend dasselbe: Der runde Pappknollen kam über die Nase, dann der Griff zum Perückenständer – und das warme, struppige rote Ding wurde über den Kopf gestülpt.

Ja, wo steckte ich? Wie unsere Stadt, wie Köln, so war auch unser Haus groß – und so aufregend verwinkelt! Man konnte sich prächtig darin verlaufen...

Auch daran hat sich nichts geändert...

Nun werfe ich einen letzten Blick auf die Bühne, lese einen Strauß vom Boden auf, den mir soeben ein Mädchen heraufgeworfen hat, gehe hinunter in mein altes Büro, sammle dort all die anderen Blumen ein, die abgegeben wurden, lege sie in einen großen Korb.

Diese Blumen nehme ich jeden Abend mit nach Hause. Und während der Nacht stelle ich sie hinaus in den Garten, damit sie frische Luft und am Morgen Tau haben und nicht so rasch verblühen.

Spät wird es, oft fast Mitternacht, wenn ich die Aachener Straße verlasse.

Das leere Foyer. Die Kasse. Der Eingang.– Und dort hängen dann die großen braunen Fotografien an der Wand: Wilhelm Millowitsch, der Großvater. Emma, seine Frau, die »Kölsche Duse«. Mein Vater. Ich brauche gar nicht hinzusehen – die Gesichter kenne ich wie mein eigenes. Mein Vater Peter war – wie mein Großvater das *Hänneschen* – der *Tünnes* für ganz Köln. Den Anton im *Etappenhasen* spielte er gleich ein ganzes Jahr. Auch jetzt noch zeigt das Foto dieses unvergeßliche wissende Komödiantenlächeln, mit dem er die Menschen in Begeisterungsstürme versetzte und das seine Waffe wurde gegen all die Schwierigkeiten, mit denen ihm das Leben kam.

Darüber einer im eleganten schwarzen, eng geschnittenen Anzug, Stiefeletten an überkreuzten Beinen, fescher Schnurrbart, charmante Herausforderung in dunklen Augen – mein Großvater. Hätte Lehár statt der *Csárdásfürstin* den »Csárdásfürsten« geschrieben, Wilhelm Millowitsch wäre die ideale Verkörperung gewesen. *Zigeunerbaron* war er oft genug. Auf Kölsch...

Ein Herr bis in die Fingerspitzen, der Mann, der vierspännig durch die Stadt fuhr und vom Balkon seiner Wohnung in der Schildergasse, umringt von Freunden und Bekannten, das Sektglas in der Hand, dem Karnevalszug entgegensah, Karamellen unters Volk warf, um dann, wenn die Wagen kamen, buchstäblich Geld regnen zu lassen. Pfennige sicher – doch Pfennige waren damals viel wert, zu Kaiser Wilhelms und Wilhelm Millowitschs Zeiten.

Der Wilhelm – das Genie des Hauses Millowitsch. Er spielte nicht nur die Rollen, er schrieb sie. Und er schrieb die ganze Millowitsch-Familie weg von den Kirmesständen der Stockpuppen, von der einfachen Schausteller- und Bänkelsängerei hinauf in die Höhen des Schwanks, des Volks- und Gesellschaftsstücks. Und wenn die Dialoge nicht mehr reichten, dann sang er.

Neben ihm, über dem Foto meiner Mutter, die Emma, meine Großmutter, Kölns »Duse«, Wilhelms Frau. Sie lächelt, ins Schnürkorsett gepackt, ein in sich ruhendes, durch nichts zu erschütterndes Weib. Mein Gott, was war sie nett. Und wie roch sie gut!

Es fehlen so viele Millowitschs an dieser Wand: Johann Caspar Millowitsch zum Beispiel, der »Schaubudendirektor«, der Vater meines Großvaters Wilhelm, schon mit vierzehn Jahren mit den Stockpuppen unterwegs. Und es fehlt auch der Mann, mit dem alles begann: Franz Andreas Millowitsch.

Jede Familie hat ihren Hiob. Er war es. Ein Leben lang wollte er nichts als spielen.

»Un hä singk met rauher Stemme, we dat Völkche kriesch un laach, wat mer gitt, dat deit er nemme, hät der Penning nit veraach.«

Ja, er wollte so gerne singen! Spielen. Bauchreden. Seine Parodien und Schwänke, das *Hänneschen* und seine »Hänneschen-Baggage« den Leuten vorführen. Nur, sie ließen ihn nicht! Die Konkurrenz war übermächtig. Die Behörden – ja, nun halt Behörden... Seine Gesuche konnten noch so dringend, noch so flehend sein – der Bürokratenbescheid war stets der gleiche: »Abgelehnt!«

Er gehörte zum »fahrenden Volk«, zum Volk der Schausteller, Seiltänzer, Feuerschlucker, Kunstreiter. Wie die Ordnung auch beschaffen sein mochte, sie mußte sein.

Von Franz Andreas Millowitsch besitzen wir kein Bild, nur Eingaben. Wer machte damals schon Portraits von reisenden Puppenspielern? Wen – außer dem »Pöbel« – interessierte schon das »Gesindel«, das da von Marktplatz zu Marktplatz zog und sich in seinen Spielen auch noch erdreistete, »obrigkeitliche Anordnungen und Einrichtungen zu geißeln«, wie der »Generalanzeiger« 1895 schrieb.

Diesen Franz Andreas, der mit seiner Frau und seinen Kindern den Theaterkarren durch die Dörfer zog – wie oft habe ich versucht, ihn mir vorzustellen.

Inzwischen sind hochgelehrte Studien über ihn entstanden. Eine Doktorarbeit gibt's über die Millowitsch-Familie und das Millowitsch-Theater und seine Anfänge. Ich bringe trotzdem noch eine Menge durcheinander. Na und? Dafür seh ich's vor mir...

»Und was siehst du, Papa?«

Meine Tochter Mariele, Tierärztin und Bühnenkollegin, drückt wieder mal die vermaledeite Taste des Kassettengerätes.

»Vieles. Viel zuviel. Aber was willst du wissen?«

»Stichwort: Großvater!«

»Großvater? Also, du meinst deinen Urgroßvater, oder deinen Ururgroßvater, oder...«

»Egal. Bei irgendeinem müssen wir anfangen. Die Stockpuppen? Die Stockpuppen, waren die wirklich so einfach?«

»Was heißt einfach? Nix ist einfach. Man konnte damit spielen, ja – ein Stock und 'ne Puppe obendrauf. Aber Puppen, Arme und sogar Hände daran bewegen, das wollte gelernt sein. Einfach oder kompliziert – is ja egal. Sie kamen an. Das »Hänneschen«, das war ja noch ein Vetter vom guten, alten Kaspar. Dann Schäl, das Intrigantenschwein. Hänneschen und seine Knollendorfer Sippschaft. Und das Bärbelchen, die quicklebendige ewig Verlobte, der Dorfpolizist Schnäuzerkowski, oder der Pitter, der Dorfwirt Mählwurm. Die einen in Knollendorf zu Hause, die anderen in der Stadt. Mit dieser Kombination ließ sich einfach alles auf den Arm nehmen und verschaukeln, was die Leute so bedrückte. Und das mochten sie. Dafür waren sie dankbar. Da kamen die Lacher... Das war damals so, wie beim Kaiser oder bei Hitler. Daran hat sich nie was geändert. Was gab's unter Hitler für Tünnes-und-Schäl-Witze, mein Gott!«

»Aber der alte Franz? Warum durfte der nicht spielen?«

»Die hatten einfach Angst. Und das war immer so: Komiker wurden fertiggemacht oder kamen unter Kontrolle. Die konnten gefährlich werden. Aber die bezeichnendste Geschichte...«

»Ja?«

»...ist die, daß der alte Franz an der Deutzer Schiffsbrücke sein Puppentheater aufbaute.«

»Schiffsbrücke, wieso?«

»Wieso... Wenn die Pontons ausgefahren waren, weil wieder so ein Zug von Lastkähnen durchkam, mußten die Leute doch stehenbleiben und warten. Die langweilten sich. Die wollten ja über die Brücke und konnten nicht. War ein richtiger Stau. Und da legte der Franz Andreas los! Und sein *Hänneschen*, der *Tünnes* – und was immer er spielte. Aber was für 'ne Arbeit war das? Immer mit einem Auge gucken, wo die Schiffe gerade sind, und noch ehe das letzte durchkommt – ganz, ganz schnell das Geld einsammeln und wieder abbauen! Der Gendarm konnte ja gerade über die Brücke kommen. Aber vorher der Hut! So hat es der Franz tagaus, tagein gemacht. Wenn's irgendwie ging. Wenn es das Wetter oder die Obrigkeit erlaubten.«

»Ich seh das jetzt auch.«

»Was siehst du?«

»Die Schiffe durchkommen. Die Leute. Den Franz. Das Hänneschen. Die Puppen. Den Tünnes, wie er den Schnäuzerkowski in den Hintern tritt, die Kinder, die da schreien vor Vergnügen. – Und ich seh den Hut!«

»Den hat wahrscheinlich nicht der alte Franz herumgereicht, sondern seine Frau. Oder seine Söhne, der Johann Caspar vor allem. Und als der Caspar dann übernahm, dessen Sohn – der Wilhelm Millowitsch.«

»Mein Urgroßvater«, sagt meine Tochter und setzt weise hinzu: »Diese Erfahrung hat sicher seine ganze Jugend geprägt.«

»Glaub ich auch. Deshalb wollte er auch weg von den Stockpuppen. Er hat sie in die Ecke gefeuert und lebende Personen auf die Bühne gestellt – Schauspieler. Mit ihnen ging er auf Tournee, machte Gastspiele...«

»Hat er denn nicht...«

»Nun hör doch zu. Eines Tages sitzt dieser Großvater zu Hause und wartet auf seine Emma, die partout nicht kommen will. Es wird acht Uhr, es wird neun Uhr – und Wilhelm Millowitsch immer nervöser. Und dann plötzlich, gegen elf Uhr, steht sie vor ihm. Ehe er überhaupt einen Ton sagen kann, fällt sie ihm um den Hals: ›Du, wir haben es geschafft!‹

›Wieso, wat is?‹

›Du, wir haben ein eigenes Theater!‹ ruft sie. ›Die Brauerei Winter hat uns das Colosseum in der Schildergasse zur Verfügung gestellt. Du, da können wir jetzt spielen!‹«

Meine Tochter sieht mich nur an.

»Siehst du«, sage ich, »nicht er, sondern die Emma hat das geschafft.« – Und denke, daß auch Wilhelm Millowitsch wohl das Staunen nie verlernte...

Die Familien-Krankheit

Im Frühjahr 1983 hielt vor einem Haus in der Aachener Straße ein Lieferwagen. Junge Leute sprangen heraus. Sie schleppten Malerleiter, Farbkübel und später auch viele Stühle ins Innere.

Die Sache interessierte mich. Und ich hatte dafür gute Gründe: Zum einen sollte in der Aachener Straße, keine achtzig Meter von meinem alten Millowitsch-Theater entfernt, ein neues Theater entstehen... und zum anderen gehörte zu den Initianten meine älteste Tochter Katarina.

In der sechsten Generation machten sich also die

Millowitschs, wie so oft in ihrer Geschichte, wieder einmal Konkurrenz.

Natürlich war ich neugierig. Und selbstredend ließ ich mir davon nichts, aber auch nicht das geringste anmerken. Schließlich standen wir während der Zeit, in der sie ihr »Theater im Bauturm« vorbereiteten, gemeinsam auf der Bühne – meiner Millowitsch-Bühne... Aber in diesen Tagen gingen mir nun doch eine ganze Menge Fragen durch den Kopf...

Die Hauptfrage lautete: Verdammt noch mal, warum tut sie das eigentlich? Und dann: Hast du was falsch gemacht? Und schließlich: Ist es nicht Katarinas gutes Recht, ihren eigenen Weg zu suchen, ihre eigenen Vorstellungen und Gedanken auf die Bühne zu bringen, statt immer dem breiten, ausgetretenen Pfad zu folgen, auf dem ich all meinen Kindern mit meinen Schwänken und Possen voranging?

Ich bin mir meiner Richtung sicher, halte mein Theater für gut, und das ist auch begreiflich: Das Millowitsch-Theater war ein Star-Theater. Ich selbst konnte mich zwar nie als Star begreifen, aber einer muß ja die Rolle des Motors übernehmen. In diesem Sinn bin ich wohl doch »Star« – und kann es, nach so vielen Jahren Erfahrung und nach so vielen Jahrzehnten, in denen die Kölner sich an mich und an meine Darstellungsweise gewöhnt haben, wohl auch guten Gewissens vertreten.

Dies war das eine Problem.

Es gab noch ein anderes, dringenderes, über das ich in diesen Wochen des Frühjahrs 1983 zu grübeln begann: Sie, meine Kinder, ich selbst, all die anderen, die vor mir waren – was trieb uns eigentlich an?

Welche Form von Zwang oder mildem Wahnsinn war das, der unser Denken stets und nur um das Theater kreisen ließ? Nehmen wir Katarina, meine älteste Tochter. Seit ihrer Kindheit nenne ich sie »mein Sternchen«, was ja im Grunde schon eine Menge über unsere Beziehung aussagt – Katarina also, ist sie nicht glücklich verheiratet? Hat sie nicht in Christian einen prächtigen Mann, hat sie nicht zwei Kinder? Und dazu noch als Oberstudienrätin eine Aufgabe, die einem so schlechten Exschüler wie mir geradezu Schauer der Ehrfurcht über den Rücken jagt? Doch die Rollen, die sie bei mir spielt, sie reichen ihr nicht. Sie braucht ein eigenes Theater... Es ist wie ein Fieber, läßt sie nicht los.

Susanne, meine mittlere Tochter, erwies sich da als widerstandsfähiger gegen den »Millowitschen Virus« und ging eher eigene Wege...

Doch da ist Peter. Tag und Tag steht er mit mir auf der Bühne – der kommende Prinzipal, wie ich mir das immer erhofft habe. Und schreibt er nicht schon seine eigenen Bearbeitungen? Hatte er nicht dazu noch mit seinem Special, das er für den WDR schrieb, Erfolg?

Und da ist schließlich Mariele, die Kleinste. Ausgebildete Tierärztin ist sie. Und mit ihrem Temperament nicht nur meinem Herz, auch meinen Gedanken so nah. Wenn irgendeine Rolle auch nur im Ansatz zu ihr paßt – schon steht sie neben mir auf der Bühne.

Das alles reichte also nicht? Auch Mariele wollte im neueren, moderneren, dem »ganz anderen« Volkstheater der Schwester spielen. Was ist es, das da zum Vorschein kommt? Daß die Kinder andere, modernere

Darstellungsformen suchen – gut so. Aber daß ihnen das noch immer nicht reicht...?

»...bitte ich ergebenst darum, spielen zu dürfen...« Mit solchen Sätzen hatte Franz Andreas Millowitsch, unser aller Urvater, seine Bittschriften beendet. Er durfte nicht – und spielte trotzdem. Er hätte nicht nur gegen die Gendarmen der Preußen, er hätte gegen Tod und Teufel gespielt. Er konnte nicht anders...

Theaterblut? Ein sehr verschwommener Begriff für mich. Die »Jugendprägung«, von der Mariele redete? Vielleicht. Die Kinder hatten während ihrer ganzen Jugend mich als Beispiel, sie waren im Staub- und Leimgeruch der Dekoration aufgewachsen, sie hatten so viele großartige Künstlerpersönlichkeiten getroffen, an denen sie sich orientierten. Und sie hatten mir gegenüber auch einen unschätzbaren Vorteil: Sie hatten gelernt zu lernen.

Ich selbst aber? – Wenn ich am Ende eines achtzigjährigen Lebens eine Erfahrung vorzuweisen habe, dann ist es die alte Erkenntnis des »Ich-weiß-daß-ich-nichts-weiß«. – Meinen Vater sah ich oft von seinen Büchern umgeben – bei mir herrschte Mangel...

Vielleicht gehört das zu den Fehlern, die wir alle begehen, daß wir uns einreden, keine Zeit zu haben, ein Buch in die Hand zu nehmen, aber du lieber Himmel: Es ging immer rund! Wann kam ich schon zum Lesen? Spätabends vielleicht, oder im Urlaub...

Vielleicht war es aber auch etwas anderes. Meine Frau Gerda nennt es »aus dem Bauch leben«. All die weisen oder interessanten Gedanken eines Schriftstellers – ich habe ihnen das Gespräch mit Freunden vorgezogen. Was dabei ein wenig auf der Strecke blieb, war, was man so als Bildung bezeichnet. Ich habe mich damit abgefunden, nicht überall mitreden zu können – und ich empfinde es nicht einmal als Mangel. Dennoch stimmt es mich, wenn ich darüber nachdenke, ein wenig melancholisch, und so suche ich Zuflucht in der Erkenntnis, daß ein Mensch immer nur so klug sein kann, wie die Zeit es ihm erlaubt.

Doch wenn ich so die ganze Millowitsch-Ahnenreihe zurückblicke, mich mit meinen Vätern und Urgroßvätern vergleiche und versuche, mir selbst einen Platz zuzuweisen, werde ich unsicher. Ob ich die Kraft der Phantasie, die Anpassungsfähigkeit und das Durchstehvermögen aufgebracht hätte, das sie brauchten, um zu überleben – ich weiß es nicht...

Und meine Kinder...?

»Du hast ganz recht, Willy! Das Volkstheater, so wie es heute gespielt wird, stirbt mit uns alten Komödianten. Die Rollen, die wir spielten, bringt kein anderer mehr über die Bühne.« Gert Fröbe hat das gesagt. Ich habe oft mit ihm über dieses Thema diskutiert. Nun ist er tot.

Auch an einen anderen wichtigen Satz von Gert Fröbe erinnere ich mich gut. »Das Leben ist Wandlung... Es wird weitergehen, die Jungen müssen ihre eigene Form entwickeln; sie haben ihr Publikum, das jünger ist, und ihre eigenen Stars. Und falls sie die Stars nicht haben, dann schaffen sie sie aus sich selbst heraus.«

Wie richtig das ist, Gert! – Vielleicht hat es ein wenig mit Eitelkeit zu tun, wenn ich hinzufüge, daß ich gerade jetzt, in den letzten zehn, zwölf Jahren, die erstaunliche Erfahrung mache, immer mehr junge Leute auf den Zuschauersitzen der Aachener Straße zu sehen. Sie kaufen fast die Hälfte meiner Karten. Darüber bin ich einfach glücklich. Würde neben mir auf der Bühne noch ein Star auftauchen, der diesen jungen Zuschauern im Alter näher stehen würde oder sonst für sie attraktiver wäre, dann könnt ich es verstehen. Aber so?

Wie gesagt: das mag eitel klingen, aber warum soll ich mich nicht darüber freuen dürfen? Das ist meine heimliche Trumpfkarte, die ich nach Belieben aus dem Ärmel schütteln kann, wenn ich mit meinen Kindern diskutiere... Die halten den Schwank alter Prägung für hoffnungslos passé. Lauter komische nette Leute in einer heilen komischen Welt der Vergangenheit. Für sie ist klar, daß das Lustspiel heute gegenwartsnahe Stoffe aufgreifen muß, wenn es erfolgreich sein will. Ich weiß das nicht so genau. Und all den ganz Schlauen, den Marketingstrategen mit ihren Computern, von denen sie die goldenen Eier erwarten, mißtraue ich auch.

Die Wirklichkeit des Theaters sieht für mich ganz anders aus. Mag ja sein, daß diese Wirklichkeit meine ureigene ist, mag auch sein, daß sich die geistige Aufnahmefähigkeit geändert hat – ich kann und ich will da nicht mitreden und halte mich da lieber raus. Eines aber weiß ich sicher: daß es für den Menschen Grunderfahrungen gibt, die zu allen Zeiten die gleichen bleiben.

Die vor uns waren, kennen sie, die nach uns kommen, werden sie kennenlernen. Sie lassen sich nicht mit dem Kopf vermitteln, man trägt sie in den Knochen oder im Bauch...

Eines Tages klebten am »Theater im Bauturm« Plakate. Handzettel wurden in der Stadt verteilt: *My fair Pygmädche* stand auf dem Programm.

Die Kinder, meine Mädchen, hatten wieder mal zugeschlagen. Und in bester Millowitsch-Tradition mit einer Parodie! Schon im Titel war beides drin: die moderne *My fair Lady* und der Stoff, aus dem sie stammt, der *Pygmalion* von George Bernard Shaw. Und nun die Sensation: Die Vorstellungen waren allesamt ausverkauft!

Davon hatte ich nichts gewußt – und war entsprechend überrascht, als ich den kleinen Zuschauerraum mit seinen 99 Sitzen betrat. Er war proppenvoll. Das tat mir deshalb ungemein wohl, einfach weil ich's nicht erwartet hatte. Bei so viel Improvisation, hatte ich mir gesagt, wie soll das gutgehen? Kostüme oder Bühnenbild, das erledigen die einfach mit links?

Da spürte ich ihn wieder, den berühmten »Generationskonflikt«. Wir Alten haben ja nun mal alle diesen pingeligen Hang zum Perfektionismus. So saß ich also – und neben mir Gerda, in ihrer Eigenschaft als Frau und als Mutter – unter so vielen anderen Menschen in einem richtigen Theater mit Vorhang und Bühne.

Daß ich Gerda überhaupt dazu hatte überreden können mitzukommen, war nicht nur ein Kunststück, sondern eine geradezu übermenschliche Leistung. Premieren scheut Gerda wie die Pest. Deshalb geht sie schon gar nicht hin. In unserer Ehe ist ihr die schwere Aufgabe zugefallen, das Lampenfieber zu ertragen. Während ich mir hinterm Vorhang das Stichwort einpräge, bekommt sie davor die Schweißausbrüche, das Herzflattern, die Angst.

Und jetzt hatte sie auch noch um die Kinder zu leiden. Nicht nur um eines, nein, gleich um zwei. Neben Katarina trat ja auch Mariele auf. Und dazu kam noch die Sorge um mich, der ich doch in der Familie ständig den alten Theaterhasen mime, dem keiner so leicht ein X für ein U vormachen kann.

Ich jedoch hielt mich eisern an unsere Abmachung: Vom Billettabreißen bis zum Schlußapplaus äußerte ich kein einziges Wort! Wahrscheinlich konnte ich im Verlauf der Aufführung nicht verhindern, daß mir dann und wann Knurrlaute entfuhren. Manchmal zuckte Gerda zusammen, doch sie waren wirklich nicht so gemeint, wie sie vermutete.

Als wir schließlich nach der Aufführung das »Theater im Bauturm« verließen und wieder auf die Straße traten, blieb Gerda plötzlich stehen und hielt meinen Arm fest: »Sag mal! Ist dir was ins Auge geflogen?«

»Wieso denn das?«

»Wieso? Das rechte wirkt so wäßrig, und die linke Backe ist auch feucht.«

»Weiß nicht.« Entschlossen marschierte ich weiter.

Dann blieb ich doch stehen und rang mich zu einer Erklärung durch: »Es trifft einen halt doch...«

»Was hat dich getroffen?«

»Na, was schon? Daß die so einfach losspielen. So ganz selbstverständlich. Und das auch noch auf ihrer eigenen Bühne. Du, Gerda, damit du nicht auf falsche

Gedanken kommst: Die Tränen, die kommen, weil ich so glücklich bin. Weißt du, ich hab noch nie so richtig gemerkt, wie erwachsen sie doch geworden sind. Trotz ihrer Diplome und Titel. Jetzt, jetzt weiß ich es.«

Ich schneuzte mich umständlich.

Sie fragte: »Und die Aufführung?«

»Das wiederum«, verkündete ich im Brustton der Überzeugung, »das ist eine andere Sache.«

Gerda sah sich um. Ihr paßte das gar nicht. Ich verstand sie. Es kamen so viele Leute auf uns zu, die unsere Meinung zur Leistung unserer Töchter hören wollten. »Väterchen, sprechen wir später darüber. Wenn wir allein sind.«

»Klar«, versicherte ich eilig und hatte bereits die Absicht, dieses Gespräch so lange als irgend möglich hinauszuzögern. Der Grund? Ich fürchte meine Gerda. Oder genauer gesagt, ich fürchte ihren genauen, analytischen Verstand. Sie will immer alles ganz exakt definiert haben. Und sie löchert mich dann, rügt mich, will jede ihrer Fragen hundertprozentig beantwortet haben. Und leider ist es so, daß ich Antworten, die auf diese Weise von mir verlangt werden, nicht so leicht finde.

Was ich ihr damals antwortete? – Ich weiß es heute nicht mehr so genau... Doch ich kann einen Zeugen benennen, eine Journalistin, eine wirklich gute Freundin unserer Familie. Auch sie kam, wie Mariele es tat, als es um dieses Buch ging, mit dem Kassettenrecorder. Hier ist der O-Ton des Gesprächs, das wir geführt haben:

»Sag mal, ganz ehrlich, Willy, wie hat dir denn die Premiere gefallen?«

»Premieren sind immer hektisch.«

»Willy, ist das die ganze Antwort?«

»Nein. Wenn du schon darauf bestehst. Aber sagen wir mal so: Wenn mir diese Parodie auf *My fair Lady* nicht so recht gefiel, hat das einen ganz bestimmten Grund. Mir ist klar, daß die Millowitschs vor mir, vor allem mein Großvater, ihre großen Erfolge feierten, indem sie Stoffe verfremdet, parodiert haben. Bei mir ist das anders, ich bin grundsätzlich gegen alle Stücke, die man ummodelt, umfrisiert oder denen man sonstwie weh tut. Aber gut, den Leuten hat es gefallen. Die haben gejubelt. Und darauf kommt es schließlich an. Das ist entscheidend für den Erfolg der Kinder. Was mir mißfällt? Ach, das ist ja nicht so wichtig...«

»Das klingt ein bißchen wehleidig, Willy!«

»Ich bin eine andere Generation. Eher konservativ.«

»Aber reden wir doch endlich vom Stück!«

»In der Darstellung sind meine Töchter ausgezeichnet. Ich kenne ja ihr schauspielerisches Können. Sie haben ja schon so oft mit mir auf der Bühne gestanden. Diesmal aber...? Es war nicht so, daß man sagen könnte, es stelle alles bisher Dagewesene in den Schatten – aber es war sauber und auch interessant gespielt.«

»Stellst du bei solchen Vorstellungen Vergleiche an? Denkst du dabei über die Zukunft deines eigenen Theaters nach?«

»Nun, die Zukunft? Es geht ja um sie. Wie ich die Schwänke spiele, das werden sie nie machen. Und das ist nur gut so. Sie haben ihre eigenen Gedankengänge, sie haben ihre eigenen Einstellungen. Katarina und die anderen, die haben ihr eigenes Konzept. Und sie bringen sehr viel zeitkritisches, nachdenkliches Theater, das sich mit aktuellen Problemen beschäftigt.«

»Und das ist natürlich nicht deine Richtung?«

»Nein, das ist nicht meine Richtung. Gut, ich bringe Spiele und Schwänke. Aber ich bin dabei darauf bedacht, direktes Theater zu spielen. Direkt aufs Herz und direkt aufs Zwerchfell gezielt. Für mich sind das die beiden wichtigsten Organe des Menschen. Und das heißt natürlich naturalistisches Theater. Theater zum Anfassen. Ich ziehe diesen Weg vor, weil ich dieses komische Bedürfnis habe, ständig mein Publikum umarmen zu wollen. Das gleiche Gefühl, das weiß ich, bewegt auch meine Kinder. Politik allerdings hat in meinen Vorstellungen überhaupt nichts zu suchen. Ich kann nicht meine Aufgabe darin sehen, mein Publikum zu provozieren. Katarina greift viele Probleme auf, die ich auch sehe. Zu mir kommen die Leute, um das eine zu erleben, ihr Publikum erwartet das andere von ihr. So ist Theater.«

»Du meinst, wenn sie den Karneval auf die Schippe nimmt?«

»Soll sie doch. Sollen sie ruhig mal eine aufs Dach kriegen. Ich kenne den Karneval. Aber auch dabei empfinde ich anders als Katarina. Jahr um Jahr, kurz vor Mitternacht, habe ich meinen Auftritt in der ›Lachenden Sporthalle‹. Da geht's dann los: ›Einmal am Rhein‹ – ›Wir sind alle kleine Sünderlein‹ – meine beliebten Potpourris. Und das Hochgefühl, das dich dann erfaßt, wenn achttausend Menschen mitsingen! Es ist schon etwas ganz Besonderes. Doch so richtig engagieren in Karnevalsgesellschaften kann ich mich schon aus Zeitgründen nicht.

Ich bestreite nicht, daß so vieles, was in unserem Karnevalsbetrieb passiert, fragwürdig ist. Den Kölschen Klüngel, der nicht nur da zum Vorschein kommt, gibt's natürlich überall, aber zugegeben: Wir Kölner sind die Urväter. Und da bin ich sogar stolz drauf!

Eines weiß ich jedoch auch: Karneval besteht nicht nur aus Rummel und Klüngel. Karneval ist vor allem ein riesiges Stück Arbeit, das von so unglaublich vielen Menschen geleistet wird, die mit Herz, Verstand und Idealismus dabei sind. Sie vor den Kopf zu stoßen, halte ich nicht für richtig. Vielleicht liegt da eine Parallele zu meiner Situation. Wir brauchen nur an das moderne Experimentiertheater zu denken.«

»Was hältst du davon?«

»Diese Frage könnte ich dir beantworten, wenn ich selbst irgendwann einmal die Chance gehabt hätte zu experimentieren. Aber ich bekam sie nicht. Das ist doch so: Da gibt's Zuschüsse, Subventionen. Man bekommt viel Geld, von der Stadt, vom Staat. Bei solchen Voraussetzungen kann es egal sein, ob da zwanzig oder zweihundert im Publikum sitzen. Ich hab keinen Zuschuß. Ich brauch ein volles Haus. Ich muß meine Miete, meine Gagen zahlen. Meine Einnahmen müssen stimmen, damit ich meine Unkosten decken kann. Oder ich kann es so machen wie meine Kinder drüben im ›TIB‹: Bei allem, von der Gage bis zur Dekoration, die Unkosten so gering halten, daß es doch zu schaffen ist. Die Dekorationen, zum Beispiel, sind bei uns viel aufwendiger. Aber ich liebe das nun mal: Zum Theater gehören einfach schöne, aufwendige Dekorationen.«

»Das macht manchmal Schwierigkeiten?«

»Und ob. Da kam mal einer vom Finanzamt, der stöberte die Bücher durch und sagte zu meiner Frau: ›Ach wissen Sie, das Theater ist für mich der reinste Luxus.‹ Recht hat der Mann. Und wenn der Satz auf jemanden zutrifft, dann auf mich! Wenn ich daran denke, was ich in den sechziger Jahren an Filmhonoraren in das Theater gesteckt habe, damit es überhaupt überleben konnte! Und auch heute noch könnte ich vom Fernsehen, vom Film oder von Tourneen viel unbekümmerter leben als vom täglichen Spiel auf meiner Bühne.

Aber für mich ist Theater auch etwas anderes: Es ist vor allem eine gewachsene Tradition. Und so eine Tradition schmeißt man doch nicht einfach weg. Da macht man weiter. Mit Arbeit, mit Schweiß, mit Kosten, mit Schulden bezahlen. Nun, ich hab es immer durchgezogen! Ich bin jetzt achtzig und muß noch immer den starken Mann markieren. Obwohl ich mich nie stark oder gar als Star gefühlt habe. Ich weiß gar nicht, wie man sich da fühlt, was das ist? Wenn ich im Flughafen in der Schlange stehe und eine Stewardeß kommt und sagt, ›Herr Millowitsch, hier entlang‹ – du kennst das doch, diese ›bevorzugte Behandlung‹ –, dann schüttle ich nur den Kopf und sage: ›Das ist sehr nett von Ihnen. Aber ich bleibe lieber bei den anderen...‹ Das ist es! Ich will nicht, daß die Menschen um mich herum denken, ich sei etwas Besonderes. Und ich bin es auch nicht.«

»Du bist es aber trotzdem, Willy.«

»So? Und weißt du, wie ich darüber denke: Jeder Mensch auf dieser Welt ist etwas Besonderes.«

Wenn ich mal träume, übertreibe ich gleich...

Dieses kleine »plopp!« ist eines der schönsten Geräusche, das ich kenne: Ein Champagnerpfropfen knallt aus der Flasche und zieht seine unsichtbare Kurve in die Dunkelheit.

Mit Gerda sitze ich draußen im Garten. Am Himmel sind die Wolken verschwunden, die Sterne beginnen wieder zu leuchten, und es ist, als sei ein Gewitter vorübergezogen. – Doch das Gewitter war in mir. Ich kann es nicht ändern: Mögen meine Kinder auch noch so erwachsen sein, der Gedanke an ihre Zukunft regt mich noch immer auf...

Das Tonband hat festgehalten, was ich unserer gemeinsamen Freundin über die Aufführung im »TIB« zu erzählen hatte. Wie ich meiner Frau diese Gedanken nahebrachte, ob in ähnlicher Form, verhaltener oder aggressiver – nun, ich entsinne mich nicht mehr so genau.

Doch an diese Nacht mit Gerda erinnere ich mich.

Wie wir die Champagnergläser anhoben und wie sich das Vertrauen einstellte, das zwei Menschen fühlen, die sich mehr als vierzig Jahre so nahestehen. Und ich erinnere mich, wie Gerda mir in die Augen sah und lächelte und leise sagte: »Auf unsere Kinder!«

Wir schwiegen eine Weile, dann kam es wieder mal über mich: »Stell dir vor, Gerda, eines Tages gibt es mich ja nicht mehr. Und dann würde folgendes passieren: Peter würde – so wie mein Großvater – seine Freude am Schreiben so richtig entdecken. Ob er nun umschreibt oder was Neues ausheckt, egal. Aber er würde so gewaltig loslegen. Und dann Mariele mit ihrem umwerfend komischen Talent. Und natürlich noch unsere Hausintellektuelle, die Katarina, die ja den beiden jüngeren sagen könnte, was geht oder was nicht geht, wo sie über das Ziel hinausschießen, wo sie noch zulegen können. Und die Barbie! Für den Peter ist sie gerade deshalb so eine prima Frau, weil sie nicht nur schön und elegant ist, sondern auch so flexibel in ihrem künstlerischen Ausdruck. Klar, Susanne, die würde auch mitmachen. Und wie! Mit ihrer Erfahrung als Buchhändlerin wäre sie unersetzlich. Susanne würde nicht auf der Bühne spielen, sie würde sich ins Büro setzen wie meine Mutter, und aufpassen, daß auch in den Theaterbüchern Ordnung herrscht. Stell dir doch so was mal vor, Mutti! Das wäre mehr, als unser Familiengenie, Großvater Wilhelm, je geschafft hat. Und sicher auch mehr als ich. Ist das nicht ein herrlicher Traum!«

Sie sah mich nur an. Dann goß sie nach und lächelte ihr Lächeln.

»Ja, ein Traum. Und ein typischer Millowitsch-Traum! Darin dürfen Menschen keine Schwächen haben. Aber selbst, wenn man davon mal absieht: Glaubst du nicht, daß es auch menschliche Verpflichtungen außerhalb deiner rosaroten Theaterwelt gibt? Sei doch realistisch! Unsere Kinder haben Partner. Wo bringst du die denn unter – in deiner Vision von der nie enden wollenden Tradition des Millowitsch-Theaters?«

Sie ist nun mal eine kluge Frau, meine Gerda.

Ich aber wurde wieder auf die Erde geholt. Oft

genug habe ich das erlebt. Wenn ich mal träume, übertreibe ich gleich – obwohl ich sie doch kenne, die Realitäten dieser Welt...

Meine »Hinrichtung«

Er trug immer irgendwelche alte Hausjuppen – genau wie ich heute. Er brauchte wie ich das Kommando seiner Frau: »Zieh doch endlich mal ein frisches Hemd an, wie läufst du denn herum...?« Und wie fühl ich ihm nach, daß er sich am liebsten in seine Werkstatt verkrochen hat, um an irgendwas herumzuwerkeln.

Er war ein verdammt attraktiver Mann: groß, schlank, und wenn er auf der Bühne stand, mit einem Humor, einer Situationskomik und einem Charme bewaffnet, der alles niedermähte. (Ich hoffe, Sie bemerken, daß ich bescheiden auf einen Vergleich verzichte...)

Aber die Haare mit den Jahren wurden ihm ein bißchen schütter; er mußte ja immer Perücken auf der Bühne tragen. Die berühmten rothaarigen! Auch ich habe das jahrelang getan. Dann allerdings wurde es mir zu warm unter den Hauben, ich legte sie ab und rettete meine Wolle.

Er war liebenswert und nur dann streng, wenn es ums Theater ging. Da gab's dann wohl mal ein paar hinter die Löffel, die waren wohl verdient. Ich verstand und liebte ihn trotzdem.

Mein Vater war ein Mann, dem ich nicht nur in

jeder Stunde großen Respekt entgegenbrachte, sondern den ich auch manchmal als allzu übermächtig empfand. Warum eigentlich? Vielleicht lag es an der Bewunderung, die vom Publikum ausging, der Ruf: »Pitter, Pitter!«

Heute weiß ich natürlich genau, daß dieser Peter Millowitsch seinem Vater Wilhelm gegenüber ähnlich gefühlt haben mußte wie ich: »Unglaublich, der Alte! Wie er das wieder bringt...« Und mir ist gleichfalls klar: Auch mein Sohn Peter gerät gelegentlich in ähnliche Situationen, meint, er habe einen »übermächtigen« Vater vor sich, einen, der auf der Bühne so agiert, daß man sich kaum aus seinem Schatten lösen kann.

Ich wenigstens habe auf diese Weise meinen Vater, den anderen, den früheren Peter Millowitsch, gesehen, ich, der damals ein schmaler, oft genug von Komplexen und Ängsten gequälter Junge war, während er nur der »einzigartige Peter« war, der da zum Beispiel als *Alpen-Rosenkavalier* seine Couplets in den Saal schmetterte und auch noch schuhplattelte, der ganze Feuerwerke von Pointen niederprasseln ließ, daß es die Zuschauer von den Sitzen riß.

Eine solche Situation kann nur der beschreiben, der sie selbst durchzustehen hatte. Aber vielleicht ist sie eine notwendige Art Theater-Feuertaufe, auch wenn man sie härter kaum erleben kann.

Wenn ich da so daran denke, wie ich an *Das Ekel*, meine erste Hauptrolle, geriet...

Samstag war's, ein schwarzer Samstag – bei Gott!

Am Frühstückstisch hatte mein Vater über schwere Schmerzen im Nacken geklagt, worauf meine Mutter ihm vernünftigerweise vorschlug, er solle entweder einen anderen Arzt aufsuchen oder am besten die Vorstellung gleich ganz absagen.

»Absagen«, fuhr er hoch, »um Himmels willen! Einen Samstag absagen!«

»Na, dann laß den Willy einspringen. Der kennt doch die Rolle ganz gut. Und dich hat er oft genug darin gesehen!«

Das sagte meine Mutter in aller Ruhe, und die Sache blieb für mich zunächst ungefährlich, denn Vater hatte ja recht, als er den Kopf schüttelte: »Aber hör doch! Für die Rolle ist der Willy viel zu jung. So ein schmales Handtuch! Sieh ihn dir doch an. Und im Stück soll er der Vater einer erwachsenen Tochter sein?«

Irgendwie warf er mir dann im Vorbeigehen doch noch zu: »Vielleicht hältste dich heute abend bereit, Willy!«

Was in mir an diesem Tag vorging, weiß ich heute nicht mehr genau. Vielleicht war ich ein bißchen beleidigt?

Schmales Handtuch oder nicht, schließlich war es ja längst abgemacht: Wenn mal was dazwischenkommt, dann muß der Willy ran! Wie auch immer – der Willy ging ins Kino, in den Ufa-Palast am Hohenzollernring. Aber so vorsichtig, im Theater zu hinterlassen, wo man mich erreichen konnte, war ich dann doch.

Im Ufa verhallten gerade die letzten Fanfarentöne der Wochenschau, da tippte jemand auf meine Schulter. »Herr Millowitsch...« Es war die Platzanweiserin. Sie senkte die Taschenlampe und flüsterte aufgeregt: »Da war eben ein Anruf für Sie. Sie möchten ganz schnell ins Theater kommen.«

Also doch!

Ich rannte los. Weit war's nicht vom Ufa-Palast zur »Harmonie«, unserem damaligen Theaterbau. Während ich so dahinlief, versuchte ich verzweifelt, mir ins Gedächtnis zu rufen, was die Rolle eigentlich ausmachte: Da war Anton Igel, Fabrikant für Pumpen zum Aufpumpen von Plattfuß-Einlagen, ein mieser Nörgler, ein wirkliches Ekel, wie es der Stücktitel schon sagte. Da gab's eine gewaltige Gerichtsszene mit einem ganzen Berg von Text. O Himmel – die hatte ich ja ganz vergessen! Statt mich um das Buch zu kümmern, setzte ich mich ins Kino! Welcher Wahnsinn...

Inzwischen war ich am Theater angelangt. Vor dem Eingang grinste schon der Wilhelm Mählmann – das Hausfaktotum –, der wußte also auch schon Bescheid? Mutti kam mir auf der Bühnentreppe entgegen. Die war doch sonst kaum im Theater? Aber ja: Vaters Nacken... Das aufmunternde Lächeln gelang ihr großartig.

»Weißt du, Papa spielt den ersten Akt noch zu Ende«, sagte sie. »Woher kommst du überhaupt? Du bist ja ganz verschwitzt... Du, was ich sagen wollte: Bis der erste Akt vorbei ist, hast du genug Zeit. Ich hab dir einen Kamillentee gemacht, Kamillentee beruhigt.«

»Wieso denn Kamillentee? Himmelherrgott – ich bin doch die Ruhe in Person!«

Die Garderobe ließ ich links liegen. Ich schob mich auf die Bretter der hinteren Bühne. Da war Vaters Stimme. Spielend übertönte sie den Kegelbrüder-Klamauk der ersten Szene, und sie klang, wie die Rolle es verlangte: nörglerisch, ein bißchen böse – aber nicht so scharf, so aggressiv wie sonst. Eher etwas knatschig und leidend.

Da haben wir's, dachte ich.

Else Scholten, die in dem Stück die weibliche Hauptrolle spielte, stand in der Seitenkulisse und beobachtete aufmerksam ihren Partner. Eigentlich hätte sie in der Garderobe sein müssen. Aber dort war ihr wahrscheinlich nicht wohl. »Bis zur Pause schafft er et noch, der Chef, aber dann biste dran«, flüsterte sie mir zu. »Fang schon mal an, 'n miesepetriges Jesicht zu machen. Na los, üben! Mundwinkel runter un Falten auf de Stirn! Denk an wat janz Eklijes!«

Sie meinte das gar nicht so komisch, die Else. Ich hatte gleich das Gefühl: Hier ist ein Mensch, der weiß, wie dir zumute ist.

Aber das Buch? Die Rolle! – Zum Teufel, das Buch!

In dem Moment begann auf der Bühne die große Schimpfkanonade, die den Abgang meines Vaters einleitete.

Ich erwartete ihn in der niedrigen Tür seines Kabäuschens. Es befand sich an der linken Bühnenseite und diente ihm als Garderobe und Regieraum zugleich. Er stöhnte und bekam kaum die rote Tünnesperücke vom Kopf. Dann nahm er die Nase ab: »Willy, diesmal schaff ich's nicht. Mach du weiter, aber schmeiß mir bloß die Vorstellung nicht, Jung.«

Da war auch schon Mutti an seiner Seite, hängte ihm den Mantel über die Schultern und zog ihn weg zur Treppe.

Allein.

Na gut: Ich griff mir die Pappnase und die Perücke

und bahnte mir meinen Weg in dem Durcheinander des Umbaus zum zweiten Akt... »Laßt euch nur Zeit...« Ich brachte es ganz kühl und souverän.

Dann rannte ich zur Garderobe. Dort hatte Mama schon meine Klamotten bereitgelegt. Das Buch! dachte ich, wo ist bloß das Buch? Aber jetzt ging's um Jacke, Schlips und Stiefel. Und schon war ich mittendrin im ersten Problem: Die Hosenträger sollten runterhängen, aber wie macht man das mit einer Hose, die viel zu weit ist? Meinen Gürtel... Verdammt noch mal, wo hatte ich meine eigene Hose hingeschmissen... Na also. Riemen raus und – denkste! Die Bühnenhose hat keine Schlaufen... Also den Riemen einfach umgeschnallt. Hoffentlich hielt das wenigstens so lange, bis ich die Hosenträger über die Schulter ziehen konnte...

Und da flog schon die Tür auf. August Vollstedt stand vor mir. Als Kriposchutzmann Rübsam mußte er nach mir auf die Szene. August sagte kein Wort. Sein Daumen sprach. Der deutete nach oben, zur Bühne. »Bin ja schon unterwegs, August.«

Auf meinem Schädel sammelten sich Wassertröpfchen. Wer je unter einer Perücke vom Lampenfieber befallen wurde, weiß, wovon ich rede. – Und ich rannte schon wieder. Nicht schnell genug – denn ich hörte mein Stichwort, als ich noch fünf Stufen von der Hinterbühne entfernt war.

»Mama!« brüllte ich aus Leibeskräften. »Mei Kragenöppche! Wo is et denn?« Das waren die Auftrittssätze. Zum Glück sollten sie sowieso aus der Kulisse kommen. Aber so wie ich sie brüllte, dachten sich die Zuschauer zu Recht: der nörgelt nicht, der ist in Panik.

Und das war ich schließlich auch.

Nun der Auftritt. Klatschen. Auftrittsapplaus – na gut. Die merken noch nichts. Aber da war die verdammte Hose... Und als ich versuchte, die Sache mit dem blöden Hosenträger in Ordnung zu bringen, war's dann soweit. Alle Augen waren auf mich gerichtet. Und nicht nur die aus dem Theatersaal. Auch die Bühne: »Mama«, »Tochter« und »Sohn« starrten mich an wie das achte Weltwunder. Um Linnys Mund, die im Stück meine Tochter zu spielen hatte, zuckte es verdächtig. Schließlich war sie gut zehn Jahre älter als ich. Und so was stört natürlich. – Jetzt schien sie bereits einem Lachanfall nahe. Es kam nicht dazu, denn sie hatte mir in diesem Augenblick einen Brief zu überreichen. Ich allerdings hatte die Hände noch nicht frei – wie auch? Hätten die Leute richtig geklatscht, hätte ich Zeit gewonnen... Ich kämpfte mit Hosenträger, Stiefel, Schlips, Jacke und Katzenfell. Die erste Improvisation war fällig. Ich ließ die Klamotten einfach auf den Boden fallen, und mimte Überraschung. Mit einem vorgezogenen, leicht veränderten Satz: »Wat – schon widder en Eilpost vom Kaczmarek?«

Diese Erkenntnis hatte mich, laut Text, erst beim Öffnen des Briefes am Schreibtisch zu treffen. Also mußte ich mich beeilen, den blöden Sekretär zu erreichen. Und dabei verhedderten sich meine herabhängenden Hosenträger in der Stuhllehne, rums – fiel das Ding um und schlug mir mit der harten Eichenholzkante ans Schienbein. »Au! Verdammt noch mal!« brüllte ich.

Das stand nicht im Textbuch. Genausowenig war vorgesehen, daß jetzt auch noch der Sekretär kippte.

Ich hatte mich elegant mit der einen Hand auf die Seite gestützt, aber der Sekretär, ein bühnengerechter Leichtbau, kippte, die Schreibgarnitur kam ins Rutschen, das Tintenfaß zerschellte am Boden.

Da hatte ich nun meinen Beifall! Vielleicht nicht an der richtigen Stelle – aber immerhin Beifall. Die Leute tobten. Sie konnten sich nicht halten vor Lachen. Ich grinste, buchte alles auf mein Konto. Meine Sicherheit wuchs. Applaus hilft immer.

Ich wurde langsam ruhiger und entsann mich eines Uralttips des großen Wilhelm, den mir Emma, meine Oma, später weitergegeben hat: »Wenn du dich nicht textsicher fühlst, verschlepp einfach das Tempo. Die anderen müssen sich anpassen. Und du gewinnst wertvolle Sekunden, um dir alles noch mal zu überlegen.« Der Rat macht nur dann einen Sinn, wenn man in der Lage ist, sich gleichzeitig auf zwei Dinge zu konzentrieren: mit Aug' und Ohr auf das Bühnengeschehen zu achten und in Gedanken bereits der Szene vorauszueilen.

Das ist wahrhaftig nicht einfach! Trotzdem: Ob Sie's glauben oder nicht, ich konnte das immer. Auf der Bühne wurde das Methode und – leider ganz im Gegensatz zum Leben – zu meiner zweiten Natur. Auch erfaßt mein Erinnerungsvermögen die Dinge des Theaterlebens viel schärfer als die des Alltags. So ist auch der Bühnen-Wahnsinn dieses ersten Abends mir heute noch so brisant gegenwärtig, als betrachtete ich einen alten Slapstick-Film in Zeitlupe.

Ich schwitzte! – Dabei hätte ich zufrieden sein können: Die beiden nächsten Szenen hatte ich wie im Traum erlebt – sie waren ohne Pannen abgelaufen.

Längst war dem Publikum klar: Der dort oben ist nicht der Peter, das ist der Willy! Mal sehen, was der noch auf Lager hat?

Nach dem zweiten Akt verkrümelte ich mich. Lieber Himmel – was fühlte ich mich allein! Von meinen Mitspielern war keine Hilfe zu erhoffen, die hatten beim Bühnenumbau vollauf zu tun. Meine Mutter konnte weder helfen noch trösten; sie war mit Papa beim Arzt. In der Garderobe aber hing allein und feierlich der Gehrock an seinem Bügel. Sein schierer Anblick jagte mir einen eisigen Schauer über den Rücken. Er erinnerte mich an die Gerichtsszene, die jetzt im dritten Akt auf mich wartete, ein ganzer Berg von Dialogen, ein langer, vermaledeiter Text mit den kompliziertesten Wortspielen. Dabei konnten mir keine Stichworte weiterhelfen. Das war ohne Zögern und Pausen herunterzubeten... Mir war klar: Wenn du das nicht bringst, stotterst du die Grabrede deiner Bühnenlaufbahn.

Rein in den Gehrock, raus aus der Garderobe, rüber in Vaters Bühnenkabäuschen, wo stets das aktuelle Textbuch bereitlag. Hier – der dritte Akt! Ich hing mit der Nase über den Seiten, starrte auf die großen, schrecklichen schwarzen Textblöcke, sprach, schrie laut vor mich hin. Hören konnte mich sowieso keiner bei dem Krach der Kulissenschieberei.

Und schon, viel zu früh, schellte die Pausenklingel durchs Haus. Ein letzter Schluck aus dem halbvollen Wasserglas meines Vaters. Und das Gefühl, dieses schreckliche und mundtrocknende Gefühl der bevorstehenden Hinrichtung.

Und dann gellte von der Bühne auch schon der

Aufruf des Gerichtsdieners Würmchen durch die Kulissen:

»Der Fall Igel!«

Zunächst ging's ja noch. Ich stand jetzt vor den Schranken des hohen Gerichts. Ich hatte meine Taschenuhr zu ziehen, zu nörgeln, ich war der klassische Querulant. Bloß wie? Ein Querulant mit Angst – wo gibt's denn das?

Schon reagierte auch das Publikum: Die fanden mich gar nicht mehr komisch – nur noch mies... erst dumpfes Murmeln, dann wachsende Unruhe, das vorsichtige Füßescharren, das entsteht, wenn sich ein Sitznachbar zum andern beugt, um seine Kritik loszuwerden. Räuspern. Raunen... Und der Schweiß, der mir über den Nacken in den Gehrock lief...

Und da war es nun, dieses einzigartige und schreckliche Gefühl, das nur der Schauspieler kennt: Der Unwillen des Saales wird greifbar, verwandelt sich in eine Woge des Unmuts und der Kritik. Sie kommt in Wellen, springt über die Rampe und kriecht dir die Beine hoch bis zum Magen, zum Hals! Kein Wunder, wenn dir die Luft wegbleibt. Dann fließt es wieder ab... Und immer dieses sonderbare leere Gefühl im Magen.

Dabei kamen die längsten und schwierigsten Textpassagen noch!

Ich bewältigte sie. Zu meiner eigenen Verblüffung bewältigte ich sie sogar wortgetreu – nur: für die anderen schienen sie keinen Sinn zu ergeben. Wo blieben die Lacher? Das war doch gerade so komisch, daß die Leute im Saal jauchzen müßten!

Nichts. Gar nichts. Nur ein großes schwarzes Loch,

in dem ich versank. Und am Rand dieser gähnenden Leere die ratlosen Gesichter meiner Mitspieler.

Die berühmten Sekunden, die wie Ewigkeiten erscheinen...

Neues Stichwort, ein neuer Einsatz. Nur der Text blieb mir, ich spulte ihn ab, vergaß nicht einmal die richtige Betonung – aber ich lebte ihn nicht.

Keine Reaktion kam von unten. Die Pleite kroch auf mich zu, diese schlimmste Erkenntnis: Du bringst es nicht! Du wirst niemals ein richtiger Komödiant werden...

Und schon gar kein Komiker...!

Gerade dieses Wissen um die für mich bereits feststehende Niederlage ließ mich seltsamerweise ruhiger werden. Mein Herz dröhnte, doch ich tat, was die Rolle verlangte. Ich machte keinen Patzer. Zwischendurch jedoch drangen einzelne, halblaute Gesprächsfetzen in mein Bewußtsein: »Nä, dat es nix mit dem Willy!« – »Keiner kömmt an unsere Pitter ran!« – »Man sollt sich et Jeld wiederjeben lassen!« – »Loß mer jonn!«

Und das taten dann auch einige. Jedes Aufklappen der Saaltüren traf mich wie ein Schlag.

Aber das Schlimmste hatte ich überwunden: die Leere!

Ich stand es einfach durch. Ich ging sogar zum vierten Akt noch einmal hinaus auf die Bühne. Ich stand aufrecht auf dem Richtplatz, wo das Volk zu seiner Belustigung meinen Kopf gefordert hatte – ich stand, bis der Schlußvorhang mich erlöste.

Über dem bißchen mitleidigen Händeklatschen hing plötzlich ein Ruf: »Wann spillt dann dä Pitter widder?«

Im Theater war ich aufgewachsen, in Hunderten von Aufführungen hatte ich die Kollegen gesehen – und Dutzende von kleineren Rollen hatte ich bereits selbst übernommen! Ich war jetzt neunundzwanzig. Ich hatte meine erste Hauptrolle gespielt – die große Chance, von der man träumt – und hatte sie hoffnungslos verpatzt.

Damals haßte ich meine Kollegen für die Schau, die sie gleich nach Vorstellungsschluß mit mir abzogen: »Dat haste jroßartig hingekriegt, Willy.«

Dann dieses Schulterklopfen: »So ganz ohne jede Probe – einfach fabelhaft!«

Und noch mal Schulterklopfen: »Dein Vater kann stolz auf dich sein, Willy!«

Und immer wieder Schulterklopfen.

Blanker Hohn! – so empfand ich es.

Erst viel später wurde mir klar, daß sie es tatsächlich so meinten. Nicht aus Mitleid oder weil sie mir Trost spenden wollten, nein – in ihren Augen hatte ich ehrliches Lob verdient. Der Grund: ich hatte durchgehalten. Das fanden sie professionell. Deshalb wollten sie mir Mut machen, es wieder zu tun.

Für mich aber gab's nur eine einzige Instanz für ein solches Urteil: meinen Vater.

Ich verbrachte eine schlaflose Nacht. Ich grübelte darüber, was er wohl sagen könnte. Es wurde Sonntag. Er sagte nichts. Durch meine Mutter erfuhr ich, daß Papa sich bereits wieder stark genug fühle, selbst zu spielen. Und da es Sonntag war, sogar gleich zwei Vorstellungen hintereinander: nachmittags und abends. Er selbst war in seiner Werkstatt am Basteln.

Ich schlich auf Zehenspitzen umher.

Ich war deprimiert und erleichtert zugleich. Ich

fragte mich: Welche Möglichkeiten hat er denn schon? Entweder muß er dir gewaltig die Leviten lesen, weil du dich ja ganz offensichtlich als unfähig erwiesen hast. Oder er kann dich mitleidsvoll belügen, um dir wenigstens die Reste deines Selbstvertrauens zu erhalten. Beides wäre mir an diesem Tag unerträglich gewesen.

Heute, nach nunmehr fünfzig Jahren, denke ich manchmal immer noch darüber nach, ob ihm damals nicht doch mehr als diese beiden Möglichkeiten zur Verfügung standen? Und frage mich, wie ich selbst wohl in seiner Lage gehandelt hätte? Und muß mir eingestehen – vielleicht schlimmer.

Damals dauerte es nicht lange, bis ich meine Sicherheit halbwegs wiederfand... Heute wirft mich so schnell nichts mehr um. Kaum einer, der in einer Komödiantenwelt aufwuchs, in der die sogenannte Scheinwelt des Theaters zum großen und zum grauen Alltag wird, kann den flüchtigen Moment des Erfolgs oder Mißerfolgs zu wichtig nehmen, wenn er überleben will.

»Vorhang auf – Vorhang zu...« Täglich wiederholt es sich. Brausender Applaus oder leere Kassen – das ist wie die Jahreszeiten, die kommen und gehen und wiederkommen...

Der alte Kroate in mir...

»Millowitsch? – Wie kommen Sie zu diesem Namen?« werde ich gefragt. »Ich meine, der ist doch ziemlich sonderbar für Köln. Wie kamen die Millowitschs nach Köln?«

Ja, wie wohl? Und wie sonderbar?

Ich gehöre nicht zu den Leuten, die sich für Ahnenforschung begeistern. Um so dankbarer bin ich all den klugen Köpfen, die sich an meiner Stelle mit unserer Vergangenheit beschäftigt haben. Das Ergebnis halte ich allerdings nicht nur für rundherum interessant, sondern überdies für hochromantisch.

Romantisch ist zum Beispiel für mich, daß der erste urkundlich greifbare Millowitsch während des Siebenjährigen Krieges Reiteroffizier war. Es gibt allerdings auch eine Theorie, die behauptet, dieser Millowitsch stamme aus dem Sorbischen. Glaub ich aber nicht. Ich bleib beim Reiteroffizier. Der hieß Michael Millowitsch und tat, was Husarenleutnants damals für die Krönung ihrer Laufbahn hielten: Er starb für seinen König. Das war im Siebenjährigen Krieg.

Interessiert es Sie, warum ich nicht an den Sorben, sondern an den Kroaten in mir glaube? – Nun, damals, in diesen Kriegszeiten, wirbelte alles durcheinander: Die Schwaben zogen an die Donau, Preußen gingen nach Petersburg – dafür kamen Ungarn und Kroaten nach Preußen. Und wenn ich manchmal so in mich hineinhorche – oder mich zu Hause und im Theater losdonnern höre, dann sage ich mir: Da ist er, der alte Kroate in dir! Der Mensch aus dem slawischen Raum.

Na, dann hör ihm mal zu. Guck mal, wie der sich aufführt, der Husar mit dem wilden, zornigen Herzen!

Das ist natürlich eine ziemlich eigenwillige, subjektive Perspektive. Bleiben wir »wissenschaftlich«.

Fest steht, daß im preußischen Norden der seltsame Name Millowitsch zum erstenmal auftaucht. Und zwar bei einem Franz Andreas Millowitsch, geboren 1793 in Küstrin, heutiger Regierungsbezirk Frankfurt/Oder. Er sollte unser Urvater werden. Küstrin war damals eine einzige Militärstadt, eine der stärksten Festungen Preußens...

An dieser Stelle möchte ich einen Zeugen präsentieren. Hugo Rasch heißt er. Sein Hauptwerk: »Die Geschichte des Preußischen Husarenregiments Nr. 2. – Die zietenschen Leibhusaren.«

Na bitte! Bei den zietenschen Husaren gab es viele kroatische Kerle. Und der Herr Rasch stellte dann auch ausführlich fest, daß »entsprechend den Gepflogenheiten, Söhne gefallener Offiziere in Kadettenanstalten selbst wieder zu Soldaten auszubilden, es höchstwahrscheinlich sei, daß auch die Vorfahren des Franz Andreas Millowitsch Militärpersonen waren«.

Sie können natürlich fragen: Was soll das eigentlich? Preußens Gloria bei Millowitsch? Mein Vater stellte solche Diskussionen mit einem einzigen Satz richtig: »Küstrin? Preußen? – Wir sind Kölner. Bei uns kriegen die Preußen eins aufs Dach – basta!«

Ich habe mich hier mit unseren pulverdampfgeschwärzten kroatisch-preußischen Anfängen nur deshalb beschäftigt, weil dabei so viel Merkwürdiges passierte, psychologisch Merkwürdiges. Folgendes nämlich: Eines Tages, im Sommer 1815, erschien die

Witwe eines während des Freiheitskrieges gefallenen Nicolaus Millowitsch mit ihren Kindern in Köln und erhielt Wohnrecht. Einer ihrer Jungen war Franz Andreas. Der wurde zunächst auch Soldat, versuchte dann, nach seiner Entlassung, als »Spezereikrämer« und »Handelsmann« eine »ehrbare Existenz« zu gründen.

Und hier hätten wir ihn nun – den Mann, den ich für alles verantwortlich machen muß!

Denn was passiert? Statt ordentlich zuzulangen, einen Laden aufzuziehen, statt Spezereien, Zimt, Ingwer, Muskatnüsse und Pfeffer unter die Leute zu bringen, will der Kerl Theater spielen! Schlimmer noch: beschäftigt sich mit Stockpuppen, macht dem Christoph Winters, einem echten Kölner, der seit Jahrzehnten das Monopol auf das »Hänneschen Theater« in der Kölner Innenstadt besitzt, Konkurrenz – und fällt prompt auf die Nase.

Bald sucht man in den Kölner Adreßbüchern vergeblich den »Spezereikrämer« und Handelsmann – »Tagelöhner« steht nun da. Viel schlimmer: Lohkuchenhändler! Lohkuchen aber war ein streng riechendes braunes Zeug, Abfall, den der Franz Andreas wohl bei den Gerbereien am Rhein aufkaufte, im Karren aufs Land schleppte, um ihn dort bei den »Kappesbauern«, den Kohlbauern, die Lohkuchen als Dünger verwandten, zu verscherbeln und sich ein paar Kreuzer dazuzuverdienen.

Es gibt nicht allein ein geistiges Auge – für mich gibt's auch so etwas wie ein geistiges Ohr. Mit seiner Hilfe nehme ich manchmal Kontakt auf zu meinem Urahn Franz Andreas. Dann höre ich sein Atmen, das eigentlich mehr ein Ächzen ist, seine Flüche hör ich, wenn er den Karren durchs Hahnentor zieht und dann bergan...

Dem Mann läuft der Schweiß über das Gesicht, die Riemen schneiden ihm ins Fleisch. Aber während er sich schindet, kreisen seine Gedanken um das *Hänneschen*, das *Bärbelchen*, den *Bestevadder*, sucht seine Phantasie nach Versen, nach neuen Einfällen, nach Reimen und Pointen. Denn morgen wird er in den Karren die Stockpuppen packen. Morgen wird gespielt!

Da haben wir das Virus des erblichen Familienwahns, den Erreger der Theaterkrankheit, den »Morbus Millowitsch« im Fahndungscomputer. Hier beim Urvater ist er zum erstenmal zu lokalisieren!

»Und bitte ich untertänigst um Concessionierung zur Anlage eines Puppentheaters – allenfalls in einer zu bestimmenden Entfernung zur Stadt...«

Ach, diese Eingaben des Franz Andreas! Das Betteln um die »obrigkeitliche Bewilligung...«

Schon wieder rede ich davon, weil sie mich so erschüttern: Eine schwarz auf weiße Spur beschriebenen Papiers, eine Spur der Demütigungen, Hoffnungen, der Verzweiflung, aber auch das Zeugnis einer unglaublichen Beharrlichkeit.

Er gab nicht auf, der Franz Andreas, weil er nicht aufgeben konnte. Mit Himmel und Hölle hätte sich mein Urvater verbündet. Mit den Gendarmen, seinem Erzfeind Christoph Winters, alles hätte er getan, um die Chance zu bekommen, loszuspielen!

Mit seinem Puppenkarren durchquerte Franz Andreas das Land und erreichte so, lange ehe sein Sohn

Caspar das gleiche tat, daß der Name Millowitsch weit über die kölschen Stadtgrenzen hinaus bekannt wurde.

Ehe ich ihn verliere, ehe sein Bild im Staub der Straße verweht, die Straße, über die er so oft gegangen ist, winke ich ihm im Geiste noch mal zu.

Und auch Johannes Caspar, seinen Sohn, grüße ich. Er wieder gab das Millowitsch-Fieber dem Wilhelm weiter, dessen Sohn wiederum... Und nun wird's kritisch, denn dieser Wilhelm Millowitsch, dessen Namen ich trage, war mein Großvater – und dazu: der Stolz des Hauses.

Auch noch der Großvater? Ja, ich möchte über ihn sprechen.

Ich will versuchen, es zu erklären. Sie dürfen ruhig weiterblättern, wenn Sie meinen, es müsse nicht unbedingt sein, daß der Willy Millowitsch jetzt vom Wilhelm Millowitsch zu singen anfängt. Aber was soll ich machen? Was würden Sie tun, wenn Sie einen solchen Großvater hätten? Ihn übergehen?

Um zu verstehen, was ich meine, bitte ich um Ihre Phantasie. Wir sind im Jahr 1906. Nicht mehr die Preußen regieren, es regiert der Kaiser! Was nun allerdings so ziemlich aufs gleiche hinausläuft.

Der Kaiser hat seine getreuen Untertanen. Die will er schützen. Aber seine Majestät will umgekehrt auch vor seinen Untertanen geschützt werden. Für den Fall nämlich, daß die auf die Idee kommen sollten, witzig zu werden. So was mochte der Kaiser nicht so gern. Dafür gab's Strafgesetzbuchparagraphen über Majestätsbeleidigung. Da hatte der Kaiser also ein Problem.

Mein Großvater hatte auch eines: Wie halte ich die Leute am Lachen? Wie halte ich sie auf ihren Theatersitzen, wenn ich zu allem Hurra schreie und die Hakken zusammenschlage? Hatte der Kaiser nicht gerade ein paar »Millioncher« mehr für seinen persönlichen Aufwand, die »Zivilliste« verlangt? War das denn nicht ein Bombenthema? So etwas regte die Leute auf. Aber wer sich im Theater damit beschäftigte, beleidigte seine Majestät!

Und wie sah die Lösung aus, die Wilhelm Millowitsch fand?

Sie war einfach: »Loß mer nohm Millowitsch jon!«

Der Theatersaal füllt sich. *Köln in Berlin* steht auf dem Programm. Vor dem Vorhang viele, viele Kölner. Sie warten auf ihr Hänneschen, sie warten auf ihren Tünnes. Ob nun *Eine tolle Nacht* gegeben wird, das *Fussig Julche* oder *Der Leutnant vom Himmel* – das ist ja nicht so wichtig. Vielleicht fanden die Aufführungen noch im Cirkus Carré – dem späteren Reichshallen-Operettentheater – oder im Sommertheater des Nais'schen Gartens am Mainzer Tor statt, das weiß ich auch nicht genau. Auch das ist nicht weiter wichtig.

Also dann: Vorhang auf!

Und was sehen wir? Eine einsame Kaiser-Wilhelm-Büste. Die steht auf einem griechischen Podest. Bitte lassen Sie mich betonen: eine Büste! Also – ein Kopf, ein Hals, ein bißchen Schulter, sicher viele, viele Orden, aber keine Arme und Hände.

Na, denken sich die Kölner und stoßen sich vor lauter Entzücken in die Seite: »Jetz könne mer et erlefe. Jetz nimm d' Wilhelm den Wilhelm op d'r Schipp.«

Und das tut er denn auch. Hänneschen erscheint. Hinter ihm drückt sich Tünnes auf die Bühne, erstarrt, legt den Kopf schief und umkreist dann da erst mal seinen Kaiser, um ihn von allen Seiten genau zu betrachten.

Schließlich dreht er sich zum Hänneschen: »Sag ens, Hännesche, wo hät denn dä Kaiser sing Häng?«

Und das Hänneschen guckt ihn an, schaut zum Publikum: »Weißt de dat nit? In andere Lücks Täsche.«

Gut, die Leute toben. Und mehr wollte man ja nicht. Nur: das Stück hat ein Nachspiel. Und das schreibt der Staatsanwalt: Ein vergitterter Karren, die »Blaue Minna«, fährt bei Großvater vor, die Gendarmen nehmen ihn gleich mit. Ganz Köln steht kopf: Das Hänneschen, der Wilhelm Millowitsch, im Klingelpütz?

Logisch, daß Hänneschen keinen Ärger haben will. *Köln in Berlin* wird vom Spielplan abgesetzt und Wilhelm Millowitsch wieder laufengelassen. Einige Wochen vergehen, es herrscht Ruhe, dann reißen die Kölner die Augen auf. Da steht es doch tatsächlich auf den Plakaten: *Köln in Berlin*.

Dieses Mal ist das Theater gerammelt voll. Ausverkauft bis zum letzten Platz. Und nun geht der Vorhang auf. Die gleiche Szene. Die Säule. Der Kaiser. Der Kaiser ohne Arme.

Mäuschenstill ist es im Saal. Die Zuschauer halten den Atem an. Wird er – wird er nicht...? Was wird er überhaupt?

Der Tünnes zieht seine Kreise um die Büste, legt den Kopf schief, drückt ein Auge zu, und dann kommt sie wieder, die Frage: »Hännesche? Wo hätt denn dä Kaiser sing Häng?«

Das Hänneschen schweigt. Schweigt lange. Dann steckt es ganz langsam die Hände in die Taschen, geht vorne an die Rampe und flüstert mit einem Zwinkern in den dunklen Zuschauerraum: »Ich weiß et. Du weiß et, un dat Publikum weiß et auch – evver ich sagen et nit!«

Im Grunde war das ja noch eine deftigere Majestätsbeleidigung als die vorherige, aber der Staatsanwalt hält diesmal still. Denn schließlich, politisch gesehen, war es wohl zu allen Zeiten kein besonders gutes Geschäft, sich mit den Narren anzulegen. Und schon gar nicht in Köln. Wer dem Hänneschen an den Kragen wollte, hatte es automatisch mit der ganzen Stadt zu tun. Ob sich das lohnte? Kaum!

In diesen Zeiten gab es noch eine andere Dynastie in Köln. Keine von Gottes Gnaden – nein: Schokoladenkönige – die Stollwercks. Für die Alten wie für die Kleinen waren sie im ganzen Rheinland ein Name von fast mystischem Klang. Das lag wohl an den Stollwerck-Automaten. Auf jedem Bahnhof, an jeder Straßenecke konnte man sie finden; nicht nur Schokolade, auch die Sammelbildchen ließ man da heraus.

Der Chef des Hauses, der alte Stollwerck, gehörte zu den begeisterten Anhängern meines Großvaters. Ein wirklicher Gönner war das: keine Neu-Aufführung, in der Stollwerck fehlte. Deshalb fuhr es Wilhelm Millowitsch auch besonders hart in die Knochen, als sein Freund Stollwerck auf einer Gesellschaft im schönsten Kölschen Platt verkündete: »Ich weiß et nit, däm Millowitsch fällt nix mie enn! Ich gläuw, mit däm es et am Eng.«

Einem Millowitsch läßt so etwas natürlich keine Ruhe. Eines Tages ist es soweit: Stollwerck und Frau sitzen in der Ehrenloge, zusammen mit Tochter und Schwiegersohn. Und dann, in dem Stück, und ganz vorne an der Rampe, da packt Tünnes seinen Partner bei der Schulter: »Süch ens, Hännesche wä setz denn do en der Losch?«

Das Hänneschen verdreht den Kopf, und mit ihm das ganze Haus. »Dat? Dat es der Stollwerck!

»Och nä? Wä es denn do bei däm?«

»Die Aal es sing Frau un die Jung dat es sing Dochter. Un dä andere es der ehre Mann, der Zehnpfennig.«

»Hä denn dä Stollwerck och Kinder?«

»Ov dä Kinder hä!«

»Sag ens, Hännesche. Die Dochter un dä Schwiegersohn, hann die denn och Kinder?«

»Enä, Tünnes. Die hann kein Kinder!«

»Woröm denn nit, Hännesche?«

»Ich weiß et nit, Tünnes. Entweder daugt der Automat nix, oder dä Grosche es nix wät.«

Nun, das war kein Krätzchen mehr, das war schon ein richtiger Kratzer. Ganz Köln lachte über »dem Stollwerck singe Automat«. Aber das Beste daran: Der alte Stollwerck lachte mit. Er war halt ein echter Kölner und hat übrigens nie mehr versucht, dem Hänneschen eins auszuwischen.

Was waren das noch für Zeiten! Ich brauche nur in meiner Fotokiste zu kramen: Da ist der Peter Classen als »Tünnes« in *Farinelli*, den Zylinder auf dem Kopf, das Halstuch umgeschlungen und den roten Nasenknollen wie einen Stachel unter den lustigen Augen. Daneben der Engelbert Jansen in seiner Paraderolle als »Napoleon-Schäl« in *Madame sang schön*! So haben die damals das in Berlin und Paris so gefeierte Gesellschaftsstück *Madame Sans-Gêne* von Sardou verkalauert. Dann der Wilhelm natürlich, Schirm und Körbchen in der Hand, Häubchen auf dem schwarzen Haar und im Gesicht, trotz des feschen Schnurrbartes, so ein richtiges, herziges Mädchenlächeln, den Busen ausgestopft. Sie waren die Kinder des *Kapitän Grand*; da spielten sie alle: der Wilhelm, der Peter Classen, der Engelbert Jansen, der Peter Meyer, spielten in Frauenkleidern, neckischen Miederchen, Volants, pompösen Unterhosen, die bis zum Knöchel gingen...

Ja, schon damals liebten es manche heiß. Vor allem die Kölner. Sie tobten!

Das einzige echte Weib mit von der Partie – und nicht nur in *Kapitän Grand*, auch in so vielen anderen Stücken, ob als *Prinzess Wäscherin* oder als *Trina aus Rothenkirchen* –, das war die Frau Direktor selbst, die Emma Millowitsch. Bald rückten die Kinder nach: Mein Vater Peter, der den Stabs-Trompeter in *Noblesse op Plüsch* oder den Leutnant im *Bettelstudent* spielte, seine Brüder Carl und Casper – sie alle waren dabei! Selbst ich. Mit meinen fünf oder sechs Jahren zogen sie mir eine Zipfelmütze über den Kopf, behaupteten, ich sei das Heinzelmännchen, sagten: »Nun los, Willy«, und schickten mich auf die Bühne.

Und als Rahmen das Colosseum, unser Theater in der Schildergasse: Jugendstilblumen, Girlanden,

Spiegel, Plüschsessel, gewaltige Samtportieren, Teppiche, Buffet, Bars. Und darin die Bühne mit all den technischen Raffinessen ausgestattet, die mein Großvater wollte und die dann später mein Vater Peter noch verbesserte: Es waren die goldenen Millowitsch-Zeiten.

Wilhelm aber, dieser vom Theaterwahn gebissene Großvater, der so hübsch war, daß ihm die Frauenherzen nur so zuflogen, und den ich mir noch heute mit einem Sektglas in der Hand vorstelle, die linke Braue hochgezogen, den Blick voll liebenswürdigem Charme. Er mit dem Wissen um die Schwächen der Menschen, der selbst dann nicht aufgab, als ihm giftige Schminke die Augen ruinierte, sondern von Stund an blind Regie führte – dieser Mann ist mir heute noch ein Rätsel…

Der große Zauberer

»Schicksale und Unfälle aller Art«, so hatte Urvater Franz Andreas eine seiner vielen Eingaben um eine Theaterkonzession begründet, hätten ihn und seine Familie in »die drückendste Lage« versetzt.

Es war keine Übertreibung. Es war die nackte Wahrheit. Die Not, die er beschrieb, brachte seinen Sohn Casper schon mit siebenunddreißig Jahren auf den Friedhof. Dessen Sohn Wilhelm hat es miterlebt und mit erlitten: das Schicksal des »fahrenden Volkes«, der Puppenspieler und Feuerschlucker.

Und nicht der geringste Hoffnungsschimmer auf das, was man damals wie heute eine »bürgerliche Existenz« nennt!

Wilhelm Millowitsch hat den Puppenkarren gezogen. Es war eine Grunderfahrung, die ihm ein Leben lang blieb!

Aber er hatte Glück. Viel Glück. Zunächst das Glück, daß seine Umgebung spürte: Da war etwas an diesem Jungen, das ihn von anderen unterschied, nicht allein Intelligenz oder Begabung, nein, etwas Besonderes.

Sein Vater Casper war der erste, der entsprechend reagierte: Schon mit sechs Jahren gab er den Jungen in Pflege, in ein Lehrerhaus an der Ahr. Für Wilhelm war es wohl die entscheidende Wende. Eine neue Welt tat sich ihm auf. Er las sich buchstäblich die Augen wund. Doch als sein Vater dann bereits mit siebenunddreißig Jahren an den Strapazen starb, die sein ganzes Leben gezeichnet hatten, gab es für den Sohn nur eine Entscheidung: Der Mutter helfen. Weitermachen. Den Karren ziehen...

Doch dann wurde auch Wilhelms Mutter todkrank. Und was nun geschah, könnte wirklich aus einem der tragischen Kitschromane stammen, die man um diese Zeit so schrecklich gern las: Eine leibhaftige Fürstin, die Fürstin von Braunfels, erscheint auf der Szene. Sie hatte Gefallen an der fahrenden Puppenspielerfamilie gefunden, und so versprach sie der Mutter auf dem Sterbelager, sie werde sich um den jungen Wilhelm kümmern...

Mariele, meine Tochter, ist da anderer Ansicht. Sie schüttelt nur mitleidig den Kopf: »Und das glaubst du natürlich?«

»Was soll denn das heißen?«

»Was das heißen soll? Daß es sonnenklar ist, daß sie an ihm Gefallen gefunden hatte. So, wie der aussah. Und dann noch mit seinen knackigen sechzehn oder siebzehn Jahren.«

»Aber hör mal. Es ist doch erwiesen, daß er ins Försterhaus des Fürstlich Braunfelsschen Rentamtes aufgenommen wurde und daß die Fürstin ihn dann immer zu ihren Abendgesellschaften eingeladen hat. Klavier spielen konnte er. Und singen... So was wie ein Gesellschafter wurde er, das hab ich alles nachgelesen. Der wurde richtig gebildet, der Wilhelm.«

»Und ob der gebildet wurde. Von ihr. Die hat sich einfach in ihn verknallt!«

»Wer? Die Fürstin?«

»Wer denn sonst.«

»Das kannst du doch nicht einfach so sagen, Mariele. Wir wissen ja gar nicht, wie alt die Fürstin war.«

»Das spielt keine Rolle. Ich könnt's ja rauskriegen – aber es ist wirklich nicht wichtig. Selbst wenn sie sechzig war – so ein netter Junge, der Stücke rezitieren kann und sich inzwischen von den alten Griechen bis zu Molière auskennt und der dazu noch blendend aussah, der Typ...«

»Typ...? Du, es handelt sich um deinen Urgroßvater!«

»... da ist's doch ganz egal, ob die Fürstin nun sechzig oder dreißig war.«

Ich schließe die Augen. Mir geht das alles viel zu schnell. Und zu weit...

Wie es auch gewesen sein mochte, sicher bleibt, daß sich der Wilhelm Millowitsch von nun an zum Senkrechtstarter entwickelt. Er krempelt sein Hänneschen-Theater vollkommen um. Und schreibt, als ahne er, daß auch ihm nicht allzuviel Zeit bleibt, wie der Teufel.

Begleitet vom Walzer und dem Can-Can-Wirbel der Operetten, tanzt das Jahrhundert seinem Ende entgegen. Vorbei ist es mit Ritter-, Räuber- und Zauberkomödien. Statt für Kirmes interessieren sich die Leute für Schau- und Musiktheater. Johann Strauß, Paul Lincke, Franz Lehár triumphieren, und obendrein breitet sich ein französischer Import aus: Die Boulevard-Komödie macht Furore.

Für meinen Großvater ist das alles kein Problem: Was das Publikum haben will, das kriegt es – selbst im Puppentheater. Musik muß her; er steigert die Wirkung mit bengalischer Beleuchtung und spielverstärkenden Effekten – und bleibt doch unzufrieden.

Die Stockpuppen mit ihren starren Gesichtern! Musik will er haben. – Tanz, Mimik, Münder, die lachen können, Augen, die zwinkern – nur wie? Menschen, sagt sich der Wilhelm Millowitsch, Schauspieler müssen her.

Er rennt den Theaterdirektoren die Bude ein, fragt, bittet, verhandelt, überzeugt – und dann ist es soweit. Im Frühjahr 1894 erhält ein Herr namens Richard Schippanowsky ein Telegramm: »Ich will es Euch bekunden, die Puppen sind verschwunden. Es war mir zu gewöhnlich, wir spielen jetzt persönlich.«

Dieser Richard Schippanowsky war Direktor des damaligen »Circus Carré«, der Zirkus wiederum kein

Zirkus, sondern ein Varieté-Theater, aus dem später dann das »Reichshallen-Theater« in der Gertrudenstraße wurde.

Schippanowsky zögerte nicht. Er griff zu. Er kannte diesen verrückten Jungen bereits. Und er wußte, wie er arbeitete: ein Feuerkopf voll toller Ideen, aber einer, der mit Methode vorging.

Umsichtig und so, wie das heute in Amerika gehandhabt wird, ging auch mein Großvater vor: keine Premiere ohne Probestrecke.

Die Reise um die Erde in 80 Tagen – so hieß sein erstes großes Stück. Es war Jules Verne nachempfunden. Welches Vorhaben, den erfolgreichsten Sciencefiction-Roman seiner Zeit auf die Bühne zu bringen. Und dazu mit kölschem Zungenschlag!

Vierzehn Bilder brauchte er dazu. Und er schreckte weder vor dem »Kanal von Suez« noch vor den »Goldgräbern von San Francisco« zurück. Eine »große Ausstattungs- und Spektakelposse mit Gesang, Tanz, Evolution und brillianten Effekten in 14 Bildern« war angesagt und wurde gebracht.

Bei wem er da wohl in die Kreide stieg? Was das kostete! Mein Magen zieht sich bei dem Gedanken zusammen...

Aber wie gesagt: Erstmal ging er auf Nummer Sicher. Die »große Ausstattungs- und Spektakelposse« marschierte durchs ganze Rheinland: 30 Mitwirkende, ein großes Orchester – und immer dabei: die Figur des alten Hänneschen, mit der sich alles sagen und kommentieren ließ. Saarbrücken, Trier, Koblenz, Essen waren die ersten Stationen, bis nach Bochum und Solingen, Düsseldorf, Aachen, Remscheid fuhren sie.

Dann endlich hatten sie den Beweis: Das Ding steht, wird ein Erfolg!

Köln stand kopf. Ob Wilhelm später seine *Zauberinsel* brachte, *Die Kölsche Afrika Expedition*, dann *Die Teufelsinsel*, den *Bettelstudent* oder den *Kölschen Zigeunerbaron*, die Leute rannten hin.

Für ihn war das alles selbstverständlich. Und für Emma, seine Frau, galt das gleiche. Die spielte ja mit. Wenn sie auftrat, hatten die Leute Kußhändchen zu werfen. Wo käme man sonst hin? Seine Söhne wurden auch eingesetzt. Zuständig für die Dekoration war Carl, Bühnenbeleuchtung und Technik besorgte Peter und die Kostüme schließlich Casper. Und da es auch noch zwei Töchter gab, die Else und die Hilde, mußten die auch noch rein ins Geschäft.

Geschäft, das hieß von nun an, auch außer Haus zu spielen. Die Rechnung war einfach. Nahm man nämlich ein paar Schauspieler hinzu, ließen sich aus dem Millowitsch-Clan gleich zwei Besetzungen rausholen: eine für die Tournee, die andere für Köln.

Die Tourneen wiederum hatten einen Nebeneffekt: Bisher war Kölsch, und zwar »Kölsch mit Knubbeln«, die Bühnensprache gewesen. Aber wie sich nun auf Platt in Dresden oder Berlin verständlich machen. So wurde der Dialekt auf »rheinisch« poliert, zum »Adenauer-Kölsch«, wie man dann später einmal sagen würde.

Dieser Wilhelm Millowitsch war wirklich von allen Theaterflöhen gebissen! Nie konnte er genug bekommen. Seine Possen, seine Schwänke, die neugeschriebenen Operetten mit Tünnes, Schäl und Hänneschen, das reichte ihm alles nicht. Passionsspiele mußten her! Er hat sie tatsächlich geschrieben, in der Fastenzeit inszeniert, mit viel schummrigem, bengalischem Licht, versteht sich, und auch noch selbst die Hauptrolle übernommen.

Wilhelm Millowitsch wurde also Christus. Und wie der Herr geriet auch er in Schwierigkeiten.

Um die Jahrhundertwende war das, auf Tournee, in irgendeinem rheinischen Dorf: Die Katastrophe löste ein armer, völlig überforderter Bühnenmeister aus. Der hatte zuerst mal für das Kreuz und die Leisten zu sorgen, auf denen Wilhelms Füße Halt fanden. Und nach dem »Es ist vollbracht« mußte er schnell den Vorhang vorziehen. Doch das war noch lange nicht alles. Da gab es die Magnesiumpfannen, die mittels Zündschnüren und Streichhölzern in Brand gesetzt werden mußten, und für die musikalische Stimmungsuntermalung, Largo von Händel, war er dann auch noch zuständig: Er schluchzte es auf der Geige herunter.

Das war ganz schön anstrengend. Kein Wunder, daß der Arme einem Dorfjungen ein paar Groschen versprach, damit er ihm ein bißchen assistierte. Zunächst ging alles nach Programm: Großvater hing am Kreuz – genauer: er stand auf einem kaschierten Sokkel. Aus den vorbereiteten Glasampullen sickerte wirkungsvoll und makaber das Blut an Händen und Füßen. Da kam schon sein »Es ist vollbracht«, Wilhelms Kopf fiel nach vorne, und das bengalische Licht tauchte alles in düster-tragisches Rot.

Beeindruckend. Vor allem für einen Dorfjungen. So fasziniert war der Kleine, daß er mit offenem Mund auf den sterbenden Christus starrte. Alles halblaute

»Na, los schon, du Trottel!« half nichts. Und der gezielte Tritt vom Bühnenmeister verschlimmerte nur die Situation. Nun riß der Junge in nackter Panik am falschen Ende der Schnur, die verwickelte und verknotete sich, und Golgatha verschwand hinter Stoffmassen – leider nur zur Hälfte.

Unter tobendem Jubel sprang jetzt der Gekreuzigte vom Kreuz und entwirrte den Vorhang. Daß es hinter dem Vorhang anschließend knallte, ist anzunehmen. Dem Großvater saß die Hand ziemlich locker, und das übrigens nicht nur, wenn es um einen Dorfjungen ging, sondern auch bei den Schauspielern. Wenn's nach seiner Meinung sein mußte, wenn einer die Rolle nicht konnte oder gar zu spät zur Probe kam – schon machte es »Klatsch«. Und anschließend gab's 10 Mark als Trostpreis. Mein Vater hat mir mal gesagt, daß manche aus dem Ensemble es darauf anlegten. Schließlich, 10 Goldmark waren in jenen Zeiten wirklich eine Menge Geld.

Wenn ich nun heute *Et fussig Julche* spiele, eines der Stücke, die mein Großvater schrieb, denke ich jedesmal an ihn. Und daran, daß die Hauptrolle von allen Millowitsch-Frauen gespielt wurde, die dann kamen. Zuerst von seiner eigenen Frau, meiner Großmutter, der Emma. Danach von ihrer Tochter Hilde Fuchs-Millowitsch, dann von meiner Schwester, der Lucy, und heute von Mariele, die dabei dieselbe Begeisterung und das gleiche Temperament an den Tag legt wie alle ihre Vorgängerinnen.

Dafür hat damals mit seinen umwerfenden Stückeinfällen »Wilhelm der Einzige« gesorgt. Heute gehören sein Theater, seine Aufführungen, die Schauspieler, die er ausbildete, die Rollen, die er schrieb, zur Kölner Theatergeschichte, wie schließlich auch sein Einzug ins Kölner Opernhaus, diesem Tempel der hohen Kunst, das – und dies war der Gipfel dieser Karriere – seine Stücke spielte. Er stand oben in der Loge, halb über die Brüstung gebeugt, schon blind damals, und nahm die Ovationen eines begeisterten Publikums entgegen, das ihm stehend applaudierte. Unser großer – »alter Mann« kann ich nicht sagen; denn er war ja so jung, als er sterben mußte.

Ich habe ihn nicht erlebt, und er konnte mich nicht mehr sehen. Aber gehört hat er mich noch: Das Baby Willy brüllte, zum erstenmal am 8. Januar 1909. Und wie! Das hat ihm gefallen. »Der hat die richtije Stemme. Dat is ne richtije Millowitsch«, meinte er. »Aus dem wird was.«

Die Kölsche Duse

Zu meinen Eltern hatte ich das für die damalige Zeit typische Verhältnis: der Vater die Respektsperson, die Mutter die liebevolle Vermittlerin. Oder anders gesagt: Der Vater verkörperte die harte Wirklichkeit, die Mutter den Traum von Zärtlichkeit. – Wobei mir schon früh klar wurde, daß die Mutter in der Rangordnung unter Papa stand. So war das nun mal damals.

Sehe ich von meiner Schwester Lucy ab, gab es für mich von Kind auf einen dritten Menschen, zu dem ich in ganz besonders inniger Verbindung stand: meine

Großmutter. Auch hier mischten sich Achtung und Liebe – und doch verhielt es sich ganz, ganz anders.

Sie war die stete Zuflucht – auch wenn es keinen Grund zum Flüchten gab. Sie war es zu jeder Zeit, in jeder Situation. Sie war auch die Sonntagserwartung, das Sonntagsvergnügen, wie in vielen anderen Familien. Aber Gott sei Dank sah ich sie auch unter der Woche so häufig, da meine Eltern bei ihrer Theaterarbeit täglich mit ihr zusammentrafen.

Unser Theater damals war das »Colosseum«. Es befand sich in der Schildergasse 99–101. Großmutters Wohnung lag im selben Haus.

Später hörte ich so viele Anekdoten über die Emma Millowitsch. Ein ganzer Kranz von Geschichten rankte sich um sie, wurde weitergegeben, wenn Schauspieler oder theaterbegeisterte Kölner zusammensaßen. Auch in der Stadt galt Emma längst als Original. Wenn man unter Original auch unbändige Eigenwilligkeit verstehen will, dann trifft es zu.

Sie war imstande, auf einen Schlag gleich zweihundert frische Salatköpfe zu kaufen, nur weil sie die in dieser Menge pro Stück um zwei Pfennige billiger bekam. Das Grünzeug ließ sie sich dann zuschicken.

Dann gab's Salat für alle – Salat für die Ensemblemitglieder und Souffleusen, Salat für Angestellte und Dienstboten, natürlich auch für ihre vielköpfige Familie, wobei sie penibel darauf achtete, daß der Salat auch sogleich angemacht und verspeist wurde. Einer Katastrophe wäre es gleichgekommen, hätte Emma erfahren, daß nur ein einziger Salatkopf im Müll gelandet wäre.

Ihre Sucht nach »was Günstigem« war nie zu bremsen. Einmal entdeckte sie sehr gefällige und preisgünstige lederne Damenhandtaschen im Angebot des Kaufhauses. Das Stück zu sieben Mark.

»Wenn ich nun ein Dutzend davon kaufen würde – wären sie dann billiger?«

Der Verkäufer grinste maliziös: »Nun, gnädige Frau, bei Großabnahme – sagen wir mal fünfzig – könnten wir im Einzelpreis bis vier Mark heruntergehen...«

»Dann nehme ich fünfzig«, entschied Oma augenblicklich: »Aber die Lieferung frei Haus, wenn ich bitten darf!«

Statt Salatköpfe nun also Handtaschen! Wie lange es dauerte, bis Oma ihre Handtaschen bei sämtlichen weiblichen Bekannten, Freundinnen und anderen Geschenkwürdigen untergebracht hatte, ich weiß es nicht. Schon gar nicht weiß ich, ob die sich so sehr darüber freuten. Doch das kümmerte die Emma wenig.

Sie bewahrte sich in allen Lagen ihre besondere Form von Humor. So hatten nach dem Ersten Weltkrieg die britischen Besatzer allen Ernstes den Kölnern den Karneval verboten. Am Sonntag staunten die Passanten in der Innenstadt Bauklötze: Da führte eine Dame einen riesigen vielfarbenen Vierbeiner spazieren, der nur noch mit Mühe als Hund zu identifizieren war. Die Dogge konnte man nur noch ahnen – die Dame erkannte man sofort: die Emma. – Aber das arme Vieh! Die Hoden waren bronziert, der mächtige Schädel rot und grün bemalt, der Rücken gelb, und obendrauf auf Blacks Kopf thronte ein Tirolerhut. Für die aberwitzige Verunstaltung waren Emmas Söhne Casper und Wilhelm verantwortlich. – Meine Großmutter hatte keine Sekunde gezögert, den Engländern zu zeigen, was die Millowitschs vom Karneval hielten.

Das Traumreich meiner Großmutter blieb der »Tietze Leienad«, die Kölner Niederlassung der Kaufhauskette Leonard Tietz, die später von den Nazis in »Kaufhof-Konzern« eingedeutscht wurde.

Der Name dieses Kaufhauses war für die Leute damals ein Begriff; es war so berühmt, daß es sogar in einem der Lieder von Willy Ostermann Einzug fand: »Mama, Mama, unser Heinemann will zu seinem Namenstage e Schöckelpädchen (ein Schaukelpferdchen) han...«, hatte Ostermann komponiert: »Dann jangk zom ›Tietze Leienad‹ und kauf dem Jung dat Päd.«

Der »Tietze Leienad« war ja so nah, keine zweihundert Meter vom Theater in der Schildergasse entfernt.

Jedesmal wurde auch für mich als Kind der Einkauf in diesem Kaufhaus zum Abenteuer: Die Emma brachte mich in die Spielwarenabteilung, während sie selbst durchs Haus schwirrte, um all die Schnäppchen zu machen, die es ihr so angetan hatten.

Eines Tages ging es schief: Ich hatte einen Holländer erwischt, einen vierrädrigen Jungentraum. Ich schwang mich drauf, ruderte los, erwischte wohl irgendwo die Kurve nicht und donnerte voll in eine große Geschirrdekoration der Porzellanabteilung. Die kippte prompt und begrub mich unter sich. – Um mich Scherben! Nichts als Scherben...!

Nicht mal losheulen konnte ich, so sehr saß mir der

Schreck im Hals. Ich sah nur noch erstarrte Erwachsenengesichter über mir.

Aber da kam Oma. Die Situation hatte sie sofort erfaßt, und das auf ihre Art. »Der Kleine kann überhaupt nichts dafür! Nicht das geringste...« Und mit einem strafenden Blick aufs Personal: »Warum haben Sie nicht besser aufgepaßt!«

Nicht einmal eine Ohrfeige setzte es. Den Schaden regelte sie mit unbewegter Miene. So sparsam die Emma war, so großzügig konnte sie sein!

In einem Punkt allerdings verstand sie überhaupt keinen Spaß: Das war das Essen.

Ich sagte es ja schon: Ich freute mich jedesmal, wenn wir sie besuchten. Die Sache hatte nur einen gewaltigen Haken: Alles, was bei Oma auf die Teller kam, mußte geschluckt werden, und wenn es noch so würgte. In schrecklicher Erinnerung bleibt mir bis heute Emmas »gebratener« Kartoffelsalat.

Erinnerungen an eine Großmutter... Aber sie war ja selbst einmal jung, die Emma van Hau, die auf ihrer Geburtsurkunde noch als Emma Tiefenbrucker ausgewiesen ist.

Und wie kam sie zu Wilhelm Millowitsch?

Es ist eine Geschichte wie ein Theaterstück. Sie rührt ans Herz. Aber sie sagt so viel auch aus über die damalige Zeit.

Erste Szene: Hier erscheint Franziska Elisabeth Philipine Tiefenbrucker, hessische Dienstmagd und Tochter eines Sattlermeisters zu Babenhausen. Ende der fünfziger Jahre des vorigen Jahrhunderts war sie nach Köln gekommen und hatte sich sofort in einen jungen Schlosser, den Wilhelm van Hau, verliebt.

Entschlossen nahm diese Franziska das Heft in die Hand: Im Severinsviertel, wo ihr Schlosser wohnte, ließ sie sich als Modistin nieder.

Bald hatte soviel Initiative ihre Folgen... Ein »Malörchen« wiederum, ein uneheliches Kind, kam damals einer Katastrophe gleich. Es bedeutete Spott und Schande. So tat Franziska das Beste, was sie tun konnte: Sie floh, als die Wehen einsetzten, aus Köln nach Bonn in die »Geburtshülflichen Clinicen der Universität«. Dort war man nämlich nicht so moralinsauer mit unverheirateten Müttern...

Mit einer kräftigen Tochter, die auf den schönen Namen Emilie getauft wurde, kehrte sie dann doch zurück, und am Ende gab es auch noch ein Happy-End: Am 5.11.1862 ging der Schlosser Wilhelm van Hau endlich mit seiner Franziska zum Standesamt und legalisierte so nachträglich die kleine Emma...

Szene zwei: Sie fand im Puppenspielermilieu statt, irgendwo zwischen Rhein und Mosel. Die hübsche Emma war gerade eine sechzehnjährige Jungfer geworden. Wilhelm, mein Großvater, hatte bereits stolze dreiundzwanzig Jahre vorzuweisen.

In dieser Zeit lebte Emma bei ihrem Pflegevater Peter Meyer. Er besaß nicht nur einen Puppentheaterbetrieb, sondern hatte selbst schon bei meinem Urgroßvater Franz Andreas das »Führen« der Stockpuppen gelernt – ein früher Millowitsch-Schüler also. Irgendwo auf einer Landstraße, in einer Kneipe, vielleicht auch auf einer Kirmes, trafen sie sich dann: der Enkel von Franz Andreas Millowitsch und die Pflegetochter: sie ein Teeny, er ein Twen.

Es klappte vom Start weg mit den beiden! So gut

sogar, daß Peter Meyer dem jungen Paar seine Puppenbühne übergab – und dies wiederum bedeutete den Start für die Theaterkarriere meiner Großeltern...

Ja, sie liebten sich wie im Märchenbuch – auf den ersten Blick. Und es wurde eine jener typischen Ehen, die sich in so vielen Millowitsch-Verzweigungen wiederholen sollte: der Traumtänzer und die Realistin, der Mann, der ständig abhob, sich im Feuerwerk seiner Ideen zu verlieren drohte, und die Frau, die mit beiden Füßen auf dem Boden der Wirklichkeit stand. Sie mußte darauf schauen, wie's nun weiterging. Sie war seine Muse, gewiß, doch eine sehr irdische...

Wie es weiterging, wissen wir bereits, und wie schwer es manchmal wurde, veranschaulichte eine der Geschichten, die sie immer wieder erzählte: Mein Großvater reicherte seine Stücke ja mit allen denkbaren und extravaganten Kostümen und Bühneneffekten an. Nicht nur schreiben und dichten, komponieren, arrangieren wollte er, sondern auch tüfteln und basteln – er war eben ein Allroundgenie. Nicht einmal die Elektrotechnik blieb von ihm verschont. Er nutzte sie auf seine Weise. Die Folge: Die Spielpuppen wurden immer schwerer, weil der theaterbesessene Wilhelm die Kraft der Illusion stets zu steigern versuchte. Zum Schluß wog so eine Stockpuppe ihre fünfzig bis sechzig Pfund. Sie ließ sich nicht mehr halten und mußte von den Spielern auf einem umgeschnallten Fahnenträger getragen werden. Für die Frauen im Ensemble war das unzumutbar, vor allem, wenn sie wie die Emma ein Kind nach dem anderen auf die Welt zu bringen hatten. Ein halbes Dutzend waren es schließlich geworden.

»Ich schaff das nicht mehr, Wilhelm«, sagte sie eines Tages: »Die sind zu schwer, die Dinger. Laß dir was anderes einfallen.«

Das hatte er längst versucht und hin und her überlegt, aber vielleicht lag darin die entscheidende Erkenntnis, die den Wilhelm schließlich dazu bewog, die Stockpuppen in die Ecke zu stellen und es mit Schauspielern zu versuchen. Die man ja nicht tragen muß. Sie haben eigene Füße, auf denen sie sich bewegen.

Auch diesmal war Emma Millowitsch von Anfang an dabei: Am 1. Mai 1895 feierte die »Plattkölnische Volksbühne« Premiere mit der *Reise um die Erde in 80 Tagen* nach Jules Verne. Schauplatz: der Prachtbau des »Circus Carré«. – Die zweitausend Plätze des Saals waren ausverkauft.

Die Aufführung war eine Sensation für Köln. Und in der Abendkasse klimperte ein kleines Vermögen.

Noch im gleichen Monat verblüffte »der Millowitsch« die Kölner mit neun weiteren Repertoirestükken. 39 Vorstellungen gab die Bühne allein im Monat Mai: 31 abends und 8 an den Nachmittagen!

Und so ging es weiter – acht Wochen lang. Ohne einen einzigen spielfreien Tag. Und alle Vorstellungen waren ausverkauft.

Der absolute Höhepunkt der Saison aber blieb die von Wilhelm Millowitsch verfaßte Parodie auf Hermann Sudermanns *Heimat*. In der Rolle des Malchen, der Glanzrolle der gefeierten italienischen Tragödin Eleonora Duse – unsere Emma. Seither blieb ihr auch der Beiname »Kölsche Duse«.

Was für ein Paar – die beiden!

Doch die Härte, mit der sich Wilhelm immer neue Hochleistungen abtrotzte, blieb nicht ohne Folgen: Seine Gesundheit hielt nicht mit, der seit Jahren überforderte Körper rebellierte. Und Emma konnte ihm nicht helfen. Das Regieführen, das Schreiben, das Einstudieren der Lieder, die aufwendigen Inszenierungen – sie wußte längst, daß er nie Ruhe geben würde, ehe er seine Ideen verwirklicht hatte.

Warum sollte er nicht wenigstens auf der Bühne kürzertreten? Besser noch – warum nicht den ganzen Theaterbetrieb in andere Hände legen und sich selbst nur noch mit Schreiben und Regie befassen? Könnte er so nicht auch andere Geschäftsideen verwirklichen?

Wie es bei Wilhelm Millowitsch üblich war, so blieb es: Wenn schon, dann im großen Format! In Mehlem bei Bonn stand ein riesiger gastronomischer Komplex zum Verkauf: ein Parkhotel. Verschiedene Restaurants, ein Café, Sport- und Spielplätze. Sogar ein Zoo.

Ob meine Großmutter mithielt, ich weiß es nicht. Sicher ist nur: Was sie sich gemeinsam erschuftet hatten, steckte er in dieses Projekt – und war bereits ein Jahr später hoffnungslos pleite. Ein Jahr darauf auch noch blind...

Blind, als Geschäftsmann und Gastronom ruiniert, gab es nur eine Lösung für ihn: mit dem Theater die Verluste wieder hereinzuholen, noch mehr Stücke auf die Bühne zu bringen. Dieses Wir-lassen-uns-durch-nichts-Unterkriegen wurde nur möglich, weil Emma ihm ohne jeden Vorbehalt zur Seite stand. Es war ihre Lebenskraft, die ihn trug. Und sie trug ihn, so wie sie einst diese schrecklich schweren Stockpuppen getragen hatte.

Mit dem Schreiben war's für Wilhelm vorbei. Nun wurde diktiert. Beim kleinsten Fehler konnte er ungeduldig und zornig werden. Auch vom Inszenieren ließ er nicht ab, bis zur letzten Probe führte er Regie; sein Gehör hatte sich dabei so verfeinert, daß er sogar die Bewegungen der Schauspieler in den Dekorationen registrieren konnte. Wieder gab es Auseinandersetzungen mit dem Ensemble, Zornesausbrüche – und als Folge abgrundtiefe Depressionen, aus denen Emma ihm heraushelfen mußte.

Ich wage nicht, mir dieses Leben in seinem vollen Ausmaß vorzustellen. Ich kann es auch nicht. Doch eines bleibt gewiß: Das Millowitsch-Theater war wieder da. Sie spielten. Und erneut mit großem Erfolg!

Das Hänneschen, die Paraderolle, mit der sich Wilhelm einst die Herzen aller Kölner erobert hatte, war abgetreten. Er mußte das Gewicht auf andere Figuren verlagern – Tünnes und Schäl übernahmen ihre dramaturgische Funktion. Sein Ideenreichtum erreichte auch hier einen fast lückenlosen Übergang. Für ihn zählte nur eines: kein kranker Mann sein. Es den anderen beweisen... Er bewies es auch, immer wieder – mit Emmas Hilfe.

Wann immer es ein Stück verlangte, stand sie auf der Bühne. Im Theater war sie Organisatorin und Buchhalterin zugleich, zu Hause Mama, Krankenschwester und Sekretärin – wer um Himmels willen kann begreifen, wie sie ein solches Pensum bewältigte!

Schließlich – bisher hatten sie stets nur fremde Bühnen bespielt – brachte sie ihm auch noch das eigene Theater! An einem Februartag des Jahres 1908 wurde Emma Millowitsch mit der Kölner Brauerei Winter handelseinig: Der Theaterbau »Colosseum« in der Schildergasse 99–101 ging für eine lange Pachtdauer an das »Plattkölnische Volksbühne« über.

Sie hatte ihm zuvor keinen Ton davon gesagt. Sie kannte ihn ja. Als sie dann spät am Abend, und ungeduldig erwartet, nach Hause kam, konnte er es nicht glauben: »Emma, das ist doch nicht wahr? Emma, daß du das geschafft hast.«

Sie lächelte wohl nur. Sie hatte so viel mehr geschafft...

Er startete sofort mit der *Reise um die Erde in 80 Tagen*, die ihm schon vor dreizehn Jahren Abend für Abend ein ausverkauftes Haus gebracht hatte. Und inszenierte noch im Eröffnungsjahr drei weitere Stücke.

Dann aber war alles vorbei... Die Krankheit ließ keine Rettung mehr für Wilhelm Millowitsch zu. Und auch sein Vermächtnis, das Theater im »Colosseum«, schien rettungslos verloren.

So schien es wenigstens. Doch nur für den ersten Augenblick. Als Wilhelm Millowitsch 1909 starb, übernahm meine Großmutter das Zepter. Von nun an war sie die »Prinzipalin«.

Es war eine Zeit, in der sich die Deutschen für unwiderstehlich hielten. Nicht einmal die Kölner blieben davon verschont: Sie fühlten sich nun schon wieder halb als »Reichsdeutsche«. Auch der Clan der Millowitschens hatte nie unter mangelndem Selbstwertgefühl gelitten; aber unser Kollege Karl Blaß, der nach dem Ausscheiden und später nach Großvaters Tod als Tünnes-Figur Erfolge feierte, schlug alle Rekorde: »Ihr Millowitschs lebt doch alle nur von mir«, verkündete er großspurig und versuchte, die neue Prinzipalin zu erpressen: »Wer ist denn schon der beliebteste Komiker in Köln? Ich doch! Und was passiert, wenn ich heute abend nicht spiele? Dann sitzt ihr alle auf dem trockenen.«

Sie reagierte nicht sofort. Sie hat ihn wohl nur angesehen. Doch am Abend, als das gesamte Ensemble versammelt war, kam ihre Stunde: »Meine Damen und Herren«, sagte sie, »Sie haben es vermutlich alle schon gehört, daß Herr Blaß heute abend nicht spielen will. D'accord. Herr Blaß wird deshalb das Theater sofort verlassen. Nun, wir haben unser Publikum noch nie enttäuscht, deshalb spielen wir trotzdem. Und ich habe vorgesorgt. Wir sind auf Herrn Blaß nicht länger angewiesen.«

Mein Vater hat Emmas Auftritt später oft erzählt. Und wie der Karl Blaß kreidebleich wurde, sich sein Garderobenköfferchen schnappte und laut schimpfend abzog... Es machte übrigens Emma wirklich nichts aus: Gewitzt, wie sie war, hatte sie diese Szene heraufkommen sehen und Carl, ihren zweitältesten Sohn, längst auf diese Standardrolle des Tünnes vorbereitet.

Warum Carl – und nicht meinen Vater Peter? Der Grund ist einfach: Mein Vater war schlank und hochgewachsen. Er wurde gebraucht für die Rolle des jugendlichen Helden. Onkel Carl jedoch war von rundlicher Statur: der ideale Tünnes.

Doch auch der ideale Tünnes hatte es in Nachkriegszeiten schwer. Und die Prinzipalin ohnehin. Vorbei waren die Tage, da im Reiseführer zu lesen stand: »Vor der Millowitsch-Bühne versammelte sich allabendlich Toute Cologne, ob reich, ob arm, ob vornehm oder gering. Selbst bei den Hochgeistigen und Kunstverständigen galt es als lokalpatriotische Pflicht, jedes neue Millowitsch-Stück gesehen zu haben. Und das hieß, wenigstens einmal im Monat drei Stunden lang in aller Harmlosigkeit, aber doch herzlich zu lachen. Der Kölner lacht ja so gerne. Er kann über alles, am liebsten über ein Nichts lachen.«

»Toute Cologne«, hatte wieder einmal andere Sorgen. Das »Volkstheater Colosseum« mußte nach dem Ersten Weltkrieg notgedrungen geschlossen werden. Für die älteren Söhne, für Peter und Carl, begann die große Durststrecke. Ihre handwerklichen Fertigkeiten konnten sie nicht an den Mann bringen; ein festes Theater gab's nicht mehr, und Tourneen allein reichten nicht aus, um zwei Familien zu ernähren. Was blieb ihnen schon übrig: Sie mußten versuchen, weiterhin als Komiker ihr Geld zu verdienen.

Auch im Theater-Milieu hatte sich vieles geändert: Die »Schieber« waren dran, die Kriegs- und Inflationsgewinnler. Geld hatten sie, o ja – nur unter »Vergnügungen« verstanden sie etwas anderes. Teure Nachtlokale wurden aufgezogen, sogenannte »Nacktrevuen« hatten Zulauf. Die Bordelle verbuchten Rekordeinnahmen.

Auf der Straße aber standen die Arbeitslosen. Vielleicht reichte es noch fürs Groschenkino an der Ecke, eine Theaterkarte jedoch war nicht mehr drin.

Es war vorbei.

Großmutter Emmas Söhne und Töchter – vor allen Dingen die singbegabten – wollten es nicht hinnehmen. Konnte man die Millowitsch-Bühne nicht auf ein Operettentheater umstellen? Operetten, das ging doch. Feierten Lincke, Kollo und Künneke in Berlin nicht trotz der schweren Zeit rauschende Erfolge...?

Emma hielt nichts davon. Dabei hatte sie doch selbst während ihrer aktiven Bühnenzeiten gern in Operetten mitgespielt. Sie hatte Spaß am Singen, sie war musikalisch, sie hatte es sogar mit dem Tanzen versucht.

Aber ihr Instinkt riet ihr ab. Das Millowitsch-Theater – ein Revueschuppen? Außerdem war da noch die übermächtige Konkurrenz, das »Reichshallen-Theater«. Nein! So verrückt Wilhelm auch gewesen sein mochte, dies würde ihm nicht gefallen. Sie gab auf.

Es war kein schönes Ende. Vor allem nicht für die Millowitsch-Kinder der vierten Generation.

Man schrieb das Jahr 1924. Die Inflation hatte die gesamten Ersparnisse aufgezehrt. Es blieb ja immer noch die Tournee – und der Name Millowitsch. Und so machten sich die Millowitschs, um der Demütigung der Arbeitslosenunterstützung zu entgehen, wieder einmal auf den langen Weg durch die Provinzen...

Zehn Kompanien Engelchen

»Wie war das mit dem Kaiser, Papa. Nun komm, erzähl schon vom Kaiser!«

Mariele und ihr Kassettenrecorder!

»Der? Der kam von Berlin mit dem Zug nach Köln. Dann stieg er um in sein Automobil und fuhr nach Spa, nach Belgien. Da hatte er sein Hauptquartier. Er kam vorbei, an der Aachener Straße, in Weiden. Und wir Kinder mußten raus auf die Straße, kriegten Fähnchen in die Hände gedrückt und mußten schreien: ›Hoch! Hoch! Hoch, Kaiser Wilhelm, hoch!‹ Han wa auch jetan. – Und ein paar Jahre später, da han wa jenauso schön ›Heil! Heil!‹ gerufen. Aber das paßt wohl nicht so ganz hierher.«

»Der Kaiser, Papa, nicht der Hitler.«

»Na ja, mit dem Kaiser war's ja dann bald vorbei, mit dem Ersten Weltkrieg auch. Die deutschen Soldaten kamen zurück, und hier, in Lövenich, war Endstation; da wurden die Waggons abgestellt. Doch in den Waggons waren nicht nur Soldaten – du lieber Gott, was hatten die so alles im Feindesland abgestaubt! Kann man sich gar nicht vorstellen. Jeden denkbaren Plunder haben die geplündert. Nur über die Rheinbrücken durften sie nichts mitnehmen. Außerdem, was soll 'n Soldat, der nach Hause kommt, mit 'nem Vertiko? Nach Hause will er, und ein Fahrrad braucht er. Weg, weg, weg, denkt er. Ich sag dir, innerhalb von zwei Stunden gab's im ganzen Kreis Weiden/Lövenich kein Fahrrad mehr! Den Rekord aber schlug mein Freund Peter...«

»Wer ist das?«

»Der Peter Bücker. Sein Vater war Bahnangestellter.

Unmittelbar am Damm hatte der sein Häuschen. Die machten alles mit Petroleum; selbst die Steckrüben, die sie rausbuddelten, wurden auf dem Petroleumherd gekocht. Aber Fahrräder hatten die auch: Vier Kinder, dazu der alte Bücker – das machte zusammen fünf. – Aber dann brauchten die Bückers keine Steckrüben mehr zu essen. Zentnerweise bekamen die das Mehl für die Räder. Und nicht nur Mehl, mehr: ein Schlafzimmer, ein Eßzimmer, Wohnzimmer – alles für die Fahrräder! Die lebten wie die Maden im Speck. Und wohnten jetzt wie die Fürsten.«

»Und du hattest kein Fahrrad zu verkaufen?«

»Ne, Mariele. War bei uns ja nicht nötig. Ich hab Handgranaten gesammelt.«

»Was hast du?«

»Na, wir waren so 'ne Clique. Acht oder zehn Jungens. Jungens sind doch immer scharf auf so was wie Handgranaten. Die Soldaten wiederum schmissen alles, was Gott verboten hat, weg: Gewehre, Pistolen, Bajonette oder – eben Handgranaten. Die Alten hatten die Schnauze voll von alldem. Wir Kinder aber konnten endlich mal so richtig Krieg spielen... Da han mer die Handgranaten einjebuddelt, hundert Meter Kordel dranjemacht, han jezogen – die hatten ja so 'nen Ring zum Ziehen –, und, rums, ging das los!«

»War doch irrsinnig gefährlich?«

»Meinste? Na ja, war et wohl. Lebensgefährlich war's. Und erst die Patronen! Tausende Gewehrpatronen. Köpfe abgemacht, Pulver in Häufchen über den ganzen Spielplatz gestreut – und dann warten, bis es schön dämmrig war. Und dann brannte dat so richtig schön im Kreis oder Bogen, ganz wie wir wollten!«

»Ihr habt ja gesponnen!«

»Nu warte erst mal ab, was jetzt kommt. Da hab ich mal so ein kleines Schächtelchen gefunden. Ein paar Glasröhren waren drin, nicht viel größer als ein Finger, so ein Ding. Na, jedenfalls hab ich's in die Tasche gesteckt und bin damit rumgerannt. Und wie ich nach Hause komme – das war ja in der Besatzungszeit, und wir kannten einen englischen Captain, Mary hieß der –, da lief ich gleich zu ihm: ›Captain Mary‹, sag ich, ›guck mal, was ich hier hab!‹ – Der schaut und wird kreidebleich. Nimmt mir das Schächtelchen ab, legt es ganz langsam auf den Tisch und sagt: ›Raus! Alle raus aus dem Haus!‹«

»Was war denn da drin?«

»Paß op. Der Mary rennt los, und bald kommen zwei Mann mit 'ner Tragbahre. Wirklich 'ne Tragbahre! Da legen sie das Schächtelchen drauf und gehen weg – auf Zehenspitzen, so als gingen sie über Eier. War Knallquecksilber in den Röhrchen. So was wie Nitroglyzerin oder so. Da stand drauf: Vor Erschütterung und Wärme schützen. Lebensgefahr! Und ich hatt's in der Hosentasche und bin damit den ganzen Tag durch die Gegend gerannt! Hätt' mich glatt in kleine Fetzen zerrissen.«

»Da haste aber wirklich Glück gehabt!«

»Glück? Ach, das hilft in solchen Fällen gar nichts. Schutzengelchen brauchste da! Und ich? Nicht eine, zehn Kompanien Engelchen hab ich gehabt!«

Mein Lieblingsfach: Nix tun

Ach, was war das toll, als wir damals an einem Winterabend bei früher Dunkelheit in den Nachbarstraßen alle hölzernen weißen Gartenpförtchen aushängten! Gut zwei Dutzend waren es. Auf dem Marktplatz stapelten wir sie zu einem Haufen und genossen den lautstarken Streit zwischen den Leuten, die ihre Pförtchen nicht mehr auseinanderhalten konnten.

Oder die Sache mit der Straßenbahn: Eine ganze Straßenbahn hatten wir mal an der Endstation »angefesselt«! Das starke Drahtseil dazu stammte vom Schnürboden des Theaters, die Greifzangen, die dazu benötigt wurden, aus der Werkstatt meines Vaters. Daß ich einen Knoten zustande brachte, darauf bin ich heute noch stolz. Die Feuerwehr mußte anrücken und ihn mit Stahlscheren zerteilen.

Erwischt haben sie mich nie. Darauf kam's schließlich an. Und auf meine Erfolgserlebnisse, die ich brauchte... Ich suchte sie mir überall – bloß nicht in der Schule. Vielleicht lag gerade darin der Keim zur Katastrophe: Denn auch die Statistenrollen, die ich auf der Familienbühne zu spielen hatte, interessierten mich überhaupt nicht – den Freunden wollte ich imponieren! Wenn die sagten: »Mensch! – He, Willy, das hast du prima hingekriegt! « – dann war ich glücklich. Applaus brauchte ich wie's tägliche Brot. Sie wissen doch: die Theaterkrankheit.

Oder waren es nur schlichte Jungenstreiche...?!

»Die Schule, Papa?!«

Das war wieder Mariele mit ihrem Kassettenrecorder, der bereits lief, um mich auszuhorchen...

»Muß das denn sein?«

»Na, komm schon!«

»Du hast leicht reden.«

»Du bist also ganz normal in die Schule gekommen? So mit sechs oder wie?«

»Normal? Was um Himmels willen ist an der Schule schon normal? Ich kam aufs Humboldt-Gymnasium.«

»Erst mal reden wir von der Volksschule.«

»Du, ich bin direkt aufs Humboldt. Das wollten meine Eltern. Mariele, die wollten was ganz Großes aus mir machen!«

»Man muß aber erst auf die Volksschule.«

»Früher nicht. Da konnte man schon das erste Schuljahr auf dem Gymnasium machen... Also, bereits nach dem ersten Halbjahr kam der blaue Brief! Ich käme mit den Leistungen der Klasse nicht mit, und es wäre wohl besser, ich würde erst einmal die Volksschule absolvieren und dann wieder aufs Gymnasium gehen. Mir war's recht. Die Volksschule war in Lövenich – und gleich fünfhundert Meter von unserem Haus. Aber schon der erste Schultag war eine Katastrophe.«

»Wieso?«

»Meine Mutter hatte mich richtig schön angezogen.

Einen Matrosenanzug mit einem hübschen Blüschen und einem Krägelchen darauf. Blitzsauber sah das alles aus.

Und als ich da ankam und mich unter die Lövenicher Jugend mischte – das waren diese richtigen Bauernlümmels, schnell wie der Blitz, frech wie Dreck, kaum was anzuziehen außer alten Hosen und einem geflickten Hemd –, na, da ging's gleich los. ›Guck e mal dat Äffchen…‹ – das war nur der Anfang der spöttischen Bemerkungen, mit denen sie über mich herzogen. Was war ich froh, als der Lehrer ins Klassenzimmer kam und die nicht mehr an mich rankonnten.«

»Haben sie dich verprügelt?«

»Nee. Aber die Knöpfe abgerissen. Ich rannte nach Hause. Dort heulte ich mich aus. Und dann erklärte ich meiner Mutter: Ich geh nicht mehr in die Schule! – Aber dann hatte ich eine andere Idee:

Ich angelte mir eine alte Hose und ein ganz altes Hemd und bin zurück. Barfuß. Und siehe: Ich war akzeptiert! Darauf kam's wohl an.

Später kam ich nach Weiden. Und machte es genauso.«

»Was war dein Lieblingsfach?«

Sie guckt mich an. Sie fragt es im Ernst – Mariele mit ihrem abgeschlossenen Studium.

»Hast du kein Lieblingsfach gehabt?«

Ich nickte. »Ja. – Nix tun…«

Nur mit dem Nixtun kam ich dann aber nicht durch. Leider.

Zum Glück gab es auch Lichtblicke.

Nicht gerade, was die Schule anging, sondern die Kameraden, die man so traf. Jeff Martin, den Sohn eines englischen Besatzungsoffiziers zum Beispiel, lernte ich an dem Zaun kennen, der unsere Schule trennte. Auf seiner Seite lag die »englische Schule«, während ich in der Höheren Privatschule in der Frankstraße 19 schwitzte, in die mich meine verzweifelten Eltern schickten. Es war eine sehr unangenehme Schule. Im Gegensatz zu den großen Klassen der Volksschule wurden dort höchstens acht oder zehn Jungens von einem Lehrer unterrichtet, und das bedeutete: Ich wurde pausenlos aufgerufen, kam ständig dran.

Ich ließ es über mich ergehen. Da gab's ja Jeff. Wo und wann immer es ging, haben wir uns vorm Unterricht gedrückt... Meist waren wir im Theater in der Schildergasse und trieben uns in dem gewaltigen Keller herum – bei der Dampfmaschine, die das Haus mit Strom versorgte, in der Requisitenkammer, in der Möbelkammer. Kann sein, daß wir sogar mal Schulbücher dabei aufschlugen – ich erinnere mich nur nicht mehr genau...

Und meine Eltern taten sich schwer mit dem erhobenen Zeigefinger: Ich mußte ja abends auf die Bühne. Schon mit zwölf...

Csárdás – joiii!

Eines Vormittags sollte sich alles ändern.

Es war ein Sonntagvormittag. Wir saßen zusammen. Für langen Familienplausch blieb allerdings keine Zeit. Da waren zwei Theatervorstellungen am Sonntag, nachmittags und abends, die ließen wenig Zeit fürs bürgerliche Familienglück.

»Paß mal auf, Junge: Weißt du, was Csárdás ist?« fragte mein Vater.

»Nee.«

»Dann werde ich's dir beibringen.«

Das sagte er so einfach. Ich akzeptierte es, obwohl ich noch nicht einmal wußte, was es mit diesem »Tschardasch« für eine Bewandtnis hatte und wieso ich ihn lernen sollte.

»Prima. Und wann fangen wir an?«

»Morgen«, sagte er.

Hoffnung keimte in mir auf: »Brauch ich dann nicht in die Schule?«

Er sah mich nur an: »Ich habe die Proben mit dir und deiner Partnerin auf den späten Nachmittag gelegt. Da hast du also genügend Zeit für die Schule und auch noch für die Hausaufgaben. Du mußt dich bloß ein bißchen ranhalten. So wie immer. Oder siehst du das anders?«

Das war die Art des Hauses. Ich nickte ergeben: »Gut, ich spiele, ich tanze und singe im Duett. – Und wer ist meine Partnerin?«

»Die Agnes.«

Die Agnes, das war Agnes Achnitz. Sie war Anfang Dreißig – für einen Dreizehnjährigen also eine Dame wahrhaft biblischen Alters. Na gut, in dem Stück *Das Goldene Kalb*, um das es hier ging, hatte sie immerhin eine fünfundzwanzigjährige Ungarin darzustellen. Und wieso auch nicht? Die »Alte« war eine hervorragende Schauspielerin, dazu ausgebildete Sängerin und talentierte Tänzerin. Ich wiederum war der kleine Bruder Janosch. Was diesen Janosch von allen anderen Rollen unterschied, die ich bisher zu spielen hatte: Ich war vom ersten bis zum letzten Akt auf der Bühne! Eine durchgehende Rolle...

Daß mich das besonders beeindruckte, kann ich nicht behaupten. Aber ich gab mir natürlich Mühe. Die »Alte« wirkte bezaubernd jung und fröhlich auf mich! Und sie bewies eine unendliche Geduld. Nichts war ihr zuviel, nicht ein einziges Mal wurde sie ungeduldig, wenn ich aus dem Takt kam, ihr bei diesem teuflischen Csárdás auf die Füße trat. Agnes blieb von Anfang an ein Kamerad, so daß ich mich in meiner kindlichen Einfalt prompt in sie verliebte.

Am meisten jedoch verliebte ich mich in die neue Aufgabe: Csárdás, das machte Spaß! Was sollte da Mathe, Rechnen, Deutsch oder Religionsunterricht? Dies war meine Welt, Csárdás, jawohl! Ich trug rote Stiefel an den Füßen und schlug die Absätze auf die Bretter, daß es nur so knallte. Und dann die Arme hoch und »joiii!« schreien, wirklich: das war schon etwas anderes!

Die Schule? Die war vergessen! Nur meine Eltern vergaßen sie nicht... Sie mußten einsehen, daß es so nicht weiterging, denn die Lehrer hatten mich längst aufgegeben. Meine Eltern beschlossen daher, mich ins Internat, das Institut Hoffmann nach St. Goarshausen, zu schicken. Ich war genau dreizehn Jahre.

Das Schiff trug den stolzen Namen »Hindenburg«. Blendend weiß war es, und auf beiden Seiten befanden sich gewaltige Radkästen, in denen sich die rotgestrichenen Schaufelräder drehten. Ein Rheindampfer aus dem Bilderbuch. So was von schön...!

Acht Stunden dauerte die Reise. Immer stromaufwärts... Und da der Name Millowitsch selbstredend auch auf Rheindampfern bekannt war, stand ich bloß neben dem Kapitän auf der Brücke. Der grinste mir zu: »Na, Jung? Wenn du mal Heimweh hast und nach Hause willst, dann sagst du uns Bescheid. Dann kommst du mit mir. Jeden zweiten Tag komm ich an St. Goarshausen mit dem Schiff vorbei.«

Klang gut. Und war ein Trost, der eines Tages noch sehr wichtig für mich werden sollte. Denn in St. Goarshausen war es natürlich genau dasselbe: Bücher, Bücher, Hefte, Hefte, Lehrer, Lehrer – und ein Haufen von Jungen und Mädchen vor mir, neben mir, hinter mir, die alles zu verstehen schienen, was der Mann da vorne uns vorpaukte.

Ich litt. – Ich litt unsäglich...

Eines Tages war es dann soweit: Wir hatten gerade die Zehn-Uhr-Pause. Ich hatte die ganze Nacht vor Heimweh nicht geschlafen. Und da dachte ich mir: Warum nicht jetzt? Gleich jetzt gehe ich nach St. Goar auf die »Hindenburg«. Bloß weg von hier!

Ich verdrückte mich. Doch St. Goarshausen lag am gegenüberliegenden Rheinufer. Immerhin gab es die »Menges-Bötchen«, einen kleinen Fährbetrieb. Die Tochter des Besitzers war eine Mitschülerin von mir. Ich setzte also über, und schon eine halbe Stunde später stand ich am Anlegesteg. Das Warten begann...

Daß die »Hindenburg« erst um zwölf Uhr eintreffen würde, damit hatte ich allerdings nicht gerechnet. Oder es nicht bedacht.

Im Internat herrschte inzwischen Alarm. »Der Willy ist weg!« Der Willy war nicht in der Klasse, nicht auf dem Zimmer, nirgends...

Suchtrupps wurden losgeschickt. Schon bei den »Menges-Bötchen« wurden sie fündig: »Ja, da war so ein kleiner Junge, den haben wir rüber nach St. Goar gebracht.« – Mein Fluchtweg war also entdeckt. Und ich sah sie schon drüben am anderen Rheinufer stehen, hörte sie brüllen: »Willy, was ist denn? Willy!«

Und dann kamen Sie: Jungens. Die Älteren... Vier oder fünf mit einem der Fährboote. Und alle hatten sie Fahrräder dabei.

Die Panik packte mich. Ich wollte mich nicht schnappen lassen. Ich wollte nach Hause. Ich mußte auf die »Hindenburg«...

Verzweifelt rannte ich den Rhein entlang, weg vom Hafen, weg von St. Goar, Richtung Boppard, immer auf der Chaussee. Und wenn ich mich umdrehte, sah ich Fahrradspeichen blinken. Die Tränen liefen mir über das Gesicht. Ich wollte doch so sehr nach Hause. »Mami«, dachte ich die ganze Zeit.

Und da stand plötzlich ein Mann. Er stand rechts an der Straße und beugte sich über ein Motorrad. Nun richtete er sich auf und starrte mir entgegen.

»Was ist denn mit dir?«

»Dort«, keuchte ich: »Die wollen mich holen.«

»Holen? Wohin denn holen?«

»Ins Internat.«

»Und du?«

»Ich will nach Hause zu meiner Mutter.«

Er lächelte. Es war das Lächeln, das die Schutzheiligen in den Kirchen haben. So jedenfalls erschien es mir in dieser Sekunde. »Na, dann komm mal, setz dich gleich hinten drauf.«

Ich setzte mich aufs Motorrad, er startete und fuhr los. – Die anderen sahen nur noch blauen Rauch.

In Boppard hatte ich ein neues Problem: »Wie

kommst du nun aufs Schiff?« So viele Menschen warteten. Und ich, ich hatte keinen Pfennig Geld. Eine Karte kaufen? Ausgeschlossen. Ich sah, daß ein Pulk von Passagieren sich auf den Weg machte, drängte mich dazwischen und passierte, klein, wie ich war, unentdeckt die Sperre.

Geschafft! Ich rannte hoch auf die Brücke. Da war kein Kapitän. In seiner Kabine fand ich ihn. Und er erkannte mich sofort wieder und grinste über sein ganzes Kapitänsgesicht. »Na – willst wohl nach Hause, Junge?«

Ich konnte nur noch nicken.

»Hunger?«

»Ja...«

Ich bekam etwas zu essen, durfte dann sogar wie ein richtiges Besatzungsmitglied die Karten abreißen und war glücklich.

Fünf Stunden dauerte die Fahrt stromabwärts. Es wurde bereits dunkel, als ich in Köln ankam, und es war acht Uhr, kurz vor Theatereinlaß, als ich endlich in der Schildergasse auftauchte. Wieder kam die Angst: Was würden meine Eltern sagen?

Ich blieb im Straßenschatten, bis die letzten Besucher im Theatersaal verschwunden waren. Nun war das Foyer leer. Ich war ja so müde. Ich wußte nicht mehr, was ich denken oder sagen sollte. Ich setzte mich einfach auf eine Polsterbank und dachte nur immer das eine: »Was machst du jetzt? Was machst du jetzt? Wo ist Mama? Wo ist überhaupt jemand...?«

Um diese Zeit hatte meine Mutter im Theater ständig eine kleine Funktion: Entweder riß sie die Karten ab, oder sie stand an der Marmortreppe, um Freunde,

Bekannte und Gäste zu begrüßen. Ach, ich brauchte sie jetzt so sehr...

Plötzlich hörte ich eine Männerstimme ihren Namen rufen. Die Stimme kannte ich sofort. Sie gehörte unserem Portier Karel Schreiber: »Frau Millowitsch!« rief er. »Frau Millowitsch, kommen Sie schnell mal her! Nun kommen Sie doch! Gucken Sie mal, wer hier sitzt...«

Da stand sie nun und lächelte mich an, nahm mich in den Arm, streichelte und küßte mich. – Alles war genauso, wie ich's mir vorgestellt hatte...

Doch mein Vater? Der Gedanke an ihn beunruhigte mich noch. Aber da kam er, legte mir die Hand auf die Schultern und lächelte!

Und am nächsten Tag saß ich strahlend und in meinem besten Anzug im Restaurant »Zum alten Präsidium« zwischen meinen Eltern und aß mein Lieblingsgericht – ein riesiges Schnitzel Holstein.

Ich gebe zu, daß es an diesem düsteren Schulhorizont auch lichte Punkte gab. Doch nicht einmal in St. Goarshausen ließ das Theater ab von mir: Zwischen der Quarta und der Untertertia, zu der ich gehörte, wurde ein Theaterwettbewerb inszeniert. Die Quarta kam mit Kleists *Zerbrochenem Krug* – und ich konterte für unsere Untertertia mit einem »Trauerspiel zum Totlachen«, nämlich der *Genoveva*, die mein Großvater geschrieben hatte. Natürlich in der Stammbesetzung »Hänneschen« und »Tünnes«.

Das Hänneschen – klar doch! – war ich. Soll ich jetzt noch hinzufügen, daß wir haushoch gewonnen haben?

Und nicht nur gewonnen: Die *Genoveva* spielten

wir auch noch ein zweites Mal. Nur nicht mehr für die Schule allein, nein, für die gesamte Bevölkerung von St. Goarshausen.

Und während die anderen in ihren Bänken schwitzten, erhielten wir als Anerkennung sogar einen freien Tag zum Wandern.

»Ich glaube, da oben fliegt 'ne Taube«

»Ich glaube, ich glaube, da oben fliegt 'ne Taube. Die kommt aus einem deutschen Nest, wenn se bloß nichts fallen läßt...« Walter Kollo hat das geschrieben, ich hab's noch immer in den Ohren.

Aber ganz so lustig, wie's klingt, war's dann doch nicht. Was die Tauben fallen ließen, war nämlich nicht, was Tauben im allgemeinen so fallen lassen – es waren Bomben.

»Der Erste Weltkrieg bestimmte meine Jugend« – so kann man es nicht sagen. Für mich spielte sich das Großwerden vorzugsweise im Theater ab.

Es war damals das »Colosseum«, das Theater in der Schildergasse, in dem wir spielten. Und dort gehörte der Krieg zwar zum Programm – die Durchhaltestükke wurden, wie überall, auch bei uns gespielt: *Immer feste druff* hieß eines, ein anderes *Blaue Jungs* –, aber er wurde nicht so richtig ernst genommen. Für uns gehörten die Uniformen in die Garderoben. Draußen waren sie echt: Stechschritt. Paraden. Blumensträuße in den Gewehrläufen, wenn Männer an die Front gingen. Weinende Mädchen...

Wir wohnten schon damals in Lövenich. Wie oft bin ich zu meiner Großmutter Emma ins »Colosseum« gegangen und habe dort, bei der »Frau Direktor«, geschlafen. Schon morgens um fünf Uhr ging's los: »Willy, komm! Bring deinem Papa den Kaffee.«

Mein Vater begann jeden Morgen so früh mit der Arbeit an seinen Dekorationen, legte sich dann noch etwas hin, um pünktlich um zehn auf der Probe zu erscheinen.

Ich erinnere mich genau, wie ich, den Frühstückskorb in der Hand, halb benommen vom Schlaf, losmarschierte. Wo ich hinmußte, wußte ich ja, in die Schreinerei, zu den Dekorationen. Da sah ich auch schon meinen Vater und den Bühnenmeister Adrian. Oft hockten die beiden auf dem Boden, hämmerten irgendein Gerüst zusammen, oder sie standen an der Werkbank, schraubten, drehten und montierten irgendwas.

In diesen Augenblicken, wenn nicht nur das Theater, sondern die ganze Welt noch schlief, erschien mir mein Vater wie ein Wesen aus einer anderen Welt. Er lächelte – er war ja immer freundlich zu uns Kindern –, sein Blick jedoch blieb zerstreut, war auf irgend etwas gerichtet, was ich nicht sehen konnte. So lustig er zu Hause war, so hinreißend als Komödiant auf der Bühne – bei der Arbeit kannte er nur eines: Konzentration, eine selbstvergessene Hingabe, die ihn uns entrückte. Mit diesen technischen Dingen konnte er spielen wie ein Kind. Und ich versteh ihn gut. Mir ging es später genauso.

Ein U-Boot wurde da zum Beispiel gebraucht. Die »Blauen Jungs« im gleichnamigen Stück waren U-Boot-Fahrer. Aber bitte! Ob Torpedoraum oder Kommandobrücke – er lieferte alles originalgetreu! Oder er simulierte eine Wasserbombenexplosion oder Feuer im Boot, daß es auf der Bühne nur so donnerte, krachte, qualmte und stank. Und dann die Kriegsschiffe, die »versenkt« wurden: »Erster Torpedo – Los!« Im Bühnenhintergrund war eine Leinwand aufgespannt, auf die ein Dokumentarfilm projiziert wurde, so daß der Eindruck entstand, man beobachtete durchs Periskop die Seeschlacht.

Auch zu Hause in Lövenich – wir wohnten ja noch immer in der gleichen wunderschönen Jugendstilvilla, die er einst gekauft hatte –, auch zu Hause waren seine Lieblingsplätze der Bastelkeller, der Werkzeugschuppen, die Garage und das Treibhaus. Dort standen auch seine Motorräder. Ich durfte ihm helfen, wenn er wieder mal beim Reparieren war. Dort stand später auch die »Limonadenfabrik«. Ja, wir machten unsere eigene Limonade! Seine Überlegung war einfach und schlagend: Wenn die Leute im Foyer des Millowitsch-Theaters Limonade wollen, warum dann keine Millowitsch-Limonade? Also kaufte er bei einem Fabrikanten die dafür notwendige Maschinerie, montierte sie zusammen, und los ging's! Ich besorgte das Flaschenabfüllen.

Jahre später, als in der Wirtschaftskrise jeder sehen mußte, wie er sich über die Runden brachte, erwies sich die Abfüllanlage als wahre Wundermaschine: Sie brachte Geld. Wir hatten nämlich noch ein Grundstück an der Endhaltestelle der Straßenbahn nach

Lövenich. Dort gab es auch eine Erfrischungshalle, und viele, die auf die Bahn warten mußten, wollten etwas zu trinken: Die Limonade bekamen sie von uns! Und die Wurstbrötchen, die wir vorher in der Küche geschmiert hatten, konnten sie auch bei uns kaufen – falls ihre Inflationsmillionen dafür ausreichten!

Ja, wenn es darum ging, aus der Not eine Tugend zu machen, sich etwas Technisches einfallen zu lassen, dann waren wir Millowitschs um eine Lösung nicht verlegen! Noch heute höre ich meinen Vater – mal aus dem Keller, mal aus dem Schuppen – rufen: »Willy, komm mal her, du mußt mir helfen...«

Lucy, meine Schwester, grinste jedesmal, wenn Vater rief, oder sie schüttelte mitleidig den Kopf. Ich aber rannte begeistert los. Vielleicht kam er mit dem Werkzeug nicht zurecht, oder es gab etwas zu löten.

Nicht nur die »Millowitsch-Krankheit«, auch die Freude am Technischen sitzt mir heute noch im Blut. Meine Kameras, die Videogeräte, der Diaprojektor, die Filme, die ich mir selbst zusammenschneide, und was sonst noch... Aber mit achtzig Jahren bin ich einsichtig genug zu wissen, daß es zu viel mehr nicht reicht...

Damals aber? Wenn mich da einer fragte: »Na, was willst du denn mal werden, mein Junge?« – dann kam allen Ernstes die Antwort: »Ich – Ingenieur«. Wenn ich mir das heute vorstelle: Ingenieur... Nein. Ich hatte wohl nie eine Chance, etwas anderes zu werden als das, was ich geworden bin. Und das Glück, das ich darüber empfinde, ist vielleicht der größte Reichtum meines Lebens. Aber als ich noch jung war – wie oft habe ich damals darüber gegrübelt, ob es für mich nicht auch was anderes geben könnte als die ewige Rennerei, das ewige Rollenlernen, den Kostümwechsel, die ständigen Aufregungen und schließlich das »Vorhang auf, Spiel ab, Vorhang zu«!

Ich konnte damals nicht so recht einsehen, daß ich wie eine Pflanze meinem Entwicklungsgesetz folgte und in etwas hineinwuchs, das mir vorausbestimmt war. Manchmal legte ich mir Erklärungen zurecht. Erklärungen? Eher schon Alibis: Du könntest ja was Richtiges lernen, du könntest vielleicht sogar studieren... Doch was tust du wirklich? Handzettel mußt du verteilen, Plakate kleben. Und zum Schneider mußt du, wegen diesen blöden Kostümen. Und Limonade brauen und Dekorationen schleppen...!

Ich konnte mir tausend Gründe herunterbeten – sie stießen sich alle an einer einzigen, schlimmen Wahrheit: Ich hatte es nun mal nicht so mit den Büchern. »Ach, weißt du, Mama: vom Lesen kriegt man so Kopfweh.«

Daran hat sich bis heute nicht viel geändert. Und Ihnen, die Sie mich bei meiner Lebensgeschichte bis jetzt begleitet haben, gilt daher auch meine uneingeschränkte Bewunderung.

Was mich angeht: Ich war einfach zu glücklich im Theater. Der Geruch der Schminke, der Stallgeruch der Vorhänge und Dekorationen und das Knarren des Schnürbodens, die ewige Aufregung hinter der Bühne, der Blick hinüber zur Kasse, wo sich die ersten Schlangen bilden, und dazu die ewige bange Frage: Kommen sie oder kommen sie nicht, wird die Bude voll? – Ich brauche es zum Leben! Heute wie damals.

Aber vielleicht war auch meine Mutter schuld. Weil

sie so nett, so lieb zu mir war, weil ich mich in ihrer Nähe einfach so wohl fühlte...

Meine Mutter war Wienerin. Eine Wienerin in Köln? So einfach war es nicht für die Käthe Millowitsch, denn im Gegensatz zu den Wienern sind die Kölner doch etwas derber und direkter.

Wie diese Wienerin nach Köln kam? Nun, während des Krieges spielte mein Vater Operetten auf fremden Bühnen. Er hatte diese gewaltige Stimme, die er viel zu früh verlor...

Und so spielte er auch einmal in Dresden. In diesen Tagen gehörte zu den Attraktionen aller größeren Unterhaltungsbühnen das »fliegende Ballett« – junge Mädchen, die, man staune, schimmernde Flügel auf dem Rücken trugen. Nach dem Tanzwirbel schwebten sie dann plötzlich, von Scheinwerfern prächtig in Licht getaucht, in die Höhe. Der Trick bestand darin, daß sie ein Korsett unter dem Trikot trugen, an dem ein dünnes Drahtseil befestigt war, das von einer speziell konstruierten Maschine bewegt wurde. Die wurde übrigens nachts bewacht, damit ja kein Unfall passierte.

Zu meinen Lieblingsphantasien gehört ein Bild: Mein Vater steht auf der Bühne und schmettert sein Lied. Über ihm aber schwebt Mama, die Wienerin!

Sicher hat sich das nie so zugetragen. Und wichtig ist es auch nicht. Entscheidend bleibt einzig die Tatsache: Die beiden verliebten sich, und so wurde es schließlich auch mir möglich, diese Welt zu betreten...

Ja, meine Mama! – Ich sehe sie noch manchmal durch den Garten kommen, zart, mit diesem Lächeln auf dem Gesicht, das alles verzieh... Bei einer solchen

Mutter wird man leicht zum »Schutzkind« – ich hielt mich immer in ihrer Nähe! Da war ich sicher.

In der Ehe war sie eine Dame; nie fiel ein böses Wort, jeder schnoddrige Ton war ihr zuwider. Morgens fuhr sie mit Vater in die Stadt, kaufte ein, kochte für das Haus und hielt die »Burg« – genauso wie es Gerda heute tut. Und vielleicht hab ich mir unbewußt denselben Frauentyp ausgesucht.

Manchmal kam auch Besuch aus Wien. Und so zog in unser Haus in Lövenich etwas vom Wiener Geist ein – eine freundliche, liebenswürdige Atmosphäre. Da wurden all die Spezialitäten gekocht, die Griesnokkerln, Germknödel, Kaiserschmarrn. Mein Onkel Stefan Plank, Direktor des berühmtesten Hotels der k.u.k.-Monarchie, des »Imperial« in Wien, brachte guten Wein mit. Und schließlich, nach dem Tod ihres Mannes, zog auch meine Wiener Großmutter zu uns in die Vinzenzallee 11. Sie kehrte nie wieder in ihre Heimat zurück. Ihr ist es übrigens zu verdanken, daß ich, und das in der damaligen Zeit, all diese süßen Wiener Köstlichkeiten selbst zubereiten konnte.

Miese Zeiten

Rund ging es für uns im Jahr 1929 – immer im Kreis herum: Saarbrücken, Merzig, Tuttlingen, Völklingen. Es waren fast fünfzehn Orte, die wir im Saargebiet bespielten.

Bald kannte ich dort jede Kurve, jede Brücke, jeden Bahnübergang, die kleinen verwinkelten Dörfer, die romantischen Brücken wie die Kokshalden der Stahlwerke.

Und in den Gastspielorten kannten sie mich: »He, Willy! Auch schon wieder da?« hieß es dann.

Das waren wir. Mehr oder weniger alle zwei Wochen. Wir beglückten die Dörfer und Kleinstädte des Saargebietes mit *Tante Jutta aus Kalkutta*, mit unserem *Fussig Julchen*, dem *Glücksmädel* oder dem *verjüngten Adolex* – und spielten dabei immer um Neunkirchen herum, denn hier hatte uns mein Vater eine Wohnung gemietet. Neunkirchen, das war unser aller Standort – eine kleine zweite Heimat, wo auf mich das Essen wartete, das meine Mutter schon vorbereitet hatte.

Und von hier gingen wir dann alle drei wieder auf Tournee.

Freiwillig waren wir ja nicht ins Saargebiet gekommen in dieser aufregenden Zeit, die man später die »Weltwirtschaftskrise« nennen würde. Der Crash, der in New York die Banken ruinierte, hatte sich über die ganze Welt ausgebreitet und uns erneut ins Elend gestürzt.

Was mir bis heute sonderbar, liebenswert und fast unerklärlich erscheint: Hier an der Grenze, bei den Menschen an der Saar, war man auf Theater neugierig, freute sich, wenn die Schauspieler kamen – und bezahlte dafür. Es waren ja nicht nur wir allein, die »weitum berühmte Millowitsch-Bühne« mit ihrem »goldigen rheinischen Humor«, die das Gebiet bespielte, auch andere Gruppen tingelten herum – und überlebten.

Ich selbst war das Vorauskommando. Das bedeutete: um fünf aus dem Bett, Frühstück bei Mutter, dann im Bummelzug, mit dem Fahrrad oder dem Bus zum nächsten Gastspielort. Oft genug mußte eine Bühne noch gesäubert oder repariert und der Zuschauerraum für die Theaterabende hergerichtet werden. Dann ging es ans Plakatekleben und ans Handzettelverteilen, und schließlich kamen die anderen: die Ensemblemitglieder auf den Bänken des kleinen Lkws, die Koffer mit den Kostümen in der Mitte. Was wir so an Bühnenrequisiten brauchten, war meist vor Ort zu finden.

Eigentlich erfolgreiche Monate, wenn ich's mir heute so überlege. Dabei hatte es mit einer Katastrophe begonnen: einem gähnendleeren Theatersaal in Idar-Oberstein.

An dem ganzen Reinfall trug ein Mann die Schuld, den man den berühmtesten Hellseher seiner Zeit nannte: Jan Eric Hanussen. Wo Hanussen mit seinem Okkult-Hokuspokus und seinen Telepathie-Tricks auftrat, wuchs für andere kein Gras mehr.

Am nächsten Tag aber sollten wir in Neunkirchen sein. Und noch nicht einmal das Geld für die Fahrkarten hatte die Abendkasse gebracht. Gerade, daß wir unsere Saalmiete bezahlen konnten. Es war zum Verzweifeln.

Vater telefonierte mit dem Theaterleiter in Neunkirchen und erfuhr, zwei Vorstellungen seien restlos ausverkauft. Aber wie hinkommen?

Da hatte Peter Millowitsch eine Idee: Er holte den Gastwirt ans Telefon. Der wiederum bekam von seinem Kollegen in Neunkirchen die Bestätigung, daß die Theaterabende ausverkauft und damit ausreichende Einnahmen garantiert seien.

Nun hatte der Mann zwar ein Einsehen und rückte das Geld für die Eisenbahnfahrt des gesamten Ensembles nach Neunkirchen heraus – doch erst, als wir ihm unseren teuren Kostümfundus für das Erfolgsstück *Et fussig Julche* als Pfand hinterließen. In Neunkirchen spielten wir dann zwei andere Stücke.

Zwei Tage später hatten wir das Geld, um die Kostüme wieder abzuholen.

Von nun an ging's aufwärts. Und den größten Erfolg verdankten wir sogar einem Ortspfarrer aus Merzig. Er war für die Sittenreinheit zuständig. *Tante Jutta aus Kalkutta* stand auf den Plakaten, die ich an die Hauswände geklebt hatte. Ich hatte jedoch nicht mit dem Pastor gerechnet.

Der hatte nämlich erfahren, daß in dem Stück ein Mann eine Frauenrolle spielte. Und das fand er entsetzlich unanständig. Schließlich ließ er sich anhand des Buches davon überzeugen, daß es sich um einen ganz harmlosen, selbst für Kinder geeigneten Schwank handelte – worauf er sein Verdikt wiederaufhob.

Inzwischen aber war über unsere Plakate ein gelber Streifen geklebt: »Aufführung verboten«, stand da. Jetzt kam ich mit einer neuen Ankündigung: »Wird aufgeführt« – und die Leute strömten in Scharen; sie witterten eine Sensation. Was sie zu sehen bekamen, war das gleiche alte, harmlose Lustspiel, wie wir es mit weniger großem Erfolg woanders auch gespielt hatten.

Zu Weihnachten, nach vier Monaten Saargebiet,

ging es dann wieder nach Hause. Wir bezahlten die Gagen an das Ensemble, und es blieb auch für uns noch ein hübscher Rest.

Lange hielt er nicht. Sechs Millionen Arbeitslose standen in diesen Jahren auf der Straße... Theater und Bühnen hatten meist geschlossen. Uns blieb nur eines: weiterzutingeln.

Die Saalmieten wurden unbezahlbar, doch noch gab es die Kinos. Dort, zwischen Wochenschau und Hauptfilm, spielte ich dann mit meinem Vater kurze Sketche. Meist die übliche Kommißklamotte: Leutnant und Rekrut. Nirgendwo gab's wohl einen dämlicheren Rekruten als Peter Millowitsch vor der Wochenschau: »In wieviel Teile zerfällt das Gewehr?« – »Kommt ganz drauf an, wie man es hinwirft, Herr Leutnant!«

Manchmal konnten wir auch unseren Ensemblekollegen eine »Kino-Chance« vermitteln. Der Name Millowitsch hatte selbst in diesen dunklen Zeiten seinen Klang nicht verloren und brachte den Kinobesitzern als Programmbereicherung Einkünfte. Die Einakter, die wir spielten – wiederum zwischen Wochenschau und Vorstellung –, durften nicht länger als 45 Minuten dauern. Wir spielten manchmal mit voller Besetzung, mit sechs Personen...

Noch lief auch unsere kleine »Limonadenfabrik« – Sie erinnern sich – in Vaters Werkstatt auf vollen Touren, und so verkauften die Millowitschs an der Straßenbahn-Endhaltestelle in Lövenich zusätzlich zur Limonade in den verschiedensten Geschmacksrichtungen auch noch Eis, Kaffee, Kuchen und Brötchen.

Dann war's auch damit vorbei. In der Hoffnung auf bessere Zeiten hatte mein Vater mit den Ensemble-Schauspielern Jahresverträge geschlossen, die ihm schließlich die Luft abschnürten. Er war pleite. – Es blieb nichts anderes übrig, als das Grundstück an der Endstation zu verkaufen, auf dem unsere Erfrischungshalle stand, die uns schon über so viele Krisen hinweggeholfen hatte.

Nicht nur wir hatten uns durch diese schweren Zeiten durchzubeißen. Es gab ja noch mehr Millowitschs. So trennte sich meine Großmutter Emma im Februar 1929 von dem letzten soliden Familienbesitz, einem fünfstöckigen Haus am Kölner Neumarkt.

Sie starb ein Jahr später. Und wie oft habe ich bedauert, daß unsere »Kölsche Duse« nicht mehr erleben konnte, wie die Millowitschs erneut das Kommando gaben: »Vorhang auf!« Und dazu noch im neuen, eigenen Theater.

Und was für ein Theater! Das Gebäude in der Kölner Apostelnstraße gehörte der Kölner Bäckerinnung; es war ein gewaltiges Haus. Auch für das Bäkkerhandwerk waren harte Jahre angebrochen. Die Bäcker suchten neue Pächter.

Der Theatersaal war riesig. 1400 Plätze warteten dort auf ihre Benutzer. Dazu kamen ein Bierrestaurant mit nicht weniger als 1300 Plätzen sowie ein Sängerheim und eine Liederstube. Unter dem Namen »Metropol« hatte das Etablissement schon zu Beginn dieses Jahrhunderts in Köln einen guten Ruf genossen. Inzwischen war es in »Harmonie« umgetauft, aber gastronomisch völlig ruiniert.

Für uns Millowitschs war die Erklärung natürlich

einfach: Die haben zuerst das Theater verkommen lassen!

Die Brüder Millowitsch würden schon zeigen, daß es auch anders geht! Und so setzten sie sich zusammen – Vater Peter und Onkel Carl – und redeten sich die Köpfe heiß: Sollen wir oder nicht? Wenn nicht – warum nicht – ja, wieso eigentlich nicht...? War die Frau meines Onkels Carl nicht auch noch Gastronomin? – Na also! Und wieder mal hieß es: Ärmel hochkrempeln.

Peter und Carl Millowitsch einigten sich schnell darauf, mit zwei Ensembles und im Wechsel das alte Millowitsch-Repertoire der zwanziger Jahre auf die Bühne zu bringen. Und zwar ohne Saisonpausen. Außerdem eigneten sich die riesigen Säle im »Harmonie« geradezu ideal für den Kölner Karneval, der so viele Jahre unter der britischen Besatzung im Rheinland verboten gewesen war und jetzt wieder mit aller Macht aufblühte.

So ereignete sich erneut eines der vielen, vielen Millowitsch-Wunder: Auf Anhieb kamen die Zuschauer. Das Theater füllte sich und hatte schon im ersten Halbjahr Bombenerfolge mit Stücken wie *Frau Staatsanwalt* oder *Der Liebesonkel*, und vor allem mit einer Bauernposse, die mein Vater selbst geschrieben hatte: *Dud un lebendig.*

Wir waren wieder da!

Vorbei das Plakatekleben, die Fahrten über die Landstraßen, die Pastorenverbote in kleinen Dörfern, das Tingeln zwischen Kino und Wirtshaussaal.

Die »Millowitschs in der Harmonie« – so hieß es nun...

Für mich fand diese Zeit noch einen schönen, wenn auch traurig-süßen Ausklang: Es war Februar 1933, und wir feierten den letzten MaMuKu-Ball. Professor Hermann Abendroth würde in den nächsten Tagen Köln verlassen; nun dirigierte er zum letztenmal das Gürzenich-Orchester: Die Klänge von »Wiener Blut« klangen auf, ich führte meine Mutter zur Tanzfläche, und wir wirbelten über das Parkett.

»Wißt ihr, wat ihr mich könnt...«

Wir saßen am Tisch in der »Harmonie« und aßen noch ein Häppchen – mein Vater Peter und ich.

Die Tür flog auf, und da kamen sie wieder. Sie kamen immer in Stiefeln. Selbst in die Kneipe. Schwarz- oder braungewichste Stiefel waren das. Und dann hatten sie noch den Tick, immer den rechten Arm hochzuschmeißen.

»Heil Hitler! Herr Millowitsch!«

Ich sah meinen Vater an. Der lächelte. Er hob zwar auch den rechten Arm – doch in der Hand behielt er sein halbleeres Bierglas.

Ich war gerade vierundzwanzig; für Politik hatte ich mich nie interessiert. Bald jedoch ging mir auf, welche Taktik mein Vater einschlug. Es war die Technik eines guten Boxers: Abfedern hieß die, bloß nicht heranlassen...!

Es war März 1933. Die entscheidenden Wahlen standen bevor. Es war wohl soweit – und wohl nicht mehr zu ändern, daß die NSDAP Deutschland übernahm. Aber dies war nicht Berlin, dies war Köln, der »rheinische Katholikenklüngel«, wie die Nazis sagten, das »verdammte, schwarze Loch«.

Nun, ihrem zukünftigen Chef, dem Mann mit dem Bärtchen auf der Oberlippe, machten die Kölner es nicht einfach. Als Hitler zu den Wahlen anflog, war unter all den schwarzen Anzugträgern am Flugplatz Butzweiler-Hof der Oberbürgermeister nicht zu finden.

»Der Herr Hitler kommt schließlich nicht als Reichskanzler«, ließ Adenauer kühl vernehmen, »sondern nur als Wahlredner.«

Da hat der »Herr Hitler« Köln gleich gar nicht betreten, sondern blieb im Godesberger Rheinhotel Dreesen.

Schon am nächsten Morgen erlebte er einen neuen Affront: Städtische Arbeiter erkletterten auf Geheiß ihres Bürgermeisters die hohen Pylonen der Hängebrücke, die vom linksrheinischen Köln zum Kundgebungsort im Kongreßsaal der Messe führte. Sie holten die Hakenkreuzfahnen herunter, die dort oben während der Nacht von jungen Parteianhängern gehißt worden waren.

Hitler tobte.

Kölns Adenauer wiederum berief sich kühl auf das preußische Gesetz zur Kommunalverwaltung, nach dem an öffentlichen Gebäuden nur die amtlichen Flaggen aufgezogen werden dürfen.

Nein, Köln mochte den »größten Führer aller Zeiten« nie so richtig, und damals, als das alles mit Reichstagsbrand, Ermächtigungsgesetz und totaler

Machtübernahme anfing, war bei uns Karneval. Im Theater spielten wir die Kölsche Revue *Alle Poppe danze* – und die tanzten ja auch, die Puppen: in der Reichshauptstadt. Für uns blieb, wie jedes Jahr, trotz aller Misere die Frage wichtiger, wer eigentlich Prinz Karneval wurde, oder auch die: »Wat ziehste bloß op dem Fastelovensball an?«

Insgesamt war es ja in Köln wohl so: Die einen wußten nicht, was auf sie zukam, und die anderen wollten es nicht wissen. Und wir? Wir sagten uns: Schließlich sind wir Komiker...!

Zunächst ging das auch ganz gut. Dann erhielt mein Vater einen Brief. Der war schnörkellos. Kein »bitte« oder »freundlicherweise« – der Brief las sich vielmehr wie eine Vorladung. Absender: Das Parteibüro der NSDAP, »Ortsgruppe Horst Wessel, Mittelstraße«.

Peter Millowitsch griff sich seinen Hut und ging hin, um sein höfliches »Wat is jefällich?« anzubringen.

Eine klare Antwort bekam er nicht. Mein Vater wurde über dies und jenes befragt, was er so vom Theater und der Zukunft halte; »Gesinnung prüfen«, nannte man das in diesen Tagen. Und als das Gespräch vorbei war, kam, noch ganz beiläufig, halb ironisch, die Frage: »Wie isset denn, Herr Millowitsch? Jetzt wollten Se doch wohl gern in die Partei eintreten, wat?«

So leicht konnten sie einen Peter Millowitsch aber nicht kriegen. Jetzt war der Tünnes oder das Hänneschen gefragt. Und so schüttelte mein Vater nur mitleidig den Kopf und sagte mit seinem naivsten Grinsen: »Wißt ihr, wat ihr mich könnt? – Ihr könnt mich mal...«

Das war nun wirklich ein guter Witz!

Mein Vater schwitzte – aber die braunen Herren

brachen in brüllendes Gelächter aus. Laut, lange, aus voller Brust. Sie konnten gar nicht mehr, sie krümmten sich vor Vergnügen: Ja, ja, der Millowitsch! Habt ihr das gehört... Ach, der Millowitsch, is der nich komisch? Na klar, der hat ja Narrenfreiheit...

Gut. – Für dieses Mal.

Aber wie lange würde sie dauern?

Komiker und Komödianten leben vom Fingerspitzengefühl. Sie ahnen nicht nur, sie spüren, was in ihrer Umgebung, was im Publikum vorgeht, und hören so die Flöhe husten.

Peter Millowitsch, mein Vater, ahnte, was die Uhr geschlagen hatte. Er wurde vorsichtig. – Die allzu frechen, spontanen Stegreifeinlagen, die für einen Vollblutkomödianten das Salz in der Suppe sind, nahm er ein wenig zurück. Deutschland war zu einem Polizeistaat geworden. Zu einem braunen noch dazu. Und er hatte kein Interesse an Opferrollen.

Trotzdem: Wenn ich heute so zurückdenke an das, was damals war und was dann später, im total entfesselten Wahnsinn des Krieges, noch auf uns zukommen sollte, wird mir deutlich, daß gerade »heroische Zeiten« nicht nur den allerdämlichsten Klamauk hervorbringen, sondern daß, wie in allen Zeiten, auch die Bonzen von damals ihre Schäls und Tünnes' zu Dutzenden hatten.

Ich muß da nur an Otto Schaller denken!

Der Otto war ein begabter Schauspieler und im Grunde seines Herzens ein ganz fröhlicher Mensch. Daß er junge Männer den Mädchen vorzog, nun, das war seine Sache. Wir störten uns nicht daran. Bei uns spielte er seit Jahr und Tag die Rollen, die ihm lagen.

Nun war alles anders geworden: Otto mußte marschieren! Ausgerechnet die Nazis, für die jeder Schwule ein »Volksverderber« war und deshalb ins KZ gehörte, zogen Otto die braune Uniform an und hängten ihm die Binde um. Und warum? Nun, der arme Otto war der kleine Bruder der mächtigen Kölner Parteifürsten Richard und Alfons Schaller. Der eine nichts weniger als unser »stellvertretender Gauleiter«, der andere immerhin »Kreisleiter«.

Nun lief unser Otto also, mit Reitstiefeln und Koppelzeug geschmückt, als sogenannter »Goldfasan« herum. Die Uniform des neuen Parteiamtsträgers war, versteht sich, vom Herrenschneider gebaut und mit jeder Menge Lametta verziert. Auf den Kopf kam dann noch die drahtverstärkte Tellermütze: Eine grauenhafte Mischung zwischen karamellfarbenem Straßenbahnschaffner und Hotelportier war aus Otto geworden.

Wie hatte er sich doch verändert, der Arme! Ein richtiger deutscher Mann! Mit allem, was dazugehörte: Hacken knallen, ausgestreckter Hitlergrußhand – Heil Hitler vorne, Heil Hitler hinten.

Mein Vater aber, dieser parteibuchlose Volksgenosse Peter Millowitsch, blieb für ihn nach wie vor der »Chef«!

»Chef, ich muß Sie sprechen«, verkündete Otto eines Tages, als er unsere Biergaststätte in der »Harmonie« betrat.

Mein Vater rückte ihm einen Stuhl zurecht und setzte sich selbst. »Wat haste denn auf dem Herzen?«

Der Otto rückte damit heraus. Je länger er sprach, desto enger wurde es dem Peter Millowitsch um den Hals. »Eine deutsche Tragödie«, wollte Otto Schaller auf die Bühne bringen, die den »jemeinen Meuchelmord an unserem Parteigenossen Horst Wessel« in Berlin zum Thema hat... Und ein »Parteijenosse« hat das Stück natürlich geschrieben: der Kurt Sommerer...

Die Uraufführung im Wiesbadener Theater war ein Bombenerfolg! »Wat sagen Sie nun dazu, Chef?«

»Ich hoff' nur, Otto«, sagte mein Vater, »du willst jetz nich dat, wat ich denke, dat du willst...«

Eines war Peter Millowitsch sofort klar: Otto Schaller war nicht freiwillig mit diesem Vorschlag zu ihm gekommen. Er wurde geschickt. Die Schlinge begann sich zuzuziehen.

»Ich will dir mal was erzählen, Otto. In Elberfeld, so im Jahre '25 glaube ich, habe ich mal versucht, ein Stück vor ernstem Hintergrund zu spielen. Das Thema: Inflation, Spekulanten, Kriegsgewinnler. *Der große Betrug* hieß es. Und war gar nicht schlecht. – Aber die Leute kamen schließlich zu Millowitsch. Die wollten etwas anderes. Die merkten bald, daß sie auf der falschen Beerdigung waren, und rannten raus. Willst du im Ernst, daß die Lachbühne Millowitsch in Köln den Zuschauern eine deutsche Tragödie vorführt?«

»Das war '25, Chef! Und in Elberfeld. Außerdem: Inflation und Spekulanten – die Zeiten sin vorüber! Ein Horst-Wessel-Stück würde den Leuten ans Jemüt jehen. Wir spielen ja doch nicht für ein paar Klamaukfritzen oder einjebildete Intellektuelle – für dat janze Volk spielen wir! Das Theater hat, wie Schiller schon sagte, eine ›moralische Anstalt‹ zu sein. – Oder nit?«

Oder nit? – Darin steckte keine Frage mehr, darin steckte System. »Gleichschaltung und politische Ausrichtung im Interesse der Volksgemeinschaft«, lauteten die Richtlinien. Und mein Vater kannte sie. Man konnte den Kopf schütteln, darüber grinsen – doch dahinter steckte tödlicher Ernst. Die Herren aus der Parteiführung, die abends immer wieder in Vorstellungen auftauchten und ein »zwangsloses Gespräch« mit ihm suchten, hatten ihn längst wissen lassen, was passieren könnte, wenn sich das »unpolitische Künstlervölkchen« dem Führungsanspruch der Partei widersetzte. Die ersten politisch Unzuverlässigen waren bereits aus den Theaterkreisen verschwunden. Andere hatten aufgegeben. Der Knüppel winkte. Daneben allerdings hatten sie den Brotkorb hochgehängt: Das war in diesen Tagen die NSV, die »Nationalsozialistische Volkswohlfahrt«. Ihre »bedürftigen Volksgenossen« karrte die NSV gleich schubweise ins Theater.

Wieder mal ging's ums Überleben, um die Existenz des Millowitsch-Theaters...

Und dazu um die total bescheuerte Schnapsidee, die »Nazitragödie Horst Wessel« in den Spielplan aufzunehmen. Mit Otto Schaller hatte mein Vater es nicht länger zu tun; die Kulturamtsträger rückten ihm auf die Pelle. Ob er nicht selbst mitspielen könne?

»Also, wissen Se, meine Herren«, erklärte Peter Millowitsch den Bonzen, »ich bin doch nun mal Komiker. Die Leute kommen zu mir, um Klamauk zu sehen. Was machen wir, wenn in dieser Tragödie die Leute, sobald ich die Bühne betrete, anfangen zu lachen?«

Das wußten sie auch nicht. Aber sie bestanden auf ihrem Projekt. Und seinen Namen, den Namen eines der bekanntesten Kölner Volksdarsteller, wollten sie auch auf den Plakaten.

Und so einigte man sich schließlich darauf, daß Vater die Regie des Stückes übernehmen würde.

Einen Millowitsch allerdings bekamen sie doch auf die Bühne: mich – den Willy.

Und so stand ich im September 1933 in brauner SA-Uniform, mit Koppelzeug und Kinnriemen zunächst neben dem »lebenden« Sturmführer Horst Wessel. Am Schluß auch neben seinem Totenbett. Zu reden hatte ich nur ein paar Brocken. Ich bevölkerte die Bühne, und dies meist in strammer Haltung, mit entschlossenem, heldischem Blick.

Na gut. Ich war ohnehin das Mädchen für alles – warum also nicht auch SA-Mann bei Horst Wessel?!

Das Stück wurde – Peter Millowitsch hatte es vorausgesagt – ein totaler Reinfall. So peinlich war die Pleite, daß die Uraufführung noch nicht mal im Kölner Hausblatt der NSDAP, dem »Westdeutschen Beobachter«, erwähnt wurde...

»Wahrscheinlich sind Ort und Zeit noch nicht reif für die vaterländische Kunst«, erklärten die Kulturapostel Hitlers. »Und bei Ihnen haben wir den Eindruck, Sie spielen besser Ihre Schwänke weiter!« Damit war die Sache zunächst einmal vom Tisch.

Doch jedesmal, wenn der Kollege Otto Schaller im

Millowitsch-Theater mit neuen Ideen auftauchte, sagte mein Vater: »Meinste dat jetzt im Ernst, oder kommste im Kostüm?«

Dabei hatte der Otto für diese Besuche seine Goldfasan-Uniform doch extra in den Schrank gehängt...

Ich war ja so schüchtern...

Veilchen, Rosen, Vergißmeinnicht – manchmal flogen auch andere Liebesgaben auf die Bühne! Hübsch in Seidenpapier verpackt, fand man Bleistifte, Feuerzeuge oder eine Zigarettenspitze. Man las Blumen oder Präsente auf, nahm sie an die Brust und warf verwirrte oder betörende Blicke ins Publikum, küßte eine Blüte, ein Goldschleifchen und warf Küßchen.

Eine heikle Geschichte blieb! Was da passierte, war natürlich toll, aber gleichzeitig auch verwirrend. Denn Geschenke warfen ja meist die Damen...

Der Begriff »Playboy« war zu diesen Zeiten noch nicht erfunden. »Casanova« hieß das, »Bel-ami« oder »Beau«. Die Fans, die Teenies, die dir die Knöpfe von der Jacke reißen, gab's auch noch nicht. Im Grunde ging es damals stiller und dabei aufregender zu.

Vor allem für einen wie mich. Ich war nun mal so krankhaft schüchtern. Die aufregende Frage: »Für wen oder was halten die dich eigentlich?« hatte sich in mir festgehakt. Ich wußte es einfach nicht. Ich konnte es mir nicht einmal vorstellen.

Eines Abends kam wieder so eine Zigarettenspitze

aus dem Dunkel gesegelt. Und als ich später das Päckchen öffnete, fand ich dazu noch eine Einladung, ein Billett mit Namen, Adresse und Uhrzeit.

Den Namen der Dame kannte ich. Sie war sehr hübsch, geradezu verboten hübsch... und verheiratet auch.

Diesmal wollte ich es wissen. Ich ließ mir also wieder mal beim Friseur meinen Schnauzer stutzen, zog einen meiner eleganten Maßanzüge an, die mir gerade der Schneider geliefert hatte und die ich für den Rest des Jahres von meiner Gage abstottern mußte, und marschierte los mit meinen hochglanzpolierten Schuhen.

Ja, und dann rein in die Villa! Bis hier ging's noch gut, aber nun wurde die Hand, die den Klingelknopf drückte, ganz feucht.

Und da war sie schon: Ein einziges Angebot war der Ausdruck des Gesichts, der Ausschnitt, von dem ich geträumt hatte, der Mund, die lächelnden, dunklen, verführerischen Augen.

Was hatte ich mir doch alles zusammengeträumt. Nun aber mühte ich mich damit ab, weder dem Ausschnitt noch den Augen zu begegnen. Ich guckte auf die breite Couch, auf die Bilder, den Kanarienvogel, die zugezogenen Vorhänge. Meine Ohren brannten wie zwei Heizspiralen, mein Hintern wetzte die Stuhlkante ab – und nach dreißig Minuten war ich heilfroh, daß ich es überstanden hatte...

Draußen auf der Straße stand ich wieder, unberührt wie zuvor, und holte erst mal tief Luft.

Welches Kreuz war das doch mit den Frauen! Ich sehnte mich nach ihnen und konnte doch ihre Gegenwart nicht ertragen. Denn ich war, wie gesagt, krankhaft schüchtern.

Nur: Man sah es mir nicht an. Wie auch?

Bühnenabend für Bühnenabend hielt ich eine Frau oder ein Mädchen im Arm. Da wurde geküßt, getanzt, geflirtet. Ich zeigte, was man heute »aufreißen« oder »anmachen« nennt und was damals »pussieren« hieß... Dies war die Bühne. Die Wirklichkeit sah anders aus.

In dieser aufregenden Zeit der »süßen Unruhe« hatten wir unser Haus in Lövenich vermietet. Wir wollten dem Theater näher sein. Nun wohnten wir im ersten Stockwerk eines Hauses in der Apostelnstraße.

Der Umzug hatte ausgesprochene Vorteile. Im Erdgeschoß befand sich nämlich der »Bitburger Hof«, und das Dach eines Anbaus reichte direkt an mein Zimmerfenster.

Um halb elf gab ich Mama den Gutenachtkuß, dann rauf ins Zimmer und nicht viel später wieder durchs Fenster in den Hof. Dann lief ich über die Straße in die »Schwerthof-Bar«. Die lag ja so nah, und die Barfrau war so wunderbar.

In diesem Jahre machte ein Ufa-Film Furore, in dem die Schauspielerin Joan Crawford die Rolle des »Flämmchens« spielte. In dem Barmädchen hatte ich mein ganz persönliches Flämmchen entdeckt. Ich habe sie auch so genannt. Was war ich verknallt! Jede Mark und jede Stunde, die mir blieb, vergeudete ich – rein platonisch – bei meinem Flämmchen, flirtete und zog gegen die älteren Semester doch den kürzeren.

Trotzdem, wenn ich mir das alles so überlege: Ein

bißchen staunte ich doch. Die Millowitschens waren bei Gott keine heilige Familie. Meine Onkels und Vettern – was hatten die doch Spaß an Frauen!

Ach, bei mir wurde es immer gleich tragisch. Die erste, wirklich große Liebe befiel mich 1927. Die Kollegen sprachen schon lange darüber: die Tiller-Girls kommen! Die Tiller-Girls waren damals schon Legende: unendlich lange Beine, glitzernde Kostüme, großartige Ausstattung. Sie traten im Film und in den Revue-Theatern der Hauptstädte auf. Und nun kamen sie zu uns, ins »Reichshallentheater«, unser Operettenhaus in Köln.

Mein Herz schlug höher. Der Chef des »Reichshallentheaters«, Direktor Hünnes, gehörte zu meinen Freunden, was wiederum den gewaltigen Vorteil hatte, daß ich mir die Tiller-Girls, wann immer ich Zeit hatte, zu Gemüte führen konnte. Ach, diese weltberühmten Beine! Und dazu die Musik. Ein Erlebnis würde es werden... Und wurde es auch!

Nach der Premiere rannte ich sofort ins Restaurant. Da kamen sie schon: in Reihe und – eine hübscher als die andere! Und eine Dunkle darunter, bei der mir sofort der Atem wegblieb.

Die Dunkle blickte zu mir herüber. Und ich guckte zurück. Ich wollte zu ihr, doch die Knie taten es nicht. Den ganzen Abend saß ich da und habe sie nur angesehen...

Sie hieß Margerie. Und am dritten Abend lächelte sie mir zu. Selbst von der Bühne beim Tanzen. Dann in der Bar kam's zum ersten Händchenhalten.

Doch Margerie und ich hatten außer meiner Schüchternheit noch ein anderes Problem: Margerie war

Engländerin. Und ich sprach genauso wenig Englisch wie sie Deutsch.

Aber sie mochte mich. Darauf kam es ja schließlich an. Dann kam der letzte Abend. Margerie gab mir zu verstehen, sie würde mit mir essen gehen.

Lieber Gott, was war ich aufgeregt! Einen Ring hatte ich auch. Den hatte mir meine Kollegin, die Mimi Fischer, geschenkt. Mimi war schon fünfundvierzig und wie eine Mutter zu mir. »Weißt du, Willy«, sagte sie. »Nimm den! Ist der nicht hübsch?«

Es war ein kleiner schwarzer Ring mit einem schimmernden Stein.

Beim Abendessen machte ich ein ganz feierliches Gesicht. Wie ein Gentleman hatte ich alles arrangiert: Die letzte Nacht würde ich Margerie mit der Pferdedroschke ins Hotel fahren...

Denn was gab es Schöneres, als in einer Kutsche zu sitzen, den Arm um ein Mädchen, die Sterne am Himmel und vorne das Klapp-klapp der Hufe.

Und so kam es denn auch. Und ich habe sie geküßt. Wahrhaftig! Und sie hat zurückgeküßt...! Es war der erste richtige Kuß meines Lebens. Einer mit Ring...

Am nächsten Tag flog Margerie ab. Die Tiller-Girls konnten es sich bereits zu jener Zeit leisten zu fliegen. Uns erschien das unglaublich. Der Flugplatz Butzweiler Hof lag unmittelbar hinter unserem Haus. Mittags, um 12.30 Uhr, startete von dort jeden Tag eine Maschine nach England.

Ich ging gar nicht erst hin. Wie meine schöne, langbeinige Margerie in dem Bauch dieses idiotischen Flugzeuges verschwand, das wollte ich nicht miterleiden. Das war zuviel.

So stand ich dann in unserem Garten und wartete. Ich weinte sogar. Ja, das tat ich. Und dann, als das Dröhnen der Motoren lauter wurde, hob ich den Kopf und sah dem dicken Silbervogel nach, der dicht über unser Dach hinwegstrich und Kurs nach London nahm.

Ich habe Margerie nie wiedergesehen, nie wieder etwas von ihr gehört.

Die Sache mit der Liebe habe ich dann doch noch gelernt. Der Herr segne die hilfreiche Dame. Obwohl ich nicht so genau weiß, ob er in diesem Zusammenhang zitiert werden möchte... Sie war verheiratet.

Zum erstenmal der Chef

Ich war der Joker in all diesen Jahren: die Karte, die sich in jeder beliebigen Farbe und in jeder beliebigen Funktion verwenden ließ. Ich habe nie darunter gelitten.

Morgens beim Frühstück gab's bei uns zu Hause so eine Art Befehlsausgabe. Nun war mein Vater Peter Millowitsch alles andere als ein »Kommißkopp«, aber die Aufgaben in einem Familienunternehmen mußten verteilt werden. Und es gab nur einen einzigen, dem dies zustand.

Wenn wir so morgens am Frühstückstisch saßen, wußte ich also noch nicht, ob ich am Mittag Bühnenlampen reparieren würde, abends als Gerichtsdiener auf der Bühne stehen sollte oder vielleicht den ganzen

Tag über im Garten Drahtgitter an den Kaninchenställen zu flicken oder Unkraut zu jäten hatte.

Dies schien nun wieder so ein Tag. Es hätte ja auch möglich sein können, daß unser Hausfaktotum Wilhelm Mählmann wieder mal an der Limonadenabfüllmaschine fehlte...

So erfuhr ich an einem schönen Frühsommertag 1939, daß ich ab übermorgen Theaterchef sein würde.

Ich war wie vom Donner gerührt.

»Paß auf, Junge!« Mein Vater schob die Kaffeetasse beiseite und sah mich an. »Am Samstag haben wir ein Gastspiel in...« Er nahm ein Formular zur Hand, das bei der Morgenpost lag, guckte noch mal genau hin und fuhr fort: »...also in Manscheid. Das ist in der Eifel. Da, wo der Westwall gebaut wird.«

»Moment mal. Am Samstag ist doch Vorstellung im Theater! Fällt die aus?«

»Natürlich nit, Jung. Die Vorstellung für die Westwall-Arbeiter is doch nachmittags. Bis zum Abend könnt ihr gut wieder in Köln sein.«

»Wer – ihr?«

Er sah mich wieder an und schüttelte geduldig den Kopf. »Is doch janz einfach. Du und die Schauspieler, die beim letztenmal im *Blauen Heinrich* mitgemacht haben.« Er zählte sie an den Fingern auf: »Die Else, die Linny, der Heinz, und und und...«

»Aha«, sagte ich. »Und du? Du fährst mit?«

»Natürlich nicht. Ich muß doch alles für die Abendvorstellung klarmachen.«

»Und wer soll den Schmitz Anton spielen in Manscheid? Das ist doch deine Rolle?«

»Ja, wer denn anders als du? Die hast du doch

schon mal draufgehabt. Oder meinste, dat könnste nit?«

»Ja, schon.« Ich nickte. Ich fragte mich im stillen, ob ich mir da wirklich so sicher sein konnte, und ganz so als habe er es erraten, grinste er: »Na, komm schon! Das sind Westwall-Arbeiter und keine Zeitungskritiker! Du schaffst das schon, Jung.«

Für meinen Vater war damit die Besprechung des künstlerischen Teils erledigt. Aber es gab noch andere wichtige Dinge: die Organisation von Reise und Bühnenaufbau, vor allem aber den Fahrplan. Dabei war die Rückkehr am wichtigsten. Denn die Schauspieler wurden ja für die Abendvorstellung in der Aachener Straße wieder gebraucht.

Und dann, ehe er sich vom Frühstückstisch erhob, brachte er es noch ganz nebenher: »Ja, heute und morgen könntest du auch noch ein bißchen dem Mählmann helfen. Mit der kaputten Seitenkulisse kommt der nicht weiter. Und schau lieber nen bißchen genauer hin: Der Mählmann hat ja wieder sein Quartal drauf...«

Erst später erfuhr ich, daß unsere Gastaufführung des *Blauen Heinrich* vor den Westwall-Arbeitern eine lange Vorgeschichte hatte. Zu Ihrem Verständnis noch eine Vorbemerkung: Wie alles in der Nazizeit wurde auch das Volkstheater bis ins letzte durchorganisiert. Zuständig für die sogenannte Kulturarbeit war die KdF – die Organisation »Kraft durch Freude«. Ihr Prinzip war einfach: Für die Kraft, die den Volksgenossen in den Rüstungsbetrieben abgezapft wurde, sollten sie etwas Freude zugeteilt bekommen, und ganz im Sinne dieser einfachen Rechnung war die

KdF wieder eine Unterabteilung der »Deutschen Arbeitsfront«, Hitlers braununiformierter Gewerkschafts-Ersatz. Das Regime arbeitete mit Zuckerbrot und Peitsche: Für besonders »harten Arbeitseinsatz«, also menschenschinderische Maloche, gab's Urlaube, verbilligte Vergnügungen, auch gelegentlich mal Prämien.

Eine schlimme Geschichte? Richtig. – Für uns Theaterleute aber wurde die KdF interessant. Längst bekamen die linientreuen, offiziellen Theater ihre Subventionen, nun wurden auch die Vorstellungen privater Unternehmer manchmal en bloc aufgekauft, um den Volksgenossen die ihnen zustehende Freude zu garantieren. Volle Theatersäle also – wenn man es geschickt anstellte. Warum sollte es der Peter Millowitsch nicht versuchen? Die Gagen seiner Leute waren damit garantiert und nicht nur sie, auch der ganze Apparat. Wie gut, zeigte sich zum Beispiel, als wir den *Etappenhas* das ganze Jahr 1937 hindurch 221mal spielten. Ein Riesenerfolg, der dem NS-Kulturamt-Bonzen bewies, daß das Millowitsch-Theater eine sehr interessante Sache war. Die Leute kamen nicht nur gerne, sie gingen auch begeistert mit.

Peter Millowitsch nahm das alles, wie es kam, und behielt seinen kühlen Kopf. Nach der furchtbaren Notzeit in der Weltwirtschaftskrise wußten wir, was Elend bedeutet. Finanziell standen wir noch immer mit dem Rücken an der Wand.

Also ließ er sich was einfallen: Nach dem *Etappenhas* den *Fronthahn*. Und wieder hatte er richtig kalkuliert: Ein neuer Erfolg. – Nun ging er einen Schritt weiter. Hart an die Grenze des Geschmacks – aber auch der Gefahr: Der Theaterautor Edgar Kahn nämlich hatte mit *Devisen aus Kapstadt* den Naziwahnsinn karikiert, der in diesen Zeiten ungezählte Menschen zwang, ihre Familienstammbäume nach nichtarischen Großeltern zu durchforsten. Mein Vater verniedlichte das schlimme Thema auf das alte Problem des unehelichen Kindes, das »Malörchen«.

In diesem Stil ging es weiter: Kaum fing die KdF damit an, die Arbeiter auf eigens gebauten Musikdampfern in Urlaub zu schicken, schon flatterte ein Stück mit dem Titel *Petermann fährt nach Madeira* ins Haus.

Zähneknirschend griff mein Vater auch diesmal zu. Er verbog den Text so auf Kölsch, daß unter dem tobenden Lachen der Kölner jeder Propagandazweck auf der Strecke blieb. Und, o Wunder: Die gestiefelte Partei-Creme auf den Ehrensitzen lachte mit...

Nun waren wir unsere Existenzsorgen erst mal los. Was damals in Peter Millowitsch vor sich ging? – So richtig erfahren habe ich es nie. Warum habe ich ihn nicht gefragt? Sicher: ich war zu jung, hatte andere Probleme; aber wie oft sah ich ihn nachts, wütend und brütend über seinen Papieren sitzen, den Kopf auf die Fäuste gestemmt.

Ich wußte, daß er litt. Die Welt des ehrlichen Komikers, der er war, bedrängten Kuhhandel und Demütigungen. Wir hatten nie die Gelegenheit, darüber zu sprechen. Ich bedauere es. Heute könnte ich ihm sagen, wie sehr ich ihn verstehe und daß ich seine damalige Haltung bewundernswert, aber auch tragisch fand – schon deshalb, weil er seine Probleme mit niemandem teilen konnte...

Doch davon wollte ich eigentlich gar nicht reden. Es ging ja um den *Blauen Heinrich* am Westwall, um meinen ersten Auftritt als selbständiger Chef einer Theatergruppe. Ich fühlte mich entsetzlich. Mein Magen war ein einziger Knoten.

Am Samstag vormittag stand am »Basislager« Aachener Straße alles bereit. Das war nicht mir zu verdanken, sondern dem Willem Mählmann, den nun wirklich nichts erschüttern konnte. Vom Plakatekleben über Gartenarbeit, Limonadeherstellung bis hin zum Kulissenpinseln und Kartenabreißen – er beherrschte alles. Mittlerweile war er sogar zum Bühnenmeister und Inspizienten aufgestiegen.

Am Theatereingang parkte ein richtiger Autokonvoi. An der Spitze der 12-Zylinder-Minerva, der Stolz des Hauses. Neun Personen konnte dieses Ding aufnehmen. In seinem geräumigen Zweiradanhänger steckten Kulissen, Kostüme, Bühnenmöbel, dazu zwei Ritterrüstungen und Ahnenportraits. Und dahinter wartete nun ein Opel Cabrio, die 1,8-l-Sonderausführung. Der Opel bot Platz für fünf Leute.

Die Schauspieler lungerten herum. Die Butterbrote für diesen Tagesausflug hatten sie gleich mit dabei. Für sie war alles Routine; seit vielen Jahren schon zog der Millowitsch-Konvoi über die Straßen – und die Westwall-Tour, die Reise an die Festungs- und Bunkeranlagen, die nach dem Willen des »größten Führers aller Zeiten« das Deutsche Reich uneinnehmbar machen sollten, brachte noch den Vorteil, daß weder Handzettel noch Plakate zu kleben waren. Zuschauer bekamen wir gratis. Die Organisation Todt sorgte dafür. – Es war ein dankbares Publikum.

Sehr weit hatten wir's zum Arbeitslager nicht. Das erste, was uns auffiel, war eine einzigartige Geruchsmischung von Roter Bete, Kohl und Männerschweiß. Wir sahen uns um: Alles genormt, bis zum letzten Ofen und Eßbesteck. Auf ein halbes Dutzend Arbeitsbaracken entfiel eine Gemeinschaftsbaracke – ein regelrechter Barackenblinddarm. Am Ende befand sich ein dreißig Zentimeter hohes Podium, auf dem wir mit unserem patentierten »Millowitsch-Universal-Stangengerüst« im Handumdrehen Vorhang und Kulisse installierten. Bei Szenenwechsel konnten wir mit Hilfe bemalter Stoffbahnen die Illusion von Innen- oder Außenräumen zaubern. Auf diese praktische mobile Tournee-Ausrüstung war schon mein Großvater Wilhelm stolz gewesen. Mein Vater hatte sie noch verbessert.

Endlich der große Augenblick: Vorhang auf! Auch für mich, den frischgebackenen Theaterdirektor – den einzigartigen, umwerfenden jugendlichen Komiker Willy Millowitsch.

Holzbank an Holzbank reihte sich vor uns. Und darauf warteten Männer, dicht gequetscht, die Arbeitskleidung brav gesäubert, die von der Sonne verbrannten Gesichter frisch rasiert. Ich sah Zwanzig- und Fünfzigjährige. Seit Wochen, oft für Monate waren sie hier in die Einsamkeit der Eifel verbannt. Tabaksqualm hing in dichten Wolken über den Köpfen. Sie sahen mich an – so viel Erwartung in den Gesichtern! Und die Augen waren die Augen von Kindern.

Sie taten mir leid. Und ich mir auch. Ich bekam einen trockenen Mund. Aber zum Lachen würde ich sie schon bringen, nahm ich mir vor. Alles würde ich herausholen, was in mir und in dem Stück steckte...

Und dann genoß ich den *Blauen Heinrich* von der ersten Szene an. Ich genoß die spontanen Lacher, die Ausbrüche der Heiterkeit, den Szenenbeifall, steigerte, wo ich es konnte – brachte sie richtig in Fahrt.

Vorbei! – Als der letzte Vorhang fiel, bedauerte ich es beinahe. Sie schlugen ihre Bauarbeiterhände zusammen, daß die Scheiben klirrten. – Uns aber blieb kaum Zeit zum Verbeugen. Selbst wenn wir eine halbe Stunde für Bühnenabbau und Verladen ansetzten, wurde die Zeit knapp. Um acht Uhr, und fern von diesen Baubaracken in der Eifel, hieß es an der Aachener Straße in Köln schon wieder: Vorhang auf!

Doch auf der ganzen Reise zurück begleitete mich ein intensives Gefühl von Freude und Glück. Nur für zwei Bühnenstunden zwar – aber von nun an würde jedes Wochenende unser kleiner Theaterkonvoi nach Westen rollen, der Eifel, unserer Barackenbühne entgegen. Was wir noch nicht wußten: Es war im Grunde bereits der Beginn der Fronttheater-Zeit.

Was hatten die Männer sich doch gefreut! Und noch etwas wurde wichtig: Knapp ein Jahr war vergangen, seit ich als »Ekel«-Darsteller eine Vorstellung geschmissen und mich abgrundtief blamiert hatte.

Nun war mein Selbstwertgefühl hergestellt und die Welt wieder in Ordnung.

Meine kleine Theaterwelt. – Die Welt da draußen aber steuerte der Katastrophe entgegen...

Minen und Langusten

Der Junge packt es nicht. Mein Peppi steht's nicht durch! Er zittert richtiggehend. Und jetzt hat er schon wieder seinen Texteinsatz vergessen...

Else Scholten wirft ihm verzweifelt ein paar Sätze zu, so wie man Bälle wirft, in der Hoffnung, der andere fängt sie auf. Nichts...

Da gab's nur eines: Peppi, den schwitzenden kleinen Peppi Beck, von der Bühne in die Kulisse zu ziehen, das Stück von vier auf drei Rollen zu reduzieren, die Szenen, die Peppi zu spielen hatte, mit neuen Übergängen zu kaschieren. Wir versuchten es. Peppi aber hockte in den Kulissen, und der Schweiß rann ihm noch immer durch die Schminke.

Ich ging zu ihm hin, legte die Hand auf seine Schultern und sagte: »Ist doch alles in Ordnung, Peppi! Komm, geh ins Hotel. Ist ja halb so wild...«

Diese Szene ist nichts als ein winziger Erinnerungssplitter aus der Fronttheaterzeit. Welch sonderbare Jahre. Aufregend, erschütternd, traumhaft und monoton zugleich: Einpacken, Auspacken, Aufbauen, Abbauen und weiter, über neue Straßen, durch neue Landschaften, einem neuen Ziel, einem anderen Hotelzimmer entgegen. Das ewige Aus-dem-Koffer-Leben, die Kreuzschmerzen, die hartgefederten Busse, das Lachen und die Gespräche der Kollegen – ich kannte das alles ja schon von unseren Hungerfahrten im Saargebiet nach dem ersten großen Krieg, später von den Theaterreisen kreuz und quer durchs Rheinland. Sie hatten mir eine Grunderfahrung vermittelt, die ich mit so vielen Schauspielern teilte: daß »Tourneen« die beste Lehrzeit darstellen, weil es jedem beibringt, auch noch die härtesten Nackenschläge wegzustecken.

Nun war wieder mal Krieg! Weltkrieg – der zweite –, und ich bei der »Wehrbetreuung«. Wehrbetreuung... Schon das Wort »Fronttheater« zeigte, um was es ging. Wir hatten dort zu agieren, wo mit Partisanenangriffen, mit Kampfhandlungen zu rechnen war. Eine heikle Sache, zweifellos. Schon deshalb, weil ja jede Theateraufführung Hunderte von Soldaten zusammenführte, die sonst irgendwelche Stellungen zu halten oder irgendwelche militärischen Funktionen auszuüben hatten.

Ein Theater wiederum war meist ein ziemlich ungeschützter Versammlungsort. Als Chef der Tourneetruppe führte ich daher auch stets einen strengversiegelten, geheimen Marschbefehl mit mir. Da stand drin, was ich selbst erst vierundzwanzig Stunden vor der Aufführung erfahren durfte: Wo wir zu spielen hatten.

Wir Schauspieler hinter der Front waren nichts anderes als die Spaßmacher zwischen Essensausgabe und Alarmbereitschaft, zwischen Leben und Tod.

Der Tod konnte plötzlich kommen. Auch für uns.

Damals spielten wir in Frankreich, in Boulogne. Es war das Jahr 1941 und schon Spätherbst. Früh wurde es dunkel. Am Nachmittag waren wir eingetroffen und hatten eine kleine Villa als Unterkunft zugewiesen erhalten. Die Männer des Ensembles machten sich auf, die Verpflegung aus einer Wehrmachtskantine in der Nähe zu besorgen.

Ein Unteroffizier führte uns durch die verdunkelte Stadt. Plötzlich blieb er stehen und legte den Kopf schief. Auch wir hörten am nächtlichen Himmel Motorengeräusche. Wir sahen uns an.

»Vielleicht sind das unsere eigenen?« sagte einer hoffnungsvoll.

Kaum war der Satz ausgesprochen, pfiff es uns auch schon um die Ohren. Es war dieses unvergeßliche, sich zu einem gemeinen, schrecklichen Pfeifton steigernde Zischen...

Dann die Explosionen. Die Lichtblitze. Der Luftdruck und das Zirpen querschlagender Bombensplitter.

Da gab's nur eins: Hinwerfen oder sich in den nächsten Hauseingang retten. In einer offenen Tür prallte ich mit einem anderen Körper zusammen. Von der nahen Explosion umgerissen, fielen wir übereinander zu Boden.

Gleich darauf wieder ein Geräusch, das sich wie eine Spitzhacke im Felsen anhörte, oder wie das langanhaltende Knirschen von Metall auf Stein.

Den Atem angehalten, mit trommelndem Herzen, warteten wir auf die Detonation.

Nichts... Nur aus der Ferne das Krachen neuer Einschläge. Dann plötzlich ein Stöhnen und der leise, unterdrückte Ruf: »Chef?«

Ich brauchte meine Zeit, um zu begreifen. Aber die Stimme kannte ich: Peppi. Ja, das war Peppi Beck, der jüngste Kollege aus unserer Truppe. Was tat der Kerl bloß? Er hatte tatsächlich seine Finger in meine Haarwolle gekrallt und zog daran...

»Chef«, kam 's wieder: »Chef – lebst du noch?«

Ohne Zweifel. Sonst würde mir doch meine Kopfhaut nicht so weh tun. Ich versuchte, Peppis verkrampfte Hand loszuwerden. Ich mußte jeden Finger einzeln lösen.

»Nu man Ruhe, Jung«, flüsterte ich: »Wir haben Schwein jehabt... Nun mußt' dich wieder einkriejen.«

»Chef«, flüsterte er: »Nit eso hastich bewejen. Dat muß ene Blindjänger jewesen sein. – Hier jenau neben uns...«

Er hatte ja recht. Die Angst kroch mir über den Rücken bis zum Hals. »Wir müssen weg, Peppi. Das kann ein Spätzünder sein... Ich jlaub, das war da vorn rechts. Also kriechen wir am besten zurück durch die Tür.«

»Ich hab die Füß noch draußen, Chef. Da ist wat draufjefallen.«

»Wat Schweres?«

»Ne... Jeht schon. Muß ene Stein jewesen sein, oder so wat.«

Wir krochen also zurück – im Zeitlupentempo. Und dann war der Sternenhimmel wieder über uns: ein Himmel ohne Flugzeugmotoren, Pfeifen, Splittern. Fünf Minuten später hatte ich alle eingesammelt. Keinem war etwas passiert. Der Schrecken aber saß uns in den Knochen. Auch das würde vorübergehen...

Glaubte ich... Ich hatte mich getäuscht. Zwei Stunden später schwankte unser Peppi auf der Bühne herum. Unter der Schminke konnte ich sehen, wie seine Farbe wechselte. Der Schock wirkte nach, machte aus ihm eine todtraurige kleine Jammergestalt. Er tat mir so leid...

Ich sagte ihm all die Worte, die man in solchen

Situationen zu sagen pflegte: »Wirst schon wieder, Jung. Wirst sehen, es jeht alles vorüber.«

Tat 's ja dann auch...

Aber es dauerte... Nun, das Leben in diesen Jahren bestand zum Glück nicht nur aus Bomben und verrückt gewordenen Offizieren und anderen Kommißköppen. Schließlich: Hieß unsere Firma nicht »Kraft durch Freude«? Hatte Freude nicht immer auch mit dem Essen zu tun? Essen aber gab's nur auf Lebensmittelkarten...

Und so meldete ich mich mal wieder in Brüssel auf der KdF-Einsatzleitung, um mir meinen neuen Auftrag abzuholen. Der KdF-Mensch war wie ein Bruder zu uns. Der strahlte nur so: »Ach, Herr Millowitsch, wie schön, daß Sie wieder da sind. Sie müssen jetzt weiter, Sie müssen nach Paris... Und kommen Sie mal gleich her: Sie haben ja noch keine Lebensmittelkarten, nicht?«

Er hielt ein ganzes Bündel davon in der Hand.

Ich schluckte, ließ mir meine Überraschung aber nicht anmerken: Das waren Karten für zehn Personen! Und die gleich für einen ganzen Monat?! Na gut, wenn der's so gut mit uns meint... – Soll ich ihm vielleicht sagen, daß wir weniger sind? Nein. Mir war's recht. So. Wat mer hat, dat hat mer.

So fuhren wir also nach Paris ins Hotel Carlton auf den Champs-Élysées. Ach, was für ein prächtiges Hotel! Nie werde ich das vergessen.

Kaum hab ich den Hut in den Schrank gehängt, kommt da wieder einer von der KdF. »Ach, Herr Millowitsch. Wie schön, daß Sie da sind. Ist ja wirklich wunderbar. Aber wissen Sie, Paris ist diesmal nicht.

Sie müssen weiter. Sie fangen an in Le Touguet.« Das war ein Ort an der Kanalküste, oben bei Boulogne. »Ach ja, noch was...«, fuhr der Pariser KdF-Mensch fort. »Sie brauchen ja auch Lebensmittelkarten? Ich hab sie gleich mitgebracht. Für einen Monat und zehn Personen.«

Wieder schluckte ich. Diesmal hätte ich doch beinahe etwas gesagt... Man ist schließlich auch in harter Zeit ein ehrlicher Mensch. Doch in solchen Zeiten? Ich steckte alles weg: Fleischkarten, Mehlkarten, Butterkarten, Milchkarten, Karten für Hülsenfrüchte, Zigaretten, Spirituosen...

So lebten wir dann wie Gott in Frankreich. Jeder bekam seinen Teil. Und selbst das blieb zuviel. Denn in den Kasinos, Feldunterkünften und Soldatenheimen wurde uns auch das Essen aufgetischt. Aber es gab noch die Franzosen, und die hungerten. Wo immer also die Millowitsch-Truppe auftauchte, unseren französischen Bühnenarbeitern, Garderobieren und Platzanweiserinnen müssen wir wie die Weihnachtsmänner erschienen sein. Was waren die zufrieden!

So ging's auch weiter. Überall erhielten wir Lebensmittelkarten und überall Einladungen. Unsere gelegentlichen Besuche bei der zentralen Fourierstelle, der Heeres-Marketenderei in St. Lô, wo wir uns mit Spirituosen eindeckten, kamen auch noch hinzu...

Im Laufe des Jahres 1943 hatten sich bei mir für drei Zentner Lebensmittel Karten angesammelt! So kam ich auf eine neue Idee.

Ich nahm mir den Wilhelm Mählmann zur Seite.

»Paß mal auf, Wilhelm. Da sind doch noch so viel Karten. Da müssen wir uns was einfallen lassen...«

Er nickte und grinste: »Ich weiß 'nen Metzger.«

»Prima.«

»Und dann? – Wie kriegen wir das Zeug nach Haus?«

»Paß auf, Wilhelm«, sagte ich. »Was wir brauchen, sind doch neue Requisiten. Unsere sind ja schon völlig hinüber... Also fährst du nach Köln – und dann bringste halt 'nen Koffer mit. Den Marschbefehl besorge ich.«

Und so fuhr der Wilhelm dann mit einem Koffer, der so schwer war, daß wir zwei Mann brauchten, um ihn ins Abteil zu hieven, nach Köln. 150 Pfund Fleisch steckten drin. Wir alle vom Ensemble waren in den Spielpausen nur mit Päckchen packen beschäftigt.

Siebenhundert Päckchen sandte ich nach Hause – runde sechshundert davon sind immerhin angekommen. Der Fehlbestand? Nun, da waren ja auch noch andere am »Organisieren«, das mußte man verstehen...

In diesem Jahr fuhr jeder Schauspieler von uns zu Weihnachten mit zwei Gänsen unterm Arm nach Köln. Denn wo wir auch hinkamen – ich sagte es bereits –, hieß es ja sofort: »Herr Millowitsch, nach der Vorstellung sitzen wir aber noch ein wenig zusammen, nicht wahr? Wir haben Ihnen auch ein schönes Essen vorbereitet...«

Das hatten sie auch. – In einem der Fliegerkasinos rührte sogar der Küchenchef vom »Kaiserhof« in Berlin in den Töpfen. Entsprechend wurde aufgetischt...

Nun bin ich nicht so eitel, daß ich behaupten würde, diese überwältigende Gastfreundschaft hätte ausschließlich mit unseren Bühnenleistungen zu tun gehabt. Sicher: Wir waren Schauspieler. Wir brachten etwas wie einen Hauch von zivilem Leben und Frivolität in die Monotonie des militärischen Alltags. Wir riefen in diesen jungen Offizieren, die uns in ihren Unterkünften strahlend zuprosteten, Nostalgie, vielleicht auch Heimweh nach einem vergangenen Theaterabend wach, den man dann in irgendeiner Bar bei irgendeinem Flirt beendet hatte.

Und wir hatten schließlich noch unsere Mädchen: unter anderem die Else Scholten mit ihrem kölschen Mutterwitz und Charme und natürlich Linny Haumann, seit Kriegsbeginn meine erste Frau. Eine Verbindung übrigens, die wie so viele, die in dieser Zeit geschlossen wurden, das Ende des Krieges nicht lange überdauerte.

Was übrigens die »Betreuung der Lieben in der Heimat« angeht – da steigerte ich mein Talent von Monat zu Monat. Doch die Spitzennummer blieb der Langustenversand...

Damals wohnten wir außerhalb von Lorient, doch auf der anderen Seite des Hafens, in einem Stadtteil, der Pornichet hieß. Nun war's hier ganz schön langweilig. Also nahmen wir eines Morgens das Pendelboot nach Lorient und streunten durch die Stadt. Plötzlich blieb ich stehen: Das gab's doch nicht – ein riesiges Fischgeschäft! Und darin feuerrotes Gekrabbel: Langusten. Frisch gefangen!

Ich dachte an meine Mutter: Schon bei dem Wort Langusten bekam sie früher immer ganz glänzende Augen; nach all diesen Jahren wird sie es längst vergessen haben, wie Langusten schmecken. Also überlegte ich: Wie kriegst du Langusten vom Atlantik nach Lövenich? Die verderben doch so schnell...

Der Gedanke hatte sich in mir festgesetzt, auch als wir weiterschlenderten, und es war vielleicht so eine Art Magie: Kurz darauf kamen wir am Bahnhof vorbei, da rollten die Loks ein und die Wagen, und ich las auf der Anzeigetafel: »Urlauberzug über Paris nach Köln...« Es traf mich wie ein Blitz. Das war's doch! Und war dazu noch so einfach.

Ich ließ die anderen stehen und rannte ins Fischgeschäft zurück. »Hören Sie mal«, sagte ich, »könnten Sie vielleicht mal 'n paar Langusten reservieren? Na ja, so fünf oder sechs brauch' ich. Aber ganz, ganz frisch. Und gekocht. – Um fünf Uhr bin ich dann bei Ihnen, hol sie ab und pack ein Paket.«

Die freundlichen Menschen aus Lorient sahen die Zigaretten, die ich ihnen über die Theke schob. Sie sahen wohl auch meine Aufregung und mochten mich vielleicht sogar ein bißchen.

Wie auch immer: Im Morgengrauen stand ich wieder vor ihrer Tür. Sie hatten das Paket schon selbst fertig gemacht. Ich eilte damit zum Bahnhof. Der Zug donnerte herein, die Bremsen knirschten – Soldaten steckten ihre Köpfe aus dem Fenster und grinsten. Einen Verrückten, wie den Kerl, der da mit 'nem Paket unterm Arm am Zug entlangrannte und ständig brüllte: »Wo ist denn hier 'ne Kölsche? Wo is denn hier 'ne Kölsche?« – das hatten sie wohl selten erlebt. Aber siehe da, einer winkte zurück. »He, he, willste wat?«

Ich hielt ihm das Paket entgegen: »Tuste mir nen Jefallen?«

»Wer bist du überhaupt?«

»Der Willy Millowitsch.«

»Jesses«, sagte er. »Ja, dann... Wat is'n da drin?«

»Wirst lachen – Langusten.«

»Wat is dat?« Er war aus dem Konzept.

»Langusten«, sagte ich, »das ist Hummer! Gekochter.«

»Die roten Dinger mit den Scheren dran?«

»So ähnlich«, sagte ich. »Aber die haben keine Scheren, die Langusten.«

»Und wat is dann damit?«

»Also paß auf«, sagte ich. »Meine Mutter wird am Bahnhof stehen. Sie hat ein schönes Fähnchen in der Hand. Rot-weiß. Mit dem Fähnchen wird se winken. Und wenn du die winkende Dame siehst, jehste hin und jibst ihr das Päckchen.«

»Mach ich«, sagte der da tatsächlich. »Mach ich...«

Doch es war damit ja noch nicht zu Ende. Jetzt mußte ich meine Mutter am Telefon erwischen. So verrückt das klingen mag, für mich war das nie ein Problem: Ich konnte über die Luftwaffe oder die Heeresvermittlung telefonieren. Sobald ich in Köln den Namen Millowitsch nannte, hieß es sofort: »Wat, Willy? Du bist dat? Na klar... Mach ich doch. Ich werd' dich verbinden.«

Und so hatte ich auch meine Mutter sofort am Apparat. »Wie bitte?« rief sie. »Ich kann dich nicht so recht verstehen...«

»Langusten!« brüllte ich.

»Aber Junge. Du bist doch in Frankreich an der Küste. Wie willst du mir denn Langusten schicken?«

Ich erklärte ihr alles, auch, daß sie mit einem rotweißen Fähnchen zu winken habe; ich hörte sie atmen, ganz heftig, und sah sie dort stehen, in unserem Wohnzimmer in Lövenich, ich sagte, es ist doch nicht schwierig, mit dem Fähnchen zu winken, oder? Der Soldat muß dich doch erkennen können. Der kommt heute abend um 10 Uhr am Bahnhof an.

»O Gott«, flüsterte sie nur. »Ein Fähnchen...«

»Ja«, sagte ich. »Rot-weiß. Und inzwischen mach schon mal die Mayonnaise fertig, damit Papi und ihr das alles auch essen könnt.«

»Ja«, flüsterte sie, »ach ja. Wunderschön. Ach Willy, mein lieber, guter Junge!«

Da war ich dann schon ein bißchen stolz...

An diesem Abend versuchte ich immer wieder, nach Hause zu telefonieren, aber die Leitungen waren blockiert. Schließlich, gegen zwölf Uhr nachts, erwischte ich sie. »Na«, fragte ich: »Ist alles klar?«

»Ja, Junge«, sagte sie. »Wir sind gerade am Essen...«

Das Schlimmste in diesen Tagen war das Warten auf die Radiodurchsagen. Wir hockten in irgendwelchen Kommandoständen oder Hotelzimmern vor dem Radio, und dann kam es: »Feindliche Bomberverbände im Angriff auf Köln!« Man konnte die Bilder nicht abwehren. Ich sah alles vor mir: den Rhein – die Wiesen in Lövenich – die Stadt mit dem Dom. Und am Himmel das Donnern der Motoren, die weißen Kondensstreifen...

Sie nahmen ja stets denselben Weg: über die Scheldemündung, über Holland nach Köln.

Lövenich war Nordpol Otto 3 in den Durchsagen. Es gab Nordpol Otto 2, Nordpol Otto 1. Ganz Deutschland war in Quadrate eingeteilt worden.

Und da hörte man nun diese unbeteiligte, sachliche Stimme der Luftleitungsstellen: »Einflug über Nordpol Otto 3. Angriff auf Nordpol Otto 1.«

Dann fielen die Bomben...

Meiner Mutter blieb das Schlimmste erspart – so sonderbar das auch klingen mag; manchmal denke ich, es war besser so.

Meine Mutter war wieder einmal nach Berlin gefahren, um Lucy zu besuchen, die dort bei der Tobis einen Film drehte. Sie wurde krank. Schwer erkältet kam sie zurück, das Fieber überfiel sie, eine Hirnhautentzündung kam hinzu – sie war nicht zu retten. Innerhalb von zwei Wochen starb sie...

»Von all den Leuten, die du damals so kennengelernt hast – wer blieb dir in Erinnerung?« fragte mich Mariele, und der Recorder hörte wie immer mit.

»Der Kapitänleutnant Lüth zum Beispiel. – Aber das ist eine ganz traurige Geschichte, Mariele.«

»Wie hast du ihn kennengelernt?«

»Nun, wir standen einmal am Hafen, und da kam gerade ein U-Boot herein. Der Matrose neben mir sagte: ›Das ist der Lüth. Der hat eine Ölspur...‹ Ich wußte schon damals, was das hieß. Ich war ein halber Fachmann. Es bedeutet: Irgendwo war das Boot leckgeschlagen; Öl floß also zurück in den Hafen. Im Turm stand einer mit einer weißen Mütze. Der Kaleu. Er winkte und grüßte uns. Ich mußte leider fort. Die Theatervorstellung begann. Und während wir spielten, wurde es plötzlich unruhig im Saal. Lüth und seine Männer – eine ganze Besatzung kam da rein. Ich wartete, bis die endlich ihren Platz gefunden hatten. Später kam er zu mir und entschuldigte sich... So lernte ich ihn kennen, den Kapitänleutnant Lüth.

›Was macht ihr denn morgen?‹ fragte er.

›Morgen müssen wir nach Brest.‹

›Da müßt ihr ja über Lorient – dann komm doch zum Frühstück. Wir sind dann auch dort. Wir laden euch alle ein.‹

Um halb neun standen wir im Offizierskasino der U-Boot-Flotille, und es gab das tollste Champagner-Frühstück, das man sich vorstellen kann. Lüth war da, dann kamen auch Rosenbaum, Kretschmer, die ganzen berühmten U-Boot-Kommandanten dieser Zeit. Anschließend gingen wir auf sein Boot, er wollte es uns zeigen, und es war hochinteressant, weil es vollgeladen war für die Feindfahrt.

So etwas hatte ich noch nie gesehen, Mariele. Was da an Lebensmitteln, Kartoffeln, Büchsen und Schinken rumhing! Nicht nur der Torpedoraum, selbst die Toiletten waren vollgestopft damit. Vier Monate wollte sie auf See bleiben. Zwischen der Munition lagen Kartoffelsäcke. Wir waren alle sehr beeindruckt und verabschiedeten uns schließlich.«

»Kam er zurück?«

»Ja. Das Komische war: Wir haben uns nie mehr gesehen. Aber wir sind in schriftlicher Verbindung geblieben. Lüth hat nämlich im Gegensatz zu den meisten U-Boot-Kommandanten den Krieg lebend überstanden, weil sie ihn im letzten Jahr von der U-Boot-

Front abzogen, damit er den jungen Kapitänen etwas beibringen konnte. Auch nach dem Krieg blieb unser Kontakt weiter bestehen. Er hatte also alles heil überstanden. Aber sie holten ihn dann doch noch einmal zu den Booten zurück...«

»Wieso denn das?«

»Nach dem Krieg mußten die unversehrten Boote an die Sieger abgeliefert werden. Und Günter Lüth war einer der Kommandanten, die sich für diesen Job zur Verfügung stellten. Er fuhr also noch einmal nach Lorient, in die Sperrzone, wo die U-Boote, von allem abgeschottet, in ihren Bunkern lagen. Er arbeitete bis nachts um zwölf, dann ging er raus, um sich langsam auf den Heimweg zu machen, und war wohl sehr in Gedanken. Wie auch immer – er hörte es nicht, als der Wachposten ihn anrief. Der Mann rief dreimal; so hat er später ausgesagt. Lüth jedenfalls reagierte nicht darauf... Und da schoß er ihn über den Haufen. Günter Lüth war tot. Eine traurige, sehr traurige Geschichte.«

»Ja«, sagte das Mariele. »Sehr traurig. Nachdem doch alles vorbei war, nicht? – Und gab's noch einen?«

Einen? denke ich. So viele gab's...

Ich war müde. Erinnerungen. – Da sah ich wieder ein Bild vor mir...

»Das war in Cherbourg«, fing ich wieder an zu erzählen. »Wir hatten ein Gastspiel. Wir waren früh schon da und wurden von dem Kommandanten zu einer Bootsfahrt eingeladen. Wir fuhren also raus; es war aber so stürmisch, daß es den Damen sehr schlecht ging. Also zurück. Wieder standen wir an der Mole und wollten ins Hotel. Ging aber nicht.«

»Warum?«

»Das fragte ich auch... Der Leutnant, der uns begleitete, zeigte auf ein Ding. Es sah aus wie eine große Kugel mit Hörnern. Es lag mutterseelenallein am Strand. Die Hörner waren nach oben gerichtet. Eine Treibmine, stellte ich fest. Ich war ja nun schon wirklich ein halber Fachmann, und daher wußte ich auch: Die Hörner dort, das waren Bleirohre. Wurden sie verbogen, zerbrach die kleine Glasröhre darin, und Säure floß zur Ladung und brachte sie zur Explosion.«

»Die war also noch intakt?«

»Genau. Das war's ja. Wir konnten nicht daran vorbei, weil sie zu nah an dem Weg lag, der zum Steg führte. Doch dieser Leutnant meinte: ›Nur immer mit der Ruhe. Dauert nicht lang. Gleich kommt ein Mann, der die Mine entschärft.‹

Na gut. Er behielt ja auch recht: Da kam ein Soldat mit einem riesengroßen Schraubenschlüssel, so ein Achtkantschlüssel, diese ganz großen Dinger. Die Verschlußdeckel, auf denen die Hörner sitzen, waren ja achtkantig. Sie hatten so zehn oder fünfzehn Zentimeter Durchmesser. Wir starrten also auf diesen Mann, der da seelenruhig, den Schraubenschlüssel auf der Schulter, der Mine entgegenwanderte...

Ich sagte fassungslos: ›Ja, entschärft der die jetzt?‹ – ›Ja‹, sagte der Leutnant. – ›Und wie macht er das?‹ – ›Warten Sie, Sie werden's gleich sehen...‹

Ich war zu neugierig. Wir gingen noch etwas näher, kauerten uns dann ein wenig in die Hocke, falls was passieren sollte. Und da hörte ich: Der sang. Löööh-löööh-löööh, ging das...

Ich sagte: ›Der ist ja blau!‹ – ›Ja‹, sagte der Leutnant, ›das muß er. Sonst hat er ja keine Courage. Die hat er sich jetzt angetrunken. Denn das ist doch ein Todeskommando. Aber der, der schafft's...‹

›Wirklich?‹ sagte ich und ging noch ein bißchen tiefer in die Hocke. ›Ja‹, sagte der Leutnant. ›Paß auf.‹ – Der Soldat nähert sich – löööh-löööh-löööh – weiter der Mine, nimmt den Schraubenschlüssel, den großen, und schiebt ihn an die Platte, schiebt ihn zwischen den Bleihörnern durch, ganz vorsichtig, zieht ihn wieder zurück, hat noch nicht den richtigen Winkel, setzt wieder an – löööh-löööh –, und dann versucht er es.«

»Was?« fragt Mariele.

»Den Deckel zu lockern. Ging aber nicht. Der Schraubenschlüssel hatte nun hinten eine Verlängerung, die konnte man rausziehen. Sie wirkte wie ein Hebel. Und siehe da: Die Schraube löste sich. Ja, der dreht den Schlüssel ganz langsam, als habe er nicht Eisen, sondern Eier in der Hand. Und tatsächlich, er schafft es! Er konnte jetzt mit der Hand die Deckelschraube vorsichtig abdrehen. Und wie die dann raus war, hat er sie genommen und mitsamt dem Horn weggeschmissen. Jetzt war alles in Ordnung. Bei der ersten, wohlgemerkt. Viermal hat er das gemacht. Viermal, Mariele! Weißt du, wie lange das gedauert hat? Fast fünfunddreißig Minuten...«

Sie nickte nur. Sie hatte die Augen weit offen.

»Wir aber, Mariele, standen und schauten. Keiner sprach ein Wort, und manchmal vergaßen wir das Atmen. Ich sah, wie dem Mann dort drüben das Wasser übers Gesicht lief. Und das Löööh-löööh-löööh sang er auch nicht mehr. Aber als es vorüber war, als alle vier Bleiröhren abgeschraubt waren, da trat er zurück und gab der Mine einen gewaltigen Tritt in den Hintern!«

»In was? – Wieso...?«

»Hast ja recht, Mariele. Minen haben natürlich keinen Hintern. Die sind ja rundherum rund. Aber er hat diesen Hintern wohl trotzdem gesehen. Und da hat er reingetreten.«

Ihre Augen sagten mir, daß sie dies nun nicht begriff. Wie sollte sie auch?

Ich aber hatte den Soldaten verstanden. Für mich gab er nicht nur einer einzigen, armseligen Mine, für mich gab er dieser ganzen verrückt gewordenen Welt mit ihren wahnwitzigen Kriegen einen Tritt...

Der Lord of Ravenklau

Wenn ich mich so umsehe, wird es mir immer wieder klar: Mit deinem Talent bist du bei Gott nicht allein: Zum Beispiel abends, vor dem Fernseher, der Bericht aus Bonn...? Oder Fußball. Ich mache mir gerade ein Bier auf, freue mich, und was passiert: Einer liegt im Strafraum, zappelt mit den Beinen, brüllt, brüllt seinen Schmerz in die Gegend – springt plötzlich wieder auf und rennt davon...

Ich muß nach Text und Regieanweisung spielen. So viele Amateure aber haben ihre Rolle derart verinnerlicht, daß sie an die Illusion glauben. Sie meinen wirklich, was sie spielen. Mehr noch, sie erschaffen aus sich selbst eine andere Wirklichkeit.

Davon wollte ich reden. Mit Fußball und Politik hat meine Geschichte allerdings nichts zu tun.

Bleiben wir bei der Illusion: 1939. Die Arbeiterlager am Westwall. Wieder hockten 400 bis 500 Männer dicht gedrängt und erwartungsvoll auf ihren Holzbänken in der Gemeinschaftsbaracke. Im Hintergrund bullerten zwei Kanonenöfen gemütlich vor sich hin. Wir hatten unsere Dekorationen für den *Etappenhasen* aufgebaut.

Die Situation war makaber genug: Auf der anderen Seite die Franzosen und Engländer – hier wir mit unserem Westwall. Daß das ganze Gebiet bald Kriegsschauplatz werden würde, konnte man sich an den fünf Fingern abzählen: Und nun brüllten sie vor Vergnügen über eine Komödie, die den ganzen traurigen Wahnsinn des Soldatenlebens aus dem Ersten Weltkrieg aufzeigte.

Es war der fünfte oder sechste Tag, daß wir das Kriegsstück aus dem Ersten Weltkrieg den Kandidaten des nächsten vorführten, als etwas geschah, das uns doch aus der Fassung brachte.

Der Vorhang hatte sich gerade geöffnet. Die Bühnendekoration zeigte eine Soldatenunterkunft in einem beschlagnahmten Bauernhaus. Zwei Kollegen und ich waren stilgerecht als Frontsoldaten kostümiert. Wir kamen herein, warfen einige Klamotten ab, setzten uns an den Tisch und fingen an zu fluchen: Gottverdammte Scheiße – dieser elende Krieg... Da haben doch im Unterstand die verdammten Ratten die janzen Fettigkeite weggefresse. Wat jetz? Da esse mer Karo einfach mit Sonnenschein aus der Lamäng...

Und während wir weiter über unser Hungerdasein

schwadronierten, rumpelte es auf einmal irgendwo in der vierten Reihe des Zuschauerraums. Ich schielte vorsichtig hinüber. Ein schmächtiger grauhaariger Bauarbeiter war aufgestanden und zwängte sich mühsam zwischen den Kollegen durch. Er kam zu uns – tatsächlich, sein Gesicht sehe ich heute noch deutlich vor mir...

Ich guckte ihn an. Er guckte mich an. Und lächelte. Und dann hob er mir ein Paket entgegen, es war geöffnet, so daß ich den Inhalt erkannte: ein Kommißbrot, ein Ende Hartwurst und ein Klatsch Margarine. Und das streckte er mir alles entgegen und sagte: »Hier, Kameraden! Das sind meine Rationen. Im Augenblick habe ich nicht mehr. Aber vielleicht reicht das für euch...«

Zuerst brachte ich keinen Ton heraus. Und dann sagte ich nur ein heiseres: »Danke, Kamerad«, nahm das Paket, legte es zur Seite und machte weiter.

Aber ich frage mich noch heute, was in diesem Mann wohl vorgegangen war. Und noch heute sehe in seine gläubigen Augen. Nichts hatte mich so berührt wie Menschen, die Illusion und Wirklichkeit verwechseln können. Doch die Unschuldigen sind Gottes Kinder...

Einige Jahre später, im besetzten Frankreich, erlebte ich einen anderen, der sich seine eigene Theaterwelt aufbaute – und das wurde unangenehm. Im Grunde ging es ihm wohl ähnlich. Auch er hatte unser Theaterspiel ernst genommen, – nur so unschuldig war er nicht.

Wir spielten den *Blauen Heinrich*, die wirklich hübsche, liebenswerte Glosse über einen verarmten Adeligen, der seine Tochter an irgendwelche neureichen Freier verkuppeln will und dann, in der Hoffnung, die Verbindung zerschlage sich von selbst, die Bedingung stellt, die Tochter dürfe mindestens ein Jahr nicht angerührt werden.

Wir hatten es schließlich hinter uns: Der Vorhang war gefallen. Die Landser in dem Zuschauerraum trampelten und klatschten, die Offiziere in den vorderen Reihen blieben etwas zurückhaltender, ihr Chef, ein langer schwerer, monokelbeschwerter Obrist, rührte keinen Finger, stand auf und marschierte mit durchgedrücktem Kreuz hinaus.

Das kam mir schon etwas sonderbar vor.

Na ja, sagte ich mir, jedem kannst du nicht gefallen.

Aber das dicke Ende sollte noch kommen.

Am nächsten Morgen, in aller Herrgottsfrühe, ich lag im tiefsten Schlaf, donnerten Fäuste gegen die Tür meines Hotelzimmers. Was war los? Ein jeder braucht seine Anlaufzeit, meine dauert meist etwas länger. Als ich schließlich den Weg zur Tür geschafft und geöffnet hatte, riß ich erst mal die Augen auf: Da standen zwei Stabskorporale vor mir. In voller Montur, gewienerte Stiefel, Stahlhelm auf dem Kopf. Zackig salutierten sie. Der Herr Oberst von Soundso – den Namen habe ich vergessen oder verdrängt, jedenfalls war er sehr lang und hörte sich äußerst aristokratisch an –, dieser Herr Oberst von Soundso also wünsche, daß ich um acht Uhr pünktlich zum Rapport in der Kommandantur erscheine.

Um acht Uhr. Pünktlich.

Ich sah auf meine Uhr. 7.45 Uhr. Panik stieg mir in den Hals. Waren die verrückt geworden? Ich deutete auf meinen Schlafanzug und wollte es erst mal mit ’nem Witz versuchen: »Soll ich gleich so…?«

»Dienstanzug.«

»Dienstanzug? – Da muß ich aber erst mal mein Kostüm von gestern abend suchen…«

Auch damit waren sie nicht zu beeindrucken: »In Ihrem Fall – korrekte, saubere Zivilkleidung.«

»Du lieber Jott…« Ich blieb höflich: »Wollt ihr nicht solange reinkommen…?«

Ich erhielt weder eine Antwort, noch rührten sie sich von der Stelle. Doch als ich die Hotelzimmertür zumachen wollte, setzte einer der beiden schnell den Stiefel dazwischen.

Das schien tatsächlich ernst zu werden. Sie wollten mich nicht aus den Augen lassen. Wieso? Was war ich für die – ein Verbrecher? Ein Spion…?

Mir wurde mulmig im Magen. Fieberhaft überlegte ich: Was hast du denn bloß falsch gemacht? Nichts fiel mir ein. Nicht einmal Alkohol, keine Bühnenfeier. Nein, nach der Vorstellung gestern war ich stocknüchtern ins Bett gekrochen. Für jede Minute der vergangenen Nacht hatte ich ein gutes Gewissen. Also, was zum Teufel war hier los?

Ich trat an mein Bett und rollte die Matratze hoch. Der Korporal öffnete umgehend die Pistolentasche. Ich warf ihm einen verstörten Blick zu. »Meine Hose…«, erklärte ich, »die leg ich abends immer unter die Matratze – das ist wegen der Bügelfalten. Macht ihr doch auch, oder?«

Wieder keine Antwort, nicht einmal der Anflug

eines Grinsens auf den Gesichtern des Zwei-Mann-Stoßtrupps. Als ich dann anfing, umständlich meine Rasierseife aufzuschäumen, schaute einer auf die Uhr und knurrte: »Beeilung! Rapport ist um acht!«

Na gut, wenn die's so wollten? Ich zog mich schnell an, nahm irgendeine Krawatte zur Hand und marschierte, flankiert wie von einer Gefangeneneskorte, durch das Hotel zu dem offenen Kübelwagen, der vor dem Eingang stand.

Am Steuer saß ein dritter Landser, ein Gefreiter. Er hatte den Motor schon angelassen, ehe wir eingestiegen waren.

Hundert Meter waren es zur Kommandantur. Aber die kamen mit dem Auto! – Das wurde immer verrückter...

Wir fuhren den weiten Bogen einer saubergeharkten Kieselrampe hinauf bis vor eine breite Schloßtreppe und betraten das – Entree, mußte man hier wohl für den Eingang sagen! Der Hall der Nagelstiefel meiner Eskorte dröhnte in meinen Ohren. Es war wie im Film: Auf einer Empore saßen zwei uniformierte Stabsschreiber an großen Tischen mit weiß-gold geschwungenen Beinen. Barock, dachte ich noch, vielleicht noch ein bißchen Louis Seize – aber da öffnete sich bereits eine hohe Flügeltür, und da stand nun ein junger, baumlanger, schneidiger Offizier und schnarrte: »Eintreten!« Die nächste Flügeltür: Ich stand endlich im Allerheiligsten – ein Raum, so groß wie ein Fußballplatz. Parkett, so weit das Auge reichte...

Vom Ende der Fläche starrte mir der Oberst von gestern abend entgegen. Er stand hinter dem Schreibtisch. Gestern abend war ihm das Monokel aus dem

Auge gefallen. Jetzt saß es an seinem Platz und funkelte...

Ich brachte ein schüchternes »Guten Morgen« heraus – und erschrak: »Heil Hitler!« hätte es wohl heißen müssen. Das nahm wiederum der Herr Graf nicht so genau. Er war schließlich aus uraltem Adel.

»Morjen – Millowitsch!« Er stutzte: »Millowitsch? Ist das nicht polnischer Herkunft?

»Nun, Herr...« Wie mußte ich den anreden? Graf – oder Oberst? Ich wußte es nicht. »Eher kroatisch«, sagte ich zur Sache. »Aber meine Familie lebt seit 200 Jahren in Köln. Und das ist ja wohl Deutschland.«

Der Herr Oberst warf einen vielsagenden Blick zum Adjutanten. »Na, bei so einem Namen kennt man sich ja nie aus.«

Langsam wurde ich sauer: »Mein Vater besitzt einen Ahnenpaß bis ins 7. Glied – rein arisch!«

Doch dies beeindruckte ihn nicht im geringsten. »Ich komme jetzt zur Sache, Millowitsch. Aus Gründen der Kameradschaft zu meinen Leuten habe ich gestern abend Ihre grauenvolle Bühnenhampelei mit ansehen müssen...«

»Wie bitte?«

»Ich sagte, ich habe Ihre Bühnenhampelei mit ansehen müssen, bei der Sie und Ihre Schmierenkumpane in unerträglicher Weise den deutschen Adel in den Schmutz zerrten. Ich setze bei Ihnen nicht voraus, daß Sie um die staatstragende Funktion des deutschen Adels Bescheid wissen. Was ich aber nicht dulde, sind derartige Angriffe – widerlich ist das. Einfach widerlich...«

»Einen Moment mal... Also bitte!«

»Wenn ich rede, haben Sie zu schweigen. Sollten Sie irgend etwas einzuwenden haben, können Sie das zu gegebener Zeit auf dem Dienstwege.« Wieder einer dieser Blicke zum Adjutanten. »Wo war ich stehengeblieben, Köster?«

»Widerlich, Herr Oberst, einfach...«

»Hä? Ach so, ja – Schmierentheater... Ich sage Ihnen noch etwas: Ein schlechtes Stück mit guten Schauspielern kann man entschuldigen, schlechte Schauspieler in einem guten Stück – auch das nimmt man hin. Aber was Sie und Ihr billiger Juxverein da geliefert haben, grenzt an Volksverhetzung, wenn nicht gar an Wehrkraftzersetzung...«

Er runzelte die Stirn, machte eine Pause, brüllte mich an: »Ruhe! Mit Ihnen diskutiere ich nicht. Jedenfalls werde ich höheren Orts dafür Sorge tragen, daß Sie und Ihre Truppe sofort aus der Wehrbetreuung verschwinden. Und zwar für immer. – Abtreten!«

Über das »Abtreten« war ich heilfroh. Was sollte ich mich mit diesem übergeschnappten, blaublütigen Kommißkopp streiten. Für mich kam es nur noch auf eines an: Aus dem ganzen Schlamassel heil wieder herauszukommen. Wie? Nun – auch ich hatte meine Kommandeure. Man könnte sagen: »Kraft durch Freude gegen Wehrmacht.«

Vor dem Schloßportal stand noch der Kübelwagen. Der Fahrer lud mich mit einer großzügigen Handbewegung ein, Platz zu nehmen. Während er startete und losfuhr, fragte er: »War et schlimm, Herr Millowitsch?«

Wahrhaftig, Heimatlaute:

»Wie mer et nimmt... Bist du aus Kölle?«

»Enä, us Prüm in dr Eifel.«

»Jott sei Dank, ein Mensch.«

»Wie mer et nimmt«, gab der Fahrer zurück. »Jestatten: Oberschütze Dr. Hannes Heukeshofen. Altphilologe.«

Wie denn einer wie er in so 'nen Haufen reinpaßte, wollte ich wissen.

»Es jibt schlechtere Posten bei der Firma«, erwiderte der Altphilologe weise.

Im Hotel überfiel mich ein Haufen verstörter Kollegen und Kolleginnen mit Fragen. Daß ich abgeführt worden war, war längst durch. Nun, ich brauchte zuerst mal einen Kaffee. Nie hatte ich ihn so notwendig wie jetzt – und als Antwort hatte ich nur einen Satz: »Bloß weg hier!«

Jupp Ditzen rannte stumm zum abfahrbereiten Tourneebus. Unterwegs überlegten wir, was zu tun war. Von der nächsten Heeresvermittlung würde ich Franz Rademacher, unseren Einsatzchef in Köln bei der KdF, anrufen. Auch Franz hatte seine Verbindungen; dem Grafen konnten noch die Augen übergehen...

Aber das Stück mußten wir trotzdem aus der Schußlinie nehmen. Schließlich saßen in vielen Wehrmachtsstäben Freiherrn, Grafen, Barone. Sogar Fürsten gab es darunter. – Und wenn die alle dieselbe Macke hatten?

»Dichten wir doch den *Blauen Heinrich* auf den englischen Adel um«, schlug Jupp Ditzen vor. »Der ist doch genauso vertrottelt wie unserer. Aber halt englisch.«

»Mensch, Jupp«, flüsterte ich. »Das ist es!«

»Ja«, nickte er eifrig. »Den Blauen Heinrich nennen wir einfach ›Henry Lord of Ravenklau‹ – oder so. Und ich, ich sprech dann meine Rolle mit englischem Akzent. Kann ich. Fällt mir überhaupt nicht schwer. Wer Kölsch kann, der kommt ja schließlich auch mit Englisch zurecht, wat?«

Wir spielten den *Blauen Heinrich* auf der ganzen Tournee nur noch in der »englischen« Fassung. Und hatten noch mehr Erfolg als zuvor. Aus dem britisch angeknacksten Deutsch flogen uns die Pointen nur so zu. Und niemand hat sich je so arrogant das Monokel ins Auge gesetzt und die Brauen hochgezogen, wie der Ditzen als »Lord of Ravenklau«...

Über die nächste Heeresleitung rief ich also meinen KdF-Verbindungsmann Rademacher an. Und der wiegelte prompt ab: »So was habe ich schon kommen sehen, Herr Millowitsch. Nehmen Sie 's bloß nicht ernst. Wir lassen uns doch nicht von irjendeinem dämlichen Platzhirsch auf die Zehen treten. Aber et war ne jute Idee, dat Spiel ein bißchen umzuformen und dat Janze mit dem englischen Adel aufzuheizen. Und jetzt sehn Se mal schleunigst zu, daß Se weiterkommen zum nächsten Spielort.«

»Da bin ich ja schon«, rief ich in den Hörer. Doch Rademacher hatte aufgelegt.

Im selben Augenblick ging die Zimmertür auf: Wieder ein Offizier – dazu noch hoch dekoriert. Mir wurde schon wieder komisch. Doch der stand da mit einer Flasche französischen Cognacs in der einen und zwei Gläsern in der anderen Hand.

»Brinkmeier, mein Name«, grinste er. »Ich bin hier

der Standortälteste und damit Ihr Gastgeber. Sie sind doch Herr Millowitsch, oder?«

»Jawohl, Herr Major. Zu Befehl.«

»Aber um Himmels willen, Mann, lassen Sie doch die militärischen Mätzchen weg. Machen Sie lieber mit mir ein kleines Prösterchen. Ja? Einverstanden?«

Der einsame Tod des Peter Millowitsch

Freitag um Freitag versuchten wir uns in diesen Dezembertagen des Jahres 1944 zum sogenannten »Ausweich-Krankenhaus« in Rolandseck durchzukämpfen. Dort lag unser schwerkranker Vater. Die Ärzte bemühten sich um ihn, so gut es in diesen Tagen ging. Sie hatten alle Hände voll zu tun: die Verwundeten der letzten Kämpfe, die Opfer der ständigen Fliegerangriffe. Das zum Krankenhaus umfunktionierte große Hotel war ein Platz des Elends. Auch für uns waren diese Besuche sehr gefährlich. Die US-Jagdbomber griffen alles an, was sich auf den Straßen bewegte.

Nun war es wieder Freitag geworden... Und wieder bockte ich reichlich erschöpft mein Motorrad vor der Pforte des Krankenhauses auf. Wie oft wir auch vor den verdammten »Jabos« auf dieser Fahrt in Deckung gehen mußten, was spielte es für eine Rolle, wenn wir endlich wieder mal heil in Rolandseck angekommen waren.

An der Auffahrt kehrte ein Mann mit dem Besen

den Gehweg. Nun drehte er den Kopf. Ich erkannte ihn: Es war der Hausmeister. »Was wollen Sie denn hier?« Die Frage klang sonderbar, und auch die Art, wie er uns ansah, gefiel mir nicht.

»Was ist denn? Ist vielleicht...«

Er nickte nur. »Ja, Ihr Vater ist gestorben. Am letzten Samstag.«

»Aber wir waren doch am Freitag noch hier...« Lucy begann zu schluchzen.

»Wo liegt denn unser Vater?«

»Kommt mit«, sagte er, und wir gingen am Haus entlang zu den fünf großen Garagen im Anbau. Er schob eine Tür auf, da lag eine ganze Reihe lebloser Gestalten. Mindestens dreißig Tote, wenn nicht mehr...

Er führte uns zu einer Bahre. Die Leiche meines Vaters war wie die anderen in eine Zeltbahn gehüllt. Lucy hatte aufgehört zu weinen. Wir waren erstarrt.

Was mich noch mehr erschütterte als der Schock über den Tod meines Vaters, waren die winzigen Pappkartons, die sich in einer Ecke reihten. Es mochten wohl zwanzig oder dreißig gewesen sein. Darin lagen neugeborene Kinder.

Ich sprach mit einem der Ärzte. Er erklärte mir, daß mein Vater sich eine Herzbeutelentzündung zugezogen hatte, eine Krankheit, bei der es in diesen Tagen keine Rettungsaussichten gab.

»Was soll nun geschehen«, fragte er. »Beerdigen wir Ihren Vater hier, oder nehmen Sie ihn mit nach Hause?«

»Wir holen ihn in den nächsten Tagen ab!« Nie hätten wir unseren Vater dort gelassen.

Noch einmal blickten wir hinüber zu den Garagen. Es war bitterkalt. Minus sieben Grad. Das Wetter gab uns die Zeit für eine Überführung.

Wieder zu Hause, setzte ich alle Hebel in Bewegung, um einen Sarg und ein Transportfahrzeug für die Überführung des toten Peter Millowitsch aufzutreiben. Ein alter Schreiner in Hürth zimmerte mir für zwei Flaschen Schnaps eine sargähnliche Kiste zusammen, und schließlich konnte ich in Lövenich für einen Kanister Benzin auch einen kleinen offenen Lieferwagen besorgen.

In Rolandseck legte ich meinen Vater in den Sarg und lud ihn zusammen mit einigen Helfern auf die Pritsche des Lieferwagens. Dann fuhr ich los. Es war riskant – doch an diesem Tag hatten wir Glück. Von den »Jabos«, dieser Himmelspest, war nichts zu sehen. Aber Menschen gab es. Halb Deutschland war in diesen Tagen auf der Straße. An jeder Ecke Anhalter. Und sie mitzunehmen galt auf den Landstraßen als ungeschriebenes Gesetz.

Ich hatte noch nicht einmal die Hälfte der Strecke zurückgelegt, als der Motor zu keuchen begann: zu viele Menschen drängten sich auf der Pritsche. Da saßen sie nun, Frauen, Kinder, ein halbes Dutzend Männer, einige hatten sich auf den Sarg gesetzt, und einer fragte nun: »Was haste denn in der Kiste?«

»Bloß meinen toten Vater.«

Sie sahen mich an, als wollten sie sagen: Na und...

Doch die tragische Groteske um unseren toten Vater war noch nicht zu Ende. In Deutschland mußte selbst der Weltuntergang seine Ordnung haben: »Wenn Sie eine Leiche beerdigen wollen, dann brauchen Sie auch einen ordnungsgemäßen Totenschein«, erklärte uns der zuständige NS-Amtsleiter. »So kommt der nicht auf den Friedhof!«

»Ja, verdammt noch mal, was verlangen Sie eigentlich? Soll ich meinen Vater vielleicht bei uns zu Hause im Garten vergraben?!«

»Das ist verboten.«

»Ja, können Sie mir sagen, wie ich in einem solchen Durcheinander einen Totenschein bekommen soll?«

Da wurde die Miene des NS-Bonzen eisig. Schon hatte er die Fäuste in den Hüften. »Seien Sie vorsichtig mit solchen Sprüchen. Was heißt hier Durcheinander? Hier läuft alles absolut geregelt und in bester Ordnung.«

Es war nichts zu machen. »Sicher«, nickte ich ergeben. Alles ist vollkommen in Ordnung... »Aber kann ich den Sarg meines Vaters wenigstens in der Kapelle stehenlassen, bis ich den Totenschein besorgt habe?«

»Nicht länger als vierundzwanzig Stunden. Die Kapelle ist kein Kühlhaus!«

Wir mußten uns auf irgendeine andere Weise helfen. Lucy erinnerte sich, daß Peter Millowitsch den Bürgermeister von Weiden sehr gut gekannt hatte. Wir gingen zu ihm, und er half.

»Vergeßt das alles«, sagte er, nachdem er uns angehört hatte. »Es ist das einzige, was ihr tun könnt. Und morgen in aller Herrgottsfrühe begraben wir den Peter.«

So schritten wir am nächsten Tag, um sieben Uhr und noch in Dunkelheit, zum Friedhof. So waren wir und der Vater wenigstens vor Tieffliegern sicher. Ich aber dachte, daß diese Stunde der Schatten vielleicht die würdigste Zeit für ein Begräbnis sei.

Zusammen mit dem Pfarrer waren wir nicht mehr als ein Dutzend Menschen, die den Mann zu Grabe trugen, dessen letzten Weg in anderer Zeit Tausende von Kölner Bürgern begleitet hätten…

»Gipfel der Frechheit«

Gipfel der Frechheit, so hieß der Titel des Stücks. Eine Ehekomödie. Wir spielten sie in der Eifel, im großen Saal des Kurhauses von Gmünd. Gmünd wiederum gehörte zu den Landkreisen, die direkt hinter dem Westwall lagen. Gegen den Westwall aber marschierten nach der Invasion im Juni 1944 die Alliierten: Amerikaner, Engländer und die französischen Soldaten de Gaulles…

Gipfel der Frechheit war womöglich die letzte Theateraufführung im Großdeutschen Reich. Bereits eine Woche zuvor, am 28.8.1944, hatte Reichspropagandaminister Goebbels die sofortige Schließung aller Theater, Cabarets und Varietés angeordnet.

Das Ende nahte. Nur wer dieses Ende miterlebte, weiß, wovon ich rede. All die schönen Bücher, die Film- und Fernsehstücke, die versuchen, die damalige Atmosphäre einzufangen, können sie nicht vermitteln. Selbst uns, die wir dabei waren, erscheinen die Erinnerungen an diese Tage oft so unwirklich und aberwitzig, als hätten wir sie in einem schrecklichen Traum erlebt.

So, wie wir das Stück spielten, paßte es haargenau zum Titel. Wer kümmerte sich 1944 schon um die Eheprobleme einer heilen bürgerlichen Welt? Außerdem war *Gipfel der Frechheit* für vier Personen geschrieben; es behandelte die üblichen Ehe- und Verwechslungsprobleme zweier Paare. Wir aber nahmen einen fünften Schauspieler, den Jupp Ditzen nämlich, hinzu, einen Kollegen, dem wir die längst überfällige Einberufung zur Front noch etwas hinauszögern wollten. Das war nicht so einfach: Der KdF-Einsatzleiter verlangte handfeste Begründungen. Also lieferten wir sie. Einmal mit der Behauptung, daß schon aus bühnentechnischen Gründen das Stück mit zwei Männern allein überhaupt nicht spielbar sei; zum anderen bekam er gratis einen »künstlerischen« Grund: Wir dichteten unserem dritten Mann einen Prolog dazu, der für NS-Durchhaltestrategen propagandistisch etwas hergab und deshalb auch sofort akzeptiert wurde.

Sollte mir heute einer von denen, die die damaligen Verhältnisse nicht erlebt haben, deshalb mit Vorwürfen kommen, kann ich nur eines antworten: »Halt die Schnüß und red nicht von Dingen, die du nicht verstehst...«

Eines allerdings gebe ich freimütig zu: Wir, die wir mit unserem Fronttheater immer dicht am Krieg vorbeischrammten, hatten es hundertmal besser als Millionen anderer in diesem mörderischen Krieg. Doch auch wir waren inzwischen abgestumpft. Auch wir kannten nur noch einen einzigen Gedanken: aufpassen und durchwursteln, bis andere Zeiten anbrechen.

Um Mittag waren wir in Gmünd angekommen, hatten die Bühne besichtigt, die Dekoration aufgebaut und das Endsieggefasel irgendeines Idioten mit Hakenkreuzbinde angehört, der versuchte, das Publikum einzustimmen. Endsieg? – Ach, du liebe Güte!

Der Vorhang ging auf, und da waren sie nun: Frauen, Krankenschwestern, Verwundete, alte Männer. Kein Stuhl frei, vierhundertneunundsechzig Menschen im Saal – selbst das habe ich noch in meinen Unterlagen. Wir aber versuchten, wieder mal Illusionen zu verbreiten, ohne eine einzige für uns zu beanspruchen.

Sie dankten uns trotzdem. Sie dankten mit langanhaltendem Applaus – nicht so sehr für das Stück, für die paar Lacher, nein, eher schon für die zweistündige Ablenkung von der Angst und den Sorgen um die Zukunft, die unser aller Leben zeichnete.

Was uns anschließend blieb, waren zwei Flaschen Beute-Cognac als Sonderhonorar. In solchen Situationen hatte uns oft genug der Alkohol über die Runden geholfen. Diesmal klappte das nicht. Wir pendelten zwischen Galgenhumor, überreizter Albernheit und tiefer Melancholie.

»Eigentlich sollte ich ja besser sofort nach Hause fahren«, überlegte Jupp Ditzen. Er wußte seit kurzem, daß alle Mühe vergeblich gewesen war, weil daheim der Gestellungsbefehl nun doch auf ihn wartete. Einundsechzig Stunden blieben Jupp noch, dann würde man ihm irgendwo in Westfalen den Stahlhelm und die Uniform verpassen. »Mensch…« Er starrte sehnsüchtig hinaus durchs Fenster in die Nacht. »Wenn ich mich jetzt hier irgendwo verdrücken könnte…«

Aber das ging nicht; es wäre einem Selbstmord gleichgekommen. Es war ihm auch klar, daß er die letzte Rückfahrt mit dem Bus nach Köln erst gegen zwei Uhr nachts antreten konnte, weil vor Morgengrauen die Fliegerangriffe am ungefährlichsten waren.

Was war das für eine Stimmung...!

Unsere Jupp-Rettungsversuche waren also gescheitert. Aber da gab es noch Else Scholten. – Und wie immer, in all den Jahren, setzte sie ihren unverwüstlichen Humor und ihre Anekdoten gegen unsere Untergangsstimmung.

»He, hört mal her! Wißt ihr noch – Paris und dat Empire-Theater? Da hätt ich mich in Champagner baden könne... Wieso han ich dat janze Zeuch alles jeschluckt...?«

»Weil du et nüdich hatts«, warf ihr Mann Heinz Scholten ein.

»Und weil mer so verdammt jut waren, in *Tante Jutta aus Kalkutta*.«

»Vier Wochen han se uns verlängert. Vier Wochen...«

»Dat war 1942 – dat is ja längst nit mehr wahr. Und heut sin mer für die Pariser wohl Kriegsverbrecher?«

»Wie dat denn? Die waren doch froh, dat se uns hatten. Die Zigaretten, die Miete, die sie kriegten...«

»Aber das Theater war beschlagnahmt. Und wir haben für deutsche Soldaten gespielt.«

Sie nickten. Kriegsverbrecher? Was würde geschehen, wenn die anderen siegten... Wie sollte es weitergehen? Was würde aus uns werden? Wir fragten uns das gemeinsam, jeder fragte es sich selbst, denn keiner glaubte an den Endsieg.

Auf gut Kölsch war das in einem Satz zusammenzufassen: Et es doch ejal, wodran mer kapottjon...

»Dabei könnt der Willy längst so schön tot sin«, grinste mich Heinz Scholten an. »Weißte noch, wie de damals in Marseille das Schlachtschiff ›Gneisenau‹ fotojrafiert hast?«

Ich nickte. Ich wußte noch... Ich fand's aber nicht besonders witzig. Und es war ja auch wahr. Ich könnte schon längst »so schön tot sein«. Dieser »Kettenhund« von der Marinepolizei, der mir nachrannte, die Maschinenpistole hob und am Abzug herumfingerte...

»Wenn damals nit der Matrose jekommen wär, Willy, und jeschrien hätt: Mensch! Laß doch! Dat is doch der Millowitsch..., mein Lieber, ja dann...«

»Ja, dann«, murmelte ich.

»De Willy«, lachte die Else Scholten. »Der ist doch viel zu dusselich für ene raffinierte Spion!«

»Dat wär überhaupt der Trick«, überlegte Jupp. »Komiker als Spione. Wieso soll denn ene Komiker keine Spion sein könne?«

»Weil er dann nicht mehr komisch wäre«, sagte ich. »Und weil hier überhaupt nichts mehr komisch ist.«

Die Stunden vor der Abfahrt und unserer Trennung verstrichen. Und keiner wollte den anderen fragen: Seh ich dich mal wieder? Werden wir je wieder zusammen auf einer Bühne stehen. Ja, wird's das überhaupt noch geben – Theater? Was wird sein? Wird der Morgenthau-Plan tatsächlich kommen, wie es die Nazis in ihrer Propaganda täglich beschworen: Wollen die Amis aus ganz Deutschland im Ernst einen Kartoffelacker machen?

Wir redeten schon längst nicht mehr davon. Aber wir dachten oft darüber nach.

Schließlich war es soweit: Wir kletterten in den Bus. Ich als Chef der Truppe hatte den Chauffeur zu spielen – als Jüngster war ich noch der Stabilste.

Gegen Morgen erreichten wir diese schreckliche graue, staubige Trümmerwüste, in die die Bombenangriffe unsere geliebte Stadt verwandelt hatten. Zwischen den Schuttbergen schmale Fahrspuren. Vereinzelte, verlassene Menschen. Soldaten. Nur der Dom stand. Wenn man nicht so genau hinblickte, hätte man meinen können, Gott habe eine Art Gnadenschirm über ihn aufgespannt.

Ich brachte die Kollegen dorthin, wo sie nach der »Ausbombung« einen Unterschlupf gefunden hatten, dann fuhr ich hinaus nach Lövenich. Der Garten, unser Haus waren erhalten geblieben. Hier erwartete mich auch meine Schwester Lucy – quicklebendig, optimistisch. Angst, Verzweiflung und Untergangskummer ließ Lucy gar nicht erst an sich ran. Niederlage und Mitschuld, das war Männersache. Jetzt kam's darauf an, sich durchzuwursteln.

»Morgenthau? Deutsche als Kartoffelbauern?« schimpfte sie los. »So ein Quatsch. Keine Macht der Welt kann ein Volk von achtzig Millionen auf den Acker treiben...«

Sie hatte längst auf den Sieg der Alliierten gesetzt. Darin sah sie die Chance zum Überleben, nicht nur für uns, für alle. Lucy fühlte und handelte, wie so viele

Frauen in dieser Zeit, nach der Devise: Nur nicht aufgeben, nie die Flügel hängen lassen! Wie in allen schweren Zeiten wurden Frauen die Heldinnen der Niederlage.

»Irgendwie wird es weitergehen, Willy. Wir müssen nur erst mal überleben.«

»Sicher. Bloß wie?«

Unser Haus lag zwar am äußersten Rand der Stadt Köln – aber es lag auch dicht an den Nachschublinien, die zur Westfront führten. So gut es ging, richteten wir uns in dem stabilen Keller auf eine Art Belagerungszustand ein. Wir – das war mein Vater, der damals schon sehr krank war und unter unerträglichen Schmerzen litt, meine Schwester Lucy, ihr halbwüchsiger Sohn Karl Peter – der übrigens heute als Zoodirektor Dr. Pedro Trebbau mit seiner großen Familie in Caracas lebt – und schließlich Linny Haumann-Millowitsch, meine erste Frau.

Doch da waren noch andere Menschen, Nachbarn vor allem. Bei diesen schrecklichen Fliegeralarmen, dem nie enden wollenden Sirenengeheul klopften sie an unsere Tür, weil sie unserem Luftschutzbunker am meisten vertrauten. Nachbarschaft? In der Zeit bedeutete das selbstverständliche Menschlichkeit und gegenseitige Hilfe. Das war das eine, das Wichtigste. Für mich ergab sich daraus allerdings ein neues Problem. Mancher, der da mit uns im Bunker saß und mich ab und zu musterte, dachte sich wohl: Wieso ist der junge Millowitsch nicht Soldat, so wie mein Sohn? Warum kommt der nicht an die Front? Das kann doch nicht mit rechten Dingen zugehen?!

Das hatte ich mich auch schon gefragt. Doch dann

erfuhr ich, daß meine Wehrerfassungsstelle in Frechen einen Treffer abbekommen hatte. Nicht nur meine, Tausende von anderen Karteikarten verbrannten... Natürlich war ich heilfroh, oder sollte ich freiwillig hinlaufen und mich melden? Ich war kein Held. Ich wollte keiner sein. Und ein Willy Millowitsch hätte bestimmt nichts an all dem geändert, was noch kommen sollte.

Das war die eine Erkenntnis. Die andere war niederdrückender: »Himmelarsch, wenn du dir nicht bald was einfallen läßt, geht's schief. Dann schnappen sie dich, dann bist du dran. Und wie...«

So wäre ich dem Nachbarn, der eines Tages zu mir kam und bescheiden anfragte, ob ich denn einen Lastkraftwagen fahren könne, am liebsten um den Hals gefallen. Denn der Mann war Spediteur. Und die waren kriegswichtig...

»Klar kann ich fahren – und ob! Ich habe alle Lkw-Führerscheine. – Aber wie ist das, braucht man da nicht Freistellungen oder Einsatzpapiere oder irgend so etwas?«

»Ne, ne. Ich geb dir 'ne Armbinde vom NSKK. Und damit ist wenigstens fürs erste alles geritzt.«

Das war's dann auch. Die Binde vom »Nationalsozialistischen Kraftfahr-Korps« hatte einen schönen runden, blauen Stempel mit dem Hoheitsadler. »Pleitegeier« hieß der damals zu Recht. Jeder, der noch diese Binde trug, verfügte nicht nur über eine Art Ausweis und Passierschein – er bewies damit seine Daseinsberechtigung.

So fuhr ich los – mit meiner Binde am Arm – und karrte alles, was die Partei gekarrt haben wollte:

Lebensmittel, Panzerfäuste, Decken, Sonderzuteilungen, Sandsäcke, Schanzzeug. Auch das streng rationierte Benzin.

Wann immer aber es ging, radelte ich mit dem Fahrrad nach Köln, bahnte mir meinen Weg durch Schutt und Zerstörung und wollte sehen, wie es um unser Theater in der Aachener Straße stand.

»Halt bloß durch«, flüsterte ich dem verlassenen Gebäude zu. »Bisher hast du das prima gemacht. Halt durch! Bitte...«

Es stimmte ja: Unser Haus war in diesem Bombenregen ziemlich gut weggekommen. Viereckig und solide erhob es sich über Ruinen. Erst als nur knapp hundert Meter Luftlinie entfernt das alte Kölner Opernhaus unter den Explosionen der Bomben und Luftminen zusammenfiel, erwischte es auch unser Dach. Es flog buchstäblich davon. Nun regnete es zwar hinein, doch die Decken hielten. Ein solider Altbau, bei Gott! Was für Mauern...

Nun waren wir Millowitschs nicht Besitzer, sondern Pächter des Theaters. Aber die Aachener Straße war unser Stammhaus für so viele Jahre gewesen – nicht nur, daß wir das Gebäude liebten, wir fühlten uns dafür verantwortlich. Noch eines kam hinzu: Lucys Optimismus hatte uns alle angesteckt. Nun träumten wir nicht länger, nun wußten wir es: Eines Tages geht in der Aachener Straße der Vorhang wieder auf, ja, eines Tages stehen wir dort wieder auf der Bühne – und dann heißt es wie in alten Zeiten: »Wir freuen uns, daß Sie zu Millowitsch gekommen sind.«

Die Kölsche Duse: Emma Millowitsch (1).

Das Genie: Wilhelm Millowitsch, um 1900 (2).

Emma Millowitsch in »Eine tolle Nacht«, 1910 (3).

Wilhelm Millowitsch in »Der Kölsche Zigeunerbaron«, 1894 (4).

In der Brautzeit: Käthe Plank (oben links, 5) und Peter Millowitsch (unten rechts, 7) lernten sich 1904 in Dresden kennen. Beide waren auf Tournee: sie als Tänzerin in dem seinerzeit weltberühmten »Fliegenden Wiener Ballett«, er als stimmgewaltiger Buffo, Köln 1904.

»Tief Luft holen, gerade, würdige Haltung« – Immer wieder ließ sich die Familie Millowitsch im großen Atelier des damals berühmtesten Kölner Fotografen »Esser« (Ecke Schildergasse/ Krebsgasse) ablichten. Wie hier zum ersten gemeinsamen Weihnachtsfoto. Meine Eltern: Käthe und Peter Millowitsch, 1905 (rechts oben, 6).

)ie Millowitschs auf Tournee. o heißt es seit vielen Jahren chon. Und auf unseren eisen durch Österreich, die chweiz, durch Holland und ie deutschen Kurorte, wie ier in Bad Ems mit meinem ohn Peter, spielen wir immer vieder an Theatern, die ich chon mit meinem Vater Peter esuchte. Und oft sind es ogar dieselben Stücke, die nsere Zuschauer immer wieer begeistern (8).

n dieser Stelle hat sich aum etwas geändert: das rückengeländer steht noch, ie neuen Lampen sind den ten nachempfunden. Nur h … hier stehe ich hinter einem Vater (1930) und ben, an exact derselben telle mein Sohn Peter (1984) inter mir (9).

Der Wiener Zweig der Familie: meine Mutter Käthe, ihre Mutter Luise Plank, ihr Bruder Stefan, 1932 (10).

Die Söhne Wilhelm Millowitschs: mein Vater Peter, seine Brüder Carl und Caspe (11).

Auf Kino-Tournee mit dem Einakter »Der rote Hahn« (1930): (v. l.) Hans Kauz, Peter Millowitsch, Annemarie Schäfer, Lucy, Käthe und ich, Willy Millowitsch (12).

:ine schöne Schwester und ich: bei ei-
: privaten Abendeinladung, 1954 (13).

... im »Glücksmädel«, 16. Oktober 1945 bei der Wiedereröffnung unseres Theaters (14).

:cy mit ihrem Sohn Karl Peter und einer
:undin, 1938 (15).

... im »Mädchen aus der Spetz«, zu Beginn der Spielzeit 1959 (16).

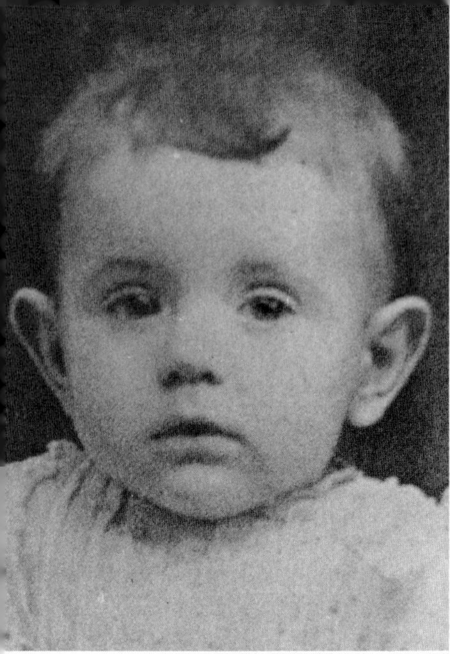

„Dat es ene richtije Millowitsch", sagte schon mein Großvater Wilhelm, als er, schon blind, nur die Stimme des Stammhalters hörte (o. l., 21). In das Kostüm des Prinzenleutnants (oben, 22) steckten mich meine Eltern nur privat. Leider auch in den Matrosenanzug zum Schulantritt, 1917 (links, 23).

Es gab auch lichte Momente am Schulhorizont von St. Joarshausen. Im Rahmen eines Theaterwettbewerbes führte meine Klasse »Genoveva« auf, ein Trauerspiel zum Totlachen, das mein Großvater Wilhelm geschrieben hat. Ich (oben rechts) spielte natürlich das Hänneschen, 1921 (17).

War ich nicht ein fescher Bursche mit 20 Jahren. Nach langen Gastspielreisen ab 1925, die die Existenz unserer Familien sichern mußten, spielte die Millowitschbühne im Kölner Nachtclub »Cavalú«, 1929 (18).

Damals hieß unser Domizil in der Vinzensallee 11 noch »Haus Käthe«:
(v. l.) Captain Mary, Mutter Käthe, Großmutter Luise, Vater Peter und Lucy, 1918 (19).

Wir haben es etwas ausgebaut, aber auch heute noch gibt es an dieser Stelle im Wohnzimmer einen großen Eßtisch, an dem wir all unsere Freunde zum sonntäglichen »Brunch« bewirten, 1985 (20).

meinem Büro im Hof des Theaters in der Aachener Straße sind wir beide die Ideal-
esetzung: die »Tant«, Carola Leim ist jetzt 89 (24), und seit 24 Jahren bei mir (25).

as Kölsche Original: Else Scholten im Fronthahn«, 1969 (26).

. . . und in »Familie Raffke«, 1946. (27).

Mit dem Stolz unseres Hauses, einem Zwölf-Zylinder-Minerva, gingen wir auf »KdF Tournee«: Onkel Wilhelm Millowitsch und ich, 1939 (28).

In einer Bearbeitung meines Vaters brachten wir 1938 wieder mit großen Erfolg den »Fronthahn« auf die Bühne: (links) meine erste Frau, damals noch Kollegin, Linny Haumann, 1938 (29).

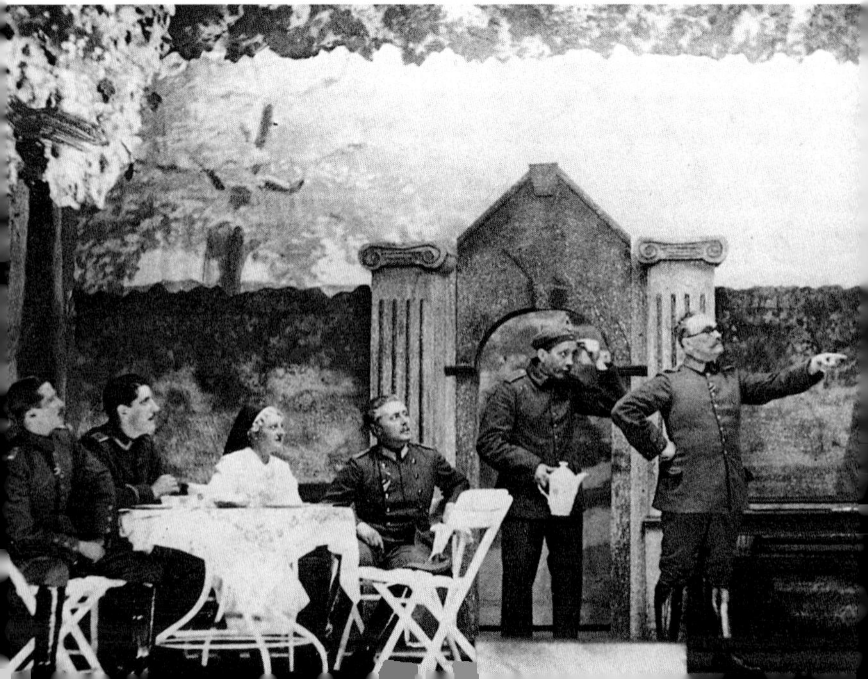

Das ganze Ensemble rückte zum Dienst an der Stadt in die Hohe Straße aus. Trümmerschippen war auch für Lucy und mich angesagt, 1945, (oben, 30). Die Millowitsch-Heimatbühne in der Kinozeit, 1949 (u. l., 31) und das Volkstheater Millowitsch heute, 1988 (u. r., 32)

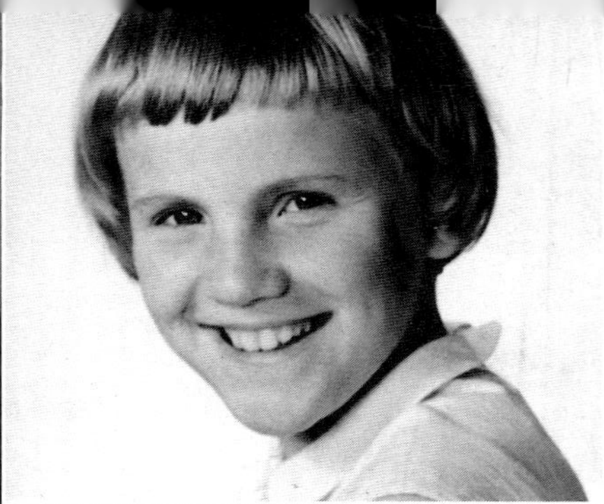
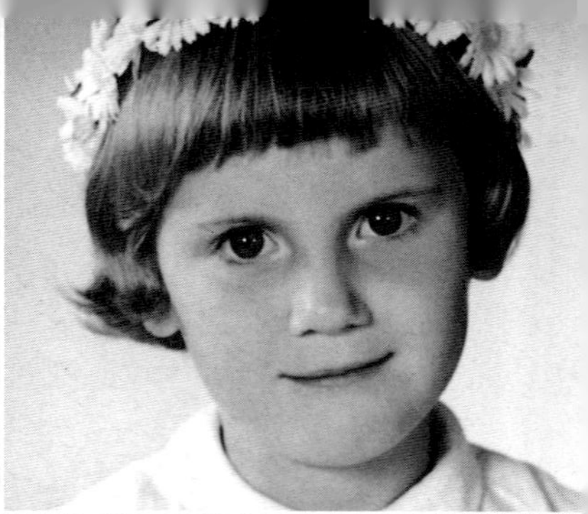

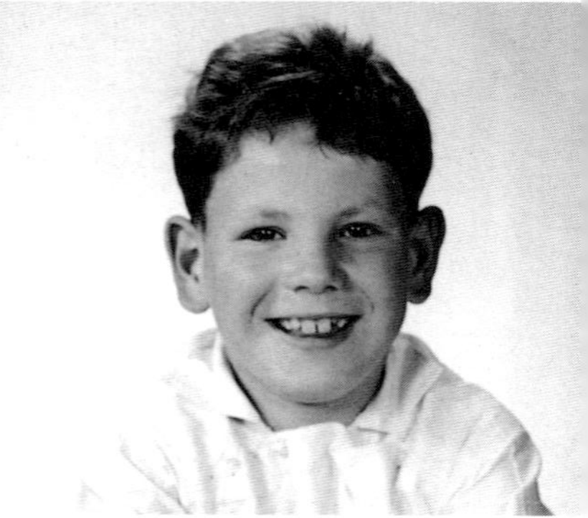

War sie nicht eine wunderschöne Braut ... Gerda und ich am 28. September 1946 (links, 33). Und unsere Kleinen wurden schon früh an die Fotografen gewöhnt. (oben, v. l.): Katarina (11), Susanne (5), (unten, v. l.): Mariele (3) und Peter (9), 1958 (34, 35, 36, 37).

Mein Lieblingsfoto mit Gerda: Jetzt sind wir schon 42 Jahre verheiratet. Und ich bin heute noch froh um jeden Tag, den ich mit ihr zusammen sein darf, 1988 (38).

Die Zeiten in denen unser »Hiob« Franz Andreas Millowitsch die Menschen an der Deutzer Brücke zum Lachen brachte, sind schon lange vorbei. Aber bis zum heutigen Tag lieben die Kinder das »Hänneschen«-Theater. Für unsere Kleinen übernahm Gerda das Amt des Puppenspielers (39).

Kinder wie die Orgelpfeifen, das hatten wir uns immer gewünscht. Es ist zwar keine Fußballmannschaft geworden, aber die vier haben uns auch so auf Trab gehalten: (von vorne) Mariele, Susanne, Peter, Katarina, Gerda, 1958 (40).

Zum 70. war die Überraschung perfekt: die komplette Familie stand zum erstenmal gemeinsam auf der Bühne: (v. l.) Inge Michaelis, Katarina, hinter mir Mariele, neben mir Gerda als Ehrenjungfrau, rechts Susanne, vorne Christian und Peter (41).

Geburtstage sind bei uns immer etwas Besonderes: An meinem 69. hat mein Enkel Peter (1 1/2) uns immer wieder mal alle zum Lachen gebracht. (unten v. l.) Katarina, Gerda, Peterchen und mein Schwiegersohn Christian Eisenlohr (42).

Der Millowitsch-Cl
im Garten unseres
Hauses in der
Vinzensallee 11: (v.
Gerda, Susanne,
Peter mit seiner Fra
Barbie Steinhaus-
Millowitsch, Katari
mit ihrem Mann
Christian Eisenlohr
Mariele und vorne
auf meinem Schoß
Philipp und Peter.
Das war 1985 (43).

Wie sich die Bilder doch ähneln: Ich genoß es, Vater zu sein, die Orgelpfeifen, für die ich leider viel zu wenig Zeit hatte, um mich zu haben. Damals, 1965, waren wir noch unter uns, Freunde gab's schon, aber Ehepartner waren noch lange nicht in Sicht: Katarina, Mariele, Peter, Gerda und Susanne (v.l., 44).

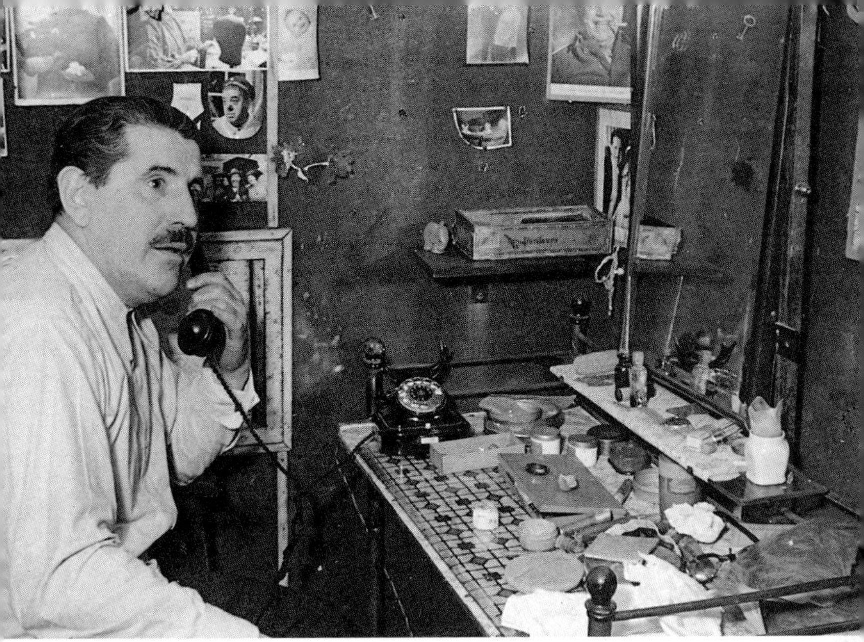

Meine kleine Garderobe: Ich sitze auf dem Stuhl, auf dem schon mein Vater saß und der schon so vielen beim Schminken geholfen hat, 1950 (45).

Heute hängt meine Garderobe voll mit Fotos von Freunden und von so vielen Stars, die hier auf ihren Auftritt gewartet haben (46).

gleiten; (links, 47): mein Vater, mein Onkel Wilhelm und ich, 1936. (rechts, 48): Die erste Fernsehsendung am 27. Oktober 1953. (unten links, 49) Im Film mit Beppo Brem, 1956 und (unten rechts, 50) in einer Fernsehsendung live aus unserem Theater mit dem unvergessenen Franz Schneider (links) und Karl Heinz Hillebrand, 1956.

genug gespielt, die Lotti Krekel. (links mit K. H. Hillebrand im »Etappenhasen«) 1959 (51). Und wieder spielte ich den Anton Pannedecker auf meiner Bühne, 1963 (rechts, 52).

(links unten, 53) Die vorläufig letzte Vorstellung: mit meinem Sohn Peter (Mitte) war 1983 in der Aachener Straße.

(rechts unten, 54) Wen wunderts, daß ausgerechnet die 50. Fernsehsendung der Millowitsch-Bühne, diesmal live aus dem WDR-Studio, der »Etappenhase« war.

Mit dem »Glücksmädel« eröffneten wir am 16. Oktober 1945 unser Theater wieder (55).

Trude Herr nahm das Publikum im Sturm. Mit mir in der »Spanischen Fliege«, 1943 (56).

Meine erste Hauptrolle, in der ich einst so versagte. Nun spielte ich sie ganz lässig mit Heinz Scholten: »Das Ekel«, 1947 (57).

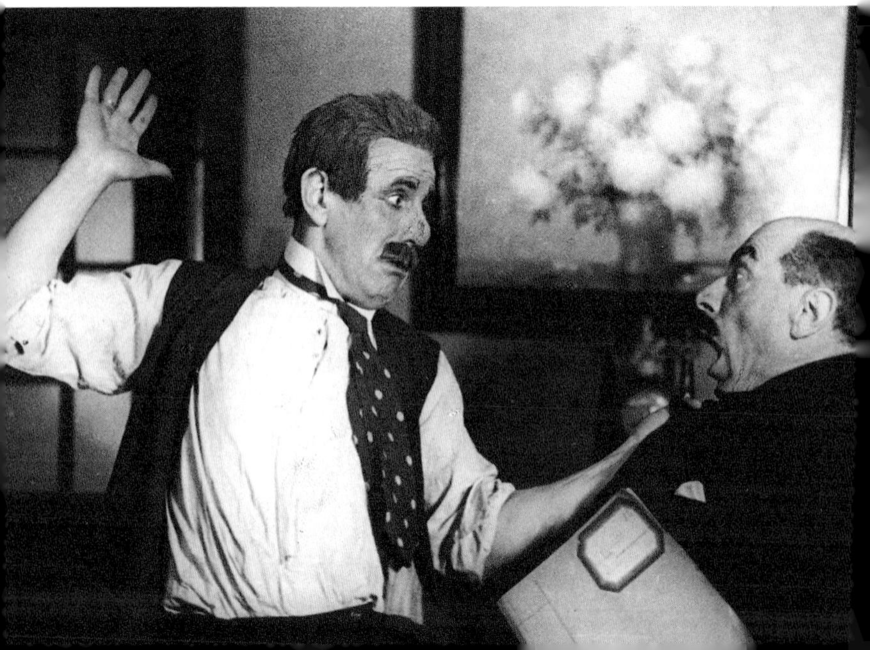

Meine erste Filmrolle: ein ganz anderer Willy Millowitsch mit Camilla Horn in »Gesucht wird Majora«, 1949 (58).

(links) In diesem Film spielte auch der unvergessene Heinz Erhardt, den ich so bewundert habe (59).

Mit Fernandel in »Paris ist eine Reise wert« – auch ohne Französisch keine Probleme, 1958 (60).

Alle Rollen kann man nicht aufzählen, aber ein paar sind mir doch besonders schöne Erinnerung geworden. (links oben, 61). Meine liebe Kollegin Brigitte Mira. Gemeinsam standen wir in »Hurra – ein Junge« 1975 vor der Kamera. (rechts oben, 62). Oder mit meinen Kindern Mariele und Peter »Im Nachtjackenviertel« in unserem Theater, Dezember 74. (links, 63) »Die tolle Rosita« spielten wir zu Beginn des Jahres 86: v. l. Mariele, meine Schwiegertochter Barbie Steinhaus-Millowitsch und mein Sohn Peter.
(rechts, 64) Und wieder so ein herrlicher Schwank von Arnold und Bach: »Die vertagte Hochzeitsnacht« mit Eva Maria Bauer als »Ida« und mir als »Anton Dobermann«, 1987 in der Aachenerstraße.

)ie letzten Grüße von »Doolittle« ... ob ich meine Traumrolle wohl jemals spielen
verde? In einem »Millowitsch-Portrait« vom WDR zu meinem 70. Geburtstag durfte
:h neben »Zwei Herren aus Verona«, »Was ihr wollt« und anderen Specials die Rolle
us »My fair Lady« spielen (65).

:alt war's bei den Dreharbeiten zu dem 'ernsehfilm »Die Wupper« im Spät- erbst 84. Aber nur was die Außentem- eraturen betraf. Denn Jürgen Flimm, er Regisseur, vermittelte mir, das für iich eher ungewöhnliche Gefühl, etwas esonderes zu sein. (66).

Ich habe Respekt vor dem Mann im Regiesessel. Er trägt die Verantwortung. Und daß mich ein Regisseur wie Peter Zadek engagiert, darauf bin ich stolz. Hier besprechen wir meine Rolle in der Simmel-Verfilmung »Hurra, wir leben noch« (Die wilden Fünfziger, 1982) (67).

»Gnädige Frau, ich bin erfreut ...« In der »Fledermaus« küßte ich Hans Moser die Hand, 1961 (68).

Nie in Hollywood gewesen: Für Warner Brothers drehte ich »Vacation«, 1984 (69).

Die Schweinderl des Zsupán: nie werde ich den »Zigeunerbaron« vergessen, 1962 (70).

(links oben, 71) Wir hatten immer viel Spaß bei den Dreharbeiten: die »Donaug'schichten« mit dem unvergeßlichen Theo Lingen, 1968. (rechts oben, 72) Mit Harald Juhnke in »Drei Scheinheilige«, 1964 – mit seinen One-Man-Shows gastiert Harald auch heute noch in meinem Theater. (links, 73). Mit Willy Fritsch zu spielen, war das schön: in »Zwei Herzen im Mai«, 1957 und mit Vico Torriani (rechts, 74) in »Robert und Bertram«: ... es ist wunder-, wunderschön zu marschieren ... 1961.

Keine Angst vor großen Tieren: Heidi Kabel und Verteidigungsminister Helmut Schmidt beim Bundespresseball 1970 (75).

Mit Hans-Dietrich Genscher und seiner Frau sind wir herzlich befreundet (76).

Franz-Josef Strauß habe ich verehrt. Der kölsche und der bayerische Humor auf dem Bundespresseball 1979 (77).

Zwei, die mir sympathisch sind: Bundeskanzler Helmut Kohl und seine attraktive Frau Hannelore auf dem Kanzlerfest 1987 (78).

Ich trage sie alle in meinem Herzen, wie sie waren und sind: (v. l. o. n. r. u.): Curd Jürgens (79) spielte 1979 in meinem Theater. Rudi Vogel (80) gehörte zur Familie, 1957. Paul Hörbiger (81) besuchte mich 1983 in meinem Büro. Die große Zarah (82), die ich einmal im Arm halten durfte, 1971. Ich sehe all seine Filme: Klaus Maria Brandauer (83), 1983 und ich liebe seine Stimme: Placido Domingo (84), 1988 in Köln.

Geros wunderschöne Taufe: seine Eltern Gunther und Gisi Philipp und der Dompfarrer Friedhelm Hofmann, 1983 (85).

Meine lieben Freunde: Marieles Patenonkel Willy Schneider und Heidi Kabel bei einem »Hermann-Löns-Abend«, 1986 (86).

»Ich spiele so lange ich kann« ... 1968 spielte die große alte Dame Tilla Durieux noch »Langusten« in meinem Theater (87).

Beim Ariola-Prominenten-Turnier schoß ich das entscheidende Tor: es war ein Eigentor. Toni Schumacher findet das herrlich (88).

Wir alle dürfen ihn tragen, den Hut des »Doctor Humoris Causa«: (v. l.) Heinz G. Konsalik, Wim Thoelke und Truck Branss, 1981 (89).

Ich bekam 1983 den ersten Ehrenpreis für Fernsehunterhaltung. Und das waren meine Gäste: (oben, v. l.) Kuli, Peter Horton, Robert Lembke, Alfred Biolek, Chris Howland, Eddi Arent, (unten, v. l.) Wim Thoelke, Rudi Carrell, Joachim Fuchsberger (Blacky), Carolin Reiber, Max Schautzer, Sigi Harreis (90).

Dies ist für mich eine ganz besondere Seite, Menschen, die mir so lange schon die Treue halten, beruflich und privat: (v. l. n. r. u.) Otto Hofner (91) seit so vielen Jahren managt er nicht nur die Gastspiele in meinem Theater. Und erst die Frauen, die mir so nahe stehen: Heidi Kabel und Lonny Kellner-Frankenfeld (92), meine eigene natürlich, die Gerda und Irmgard Palz (93), seit 1958 meine Filmagentin.
Mit diesem Herrn teile ich viele Geheimnisse, schließlich ist er ein waschechter Kölner. Sogar einen Film, den »Geheimnisträger« hat er für mich geschrieben, der Heinz G. Konsalik (94).

An dem Karnevalsumzug mußten wir natürlich teilnehmen, und ausnahmsweise mal die ganze Familie. 1986 hieß das Motto »Kölsch Theater« (oben, 95) und das Millowitsch-Theater in der Aachener Straße wurde 50 Jahre alt.

(links, 96) »Die lachende Sporthalle« lasse ich in keinem Jahr aus. Schließlich darf ich doch mit meinen Potpourris die Stimmung anheizen.

(unten, 97) »Schnaps, das war sein letztes Wort«, nicht nur meine erfolgreichste Single bis heute, auch auf den Karnevalssitzungen wie hier im Gürzenich muß ich es immer wieder singen.

Abgesehen von meinem liebsten Hobby dem Theaterspielen, gibt es nicht so sel viel, was mir Spaß macht. Natürlich mei technischer Fimmel, die zweite Familier krankheit, mein ganzer Keller ist eingedeckt mit Kameras, Video-Geräten, der Dia-Projektor, Alben, Kassetten (oben, Wenn ich Zeit habe, schneid ich mir die alten Familienfilme neu zusammen un moderier sie auch noch. Zwei weiteren Hobbies gilt meine Liebe: Sophie, unserer Dackelhündin (links, 99) und der guten, gesunden Küche meiner Frau (unten, 100).

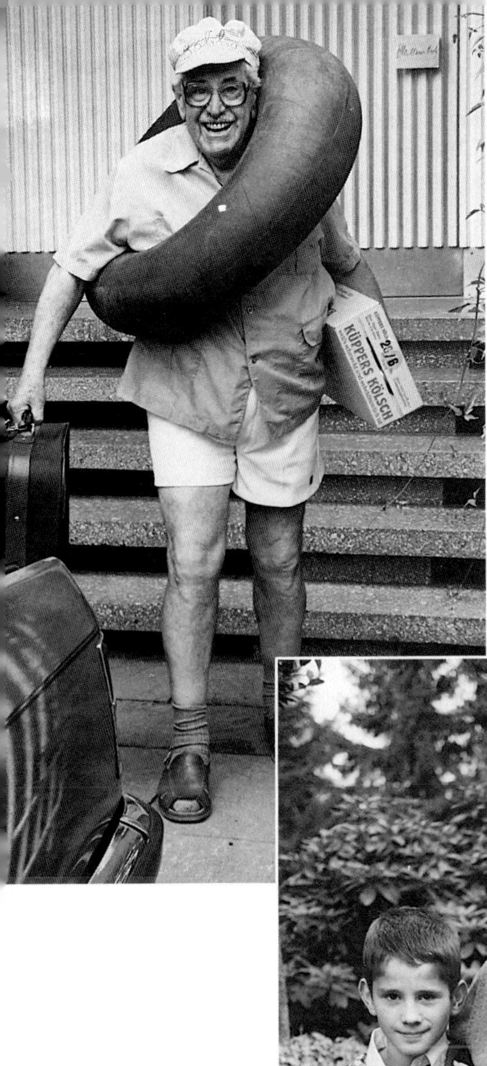

Von Zuhause nach Zuhause ... Die Theaterferien haben begonnen und wir sind mit all unseren »Kleinigkeiten« startklar zum Aufbruch nach Elba. Mutti und ich fahren diesmal gemeinsam voraus, 1985 (101).

Iit meinen Enkeln Peter
I2) und Philipp (10) laß ich
ıich am liebsten fotografie-
en. Dieses Bild hat mein
chwiegersohn Christian
ur für mein Buch gemacht,
randaktuell. Leider sind sie
iel zu schnell gewachsen,
nd die Zeiten in denen Phi-
ppchen bei Opi im Bett
chlief, sind vorbei ... und
eterle zieht heute den
omputer vor (102).

Das ist das berühmte Mäuerchen: hier sitze ich am liebsten allein, mit meiner Gerda oder all den Freunden, die uns auf Elba im Sommer besuchen (103).

Ist das nicht herrlich: Urlaub, Sonne, Wind und Meer ... und Schnorcheln natürlich. Ich muß doch wissen, was da unten los ist ... (104).

Geflogen bin ich noch nicht selbst. Mein Freund Riedenauer brachte Bernhard Wicki und
eine Frau Agnes Fink nach Elba, 1983 (oben rechts, 105). Aber Motorradfahren kann ich
ach 40 Jahren noch und mit Heidi Kabel für mein Geburtstags-Special zum 80. im Heu
anden, 1988 (106).

Meine Lieblingsbeschäftigung:
von Elba aus schicke ich
Postkarten an meine lieben Freunde
in die ganze Welt (107).

Ich erlebe die Welt durchs Kellerfenster

Schnurgerade ist unsere Aachener Straße. Kilometerweit so verdammt gerade, daß sich mir noch heute manchmal der Magen zusammenzieht, wenn die Erinnerungen zurückkommen...

Mit meinem Neffen Karl Peter war ich auf dem Tandem in die Stadt gefahren. Den Fahrradanhänger hatten wir auch dabei. Was wir suchen wollten, waren die Notbeleuchtungsbatterien des Theaters. Die konnten wir gut für unseren Bunker gebrauchen, damit die Leute auch zum Keller hinunterfanden.

Und da fauchten sie heran. Tiefflieger! – Wir sahen sie schon von weitem. Mit ihren ekelhaften Hornissenköpfen flogen sie dicht über der Aachener Straße...

»Los, Peter! Runter vom Rad. – Weg!«

Wir rannten, rannten um unser Leben, rannten in den Friedhof Melaten. »Dort...« – Karl Peter sah es als erster – lagen große Zementrohre. Sie verhießen die Rettung... Diese Zementrohre halfen damals der Bevölkerung als »Splitterschutz« gegen Überraschungsangriffe. Das nächstgelegene hatte zwar bei einem früheren Bombenangriff einen Treffer abbekommen, doch was machte das schon in dieser Situation... Ich warf mich hinein, dann Karl Peter.

Der Schreck griff wieder nach uns: Körper, Menschen, wie weggeworfene Puppen... Wir lagen auf Leichen.

So schreckliche, so sonderbare Bilder sind es, die sich aus dieser Zeit einstellen.

Wieder mal war ich mit meinem Speditions-Lkw im Rechtsrheinischen unterwegs. 42 Panzerfäuste hatte ich als Ladung. Die sollte ich den alten Männern und Kindern des »Volkssturms« in ihre Stellungen im Westen Kölns bringen. Der nächste Weg führte über die Hängebrücke zwischen Deutz und der Altstadt. Die Brücke war mit Vorsicht zu genießen. Sie hatte schon mehr als ein Dutzend Bombenangriffe abbekommen...

Ich hatte Angst. Nicht so sehr vor der morschen Brücke, auch nicht vor der nächsten Bomberwelle, deren Ankunft schon wieder im Radio angekündigt war, nicht einmal vor der hochexplosiven Fracht in meinem Rücken – nein, ich hatte schlichte Angst, daß irgend so ein Idiot in Polizei- oder Parteiuniform auf die Idee käme, nach meinem Wehrpaß zu fragen.

Die Deutzer Hängebrücke hieß damals »Hindenburgbrücke«. Die Fahrbahn war geflickt, die Geländer von Splittern verbogen und zerrissen – na schön. Ich rollte hinüber, und der Kerl, der neben mir saß, ein Landser, dessen Marschbefehl eigentlich auf Magdeburg ausgeschrieben war, der aber jetzt mit mir in die entgegengesetzte Richtung fuhr, sang tapfer mit: »Es geht alles vorüber, es geht alles vorbei...«

Geschafft. Wir umkurvten inzwischen die Trümmer am Heumarkt – und vernahmen ein sonderbares Geräusch, ein durchdringendes Ächzen, so als würde ein uralter, dicker Baum umkrachen oder eine überdimensionale Stahlfedermatratze unter einer riesigen Last langsam bersten – und nun ein schrecklich surrendes Pfeifen: Die stählernen Tragseile rissen...

Ich trat auf die Bremse und blickte dann zurück.

Da sah ich es durchs Seitenfenster: Ich sah, wie die Brückenpylonen sich senkten, langsam, gemächlich, wie im Zeitlupentempo. Ich sah, wie ein Teil der Fahrbahn sich hochbog und wie dann die Brücke mit allem, was darauf war, mit den Menschen und den Fahrzeugen, in einer Masse verbogener Trümmer in den Rhein klatschte.

Wir starrten uns an. In dieser Schrecksekunde begriffen wir überhaupt nichts.

»Mein lieber Scholli«, flüsterte der Landser, »jetzt reicht's mir langsam…«

Mir reichte es auch.

Ja, Bilder. Bilder von damals…

Als ich an diesem Abend wieder in Lövenich war, erwartete mich die nächste Katastrophe: Der Gestellungsbefehl. Am 1.3. hatte ich mich in Munsterlager bei einer Panzer-Ausbildungseinheit zu melden.

Ich besorgte mir erst mal einen Schnaps und setzte mich auf den nächsten Stuhl. Dann dachte ich nach. Viel zu überlegen gab es ja nicht. Die Rechnung war geradezu unglaublich einfach. Sie bestand aus zwei Faktoren. Faktor A: Frühestens in dreißig Stunden, nämlich am 2.3. um 00.01 Uhr, könnte die Wehrersatzabteilung in Munsterlager die Fahndung nach dem überfälligen, desertionsverdächtigen Wehrpflichtigen Willy Millowitsch ausschreiben. Und Faktor B: Drüben, kurz vor Ichendorf – keine 10 km von Lövenich, dem Ort, wo du jetzt deinen Schnaps trinkst – stehen die Amis.

Die Frage, die ich mir stellte, lautete also: Wer wird schneller sein? Die Amerikaner, deren übermächtigen motorisierten Einheiten nur noch einige schlechtbewaffnete deutsche Widerstandsnester im Wege standen – oder die »Kettenhunde«, die Fänger der Feldgendarmerie und der SS... Zu was die imstande waren, wußte ich: Überall hingen in diesen Tagen die Erhängten von den Bäumen, das Pappschild um die Brust, auf dem zu lesen war: ICH BIN EIN DESERTEUR.

Ich entschied mich für die Amerikaner. Begreiflich ist wohl auch, daß sie sich für meinen Geschmack viel zu langsam bewegten. Was waren diese Alliierten bloß so vorsichtig? Wieso, verdammt, marschierten die nicht? Im Schneckentempo nur kamen sie voran. Köln war schließlich nur noch eine einzige Schuttwüste. Auf was warteten sie?!

Da hockte ich jetzt in unserem so gut ausgebauten privaten Luftschutzbunker, den Rest der Familie um mich, ein gutes Dutzend Nachbarn dazu. Und kein einziger Ami war in Sicht!

Nur ihre verdammten Flieger schwirrten über unsere Köpfe.

Ich schwitzte. – So vergingen fast vierzig Stunden der Ungewißheit. Ich hatte mich in den vorderen Teil des Hauses verkrochen, wo es ein Kellerfenster gab, durch das ich die Straße überblicken konnte. Manchmal traute ich mich auch hinaus, aber stets mit diesem würgenden Gefühl im Magen: Wenn jetzt die SS kommt oder eine Streife der Feldgendarmerie, bist du geliefert, Willy...

Vierzig Stunden. Zwei Nächte! Und die Amis schossen mit ihrer Artillerie, statt einzumarschieren.

Dann brach der Morgen des 2. März an: Schönes Wetter, blauer Himmel, wieder saß ich an meinem Platz am Kellerfenster. Ich hatte ein Stück Brot zwischen den Zähnen und kaute darauf herum, ohne etwas zu schmecken. Hatten die Amis vielleicht strategische Gründe? Was war nur, wo blieben sie?!

Da hörte ich Schritte auf der Straße. Ich fuhr hoch! Aber es war nur die Frau Söhnken, eine Nachbarin. Sie kam gerade zurück, war nur mal aus unserem Keller gekrochen, um zu Hause nach dem Rechten zu sehen. Sie wohnte ja nur drei Straßen weiter, drüben im Wieselweg...

»Und dann?« fragt Mariele, drückt auf die Tonbandtaste und hat wieder mal ganz runde Augen.

»Ja, dann, Mariele... Da geht einem so viel durch den Kopf. Diese Unruhe, diese schreckliche Nervosität. Ich erinnere mich so gut daran... Manchmal rannte ich einfach hinaus in den Garten, schnappte mir den nächsten Besen und fing an, wie ein Verrückter zu kehren. Ich mußte Dampf ablassen. Ich wäre sonst wahnsinnig geworden...

Und plötzlich, Mariele, läuft die Frau Söhnken auf unser Haus zu – ich beobachte das von meinem Kellerfenster –, und genau hier, vor der Tür zum Vorgarten, knallt die Söhnken gegen einen Menschen, der da so rumstand. Die Söhnken wußte überhaupt nicht, wie ihr geschah. Das war nämlich so 'n baumlanger Kerl. Da guckt sie an ihm hoch und fragt: ›Wissen Sie, ob die Amerikaner vielleicht...‹ Und guckt zum erstenmal genau. Und hat die Hand vorm Mund vor lauter Schreck. Denn der da vor ihr grinst. Einer mit Maschinenpistole und Stahlhelm. Aber der Stahlhelm, der war ganz anders als unserer. Das war 'n Amerikaner!

Die tat vielleicht einen Schrei, stürzte ins Haus rein. Ich hockte an meinem Fenster, und sie brüllt mich an: ›Die Amis sind da, die Amis sind da...!‹

Ein Glück – das war nun klar! Ich bin gleich rausgelaufen. Die Amis guckten mich an und kauten. Die waren im Grunde ganz nett, grinsten sogar. Es waren aber nur einzelne. Dann kamen mehr, wohl die Spitze... – Die hatten Maschinenpistolen in der Hand und guckten mißtrauischer. Sollten sie gucken. Für uns war der Krieg zu Ende. – Feierabend war's, Mariele!«

Und das stimmt auch. Endlich war es Feierabend...

Der Herrjott läßt uns nicht verkommen

Wir hatten auch andere Erlebnisse, die unseren Lebenswillen und all die verrückten Hoffnungen ankurbelten. Eines blieb uns unvergeßlich.

In Lövenich waren wir mit der Familie Sinn bekannt. Und eines Morgens, als uns danach zumute war, überfielen Lucy und ich unangemeldet die Sinns. In ihrer Wohnung stand ein hochgewachsener älterer Herr mit einem unverwechselbar breitknochigen Gesicht. Ich mußte erst mal schlucken. War das nicht...? Ja, das war doch der Adenauer! Und um die Situation, ja den freudigen Schreck, den wir dabei verspürten, zu erklären, muß ich hinzufügen: Konrad Adenauer, den die Nazis bereits am 13. 3. 33 aus dem Amt gejagt hatten, blieb über all die Jahre für Köln ein heimlich angebetetes Idol.

Nun stand er vor uns. Leibhaftig.

»Juten Tach«, sagte er und verbeugte sich höflich.

Die Familie Sinn hatte sich nur mit Mühe von der Überraschung über unseren Besuch erholt. Jetzt redeten sie alle auf einmal los, offensichtlich in der Angst, irgend jemand könnte von dieser Begegnung erfahren.

Adenauer beruhigte die Gemüter: »Machen Se sich mal kein Sorjen. Ich bin zur Zeit ja keine Unperson, sondern janz offiziell aus der Haftanstalt Brauweiler entlassen worden. Das hat mein Sohn Max beim Reichssicherheitshauptamt erreicht. Es liecht ja auch eijentlich nichts jejen mich vor. Aber ich darf mich nit im Rejierungsbezirk Köln aufhalten. Darum wär et nit jut, wenn einer erführ, wo ich im Moment bin...«

»Um Gottes willen, Herr Dr. Adenauer«, fragte Lucy. »Wo wollen Sie denn hin?«

»Nach Rhöndorf. Nach Haus. – Wohin denn sonst?«

»Das ist aber nicht so einfach«, meinte Lucy, und mir fiel auch nichts anderes ein. Sie hatte ja recht.

»Heutzutage is so jut wie janix einfach«, grinste der alte Herr. »Aber et wird bestimmt auch mal wieder besser werden. Ich jlaube nich, daß der Herrjott uns so janz verkomme läßt. Un Sie, liebes Frollein Millowitsch, werden auch irjendwann wieder Theater spielen. Da bin ich janz sicher... Aber ich wär Ihnen beiden dankbar, falls Sie einer fragt, dat Se sajen, dat Se mich nich jesehen haben.«

Wieder auf der Straße, sprachen wir zunächst kein Wort. Wir waren viel zu aufgewühlt. Dann fing Lucy plötzlich an zu lachen und schüttelte den Kopf: »Der Alte«, sagte sie. »Was für ein Mann!«

Ja, was für ein Mann! Daß der fast Siebzigjährige optimistischer in die Zukunft blickte als selbst wir Jungen, hatte uns zutiefst beeindruckt.

Um die Geschichte mit Adenauer zu Ende zu bringen: Später erfuhren wir, daß er ohne Hosenträger und Schuhriemen zu Fuß von Brauweiler nach Lövenich gelaufen war. Es war nämlich Sonntag. Auch die Häftlingskleiderkammer hatte ihren Ruhetag. Adenauer aber – wer wird es ihm nicht nachfühlen – hatte nur einen einzigen Wunsch: Nach Hause! Frei sein. Auch ohne Hosenträger.

Die Brüder Sinn hatten für Konrad Adenauer dann sehr bald eine Fahrt in einem geschlossenen Lieferwagen bis an das Rheinufer, in die Bonner Gegend, arrangiert. Von da aus war er nach einigen Komplikationen nach Hause, zu seiner Familie, gelangt.

Wenig später würde er sich schon an die Begegnung mit uns beiden erinnern. Sie sollte sich für den Neuanfang der Theaterdynastie Millowitsch nach all den Wirrnissen des verheerenden Krieges als äußerst hilfreich erweisen...

Das Wunder

Meine Schwester Lucy verfügte über ein nicht hoch genug einzuschätzendes Kapital: Sie war der Sprache der Sieger mächtig! Sie konnte sich mit diesen sonderbaren, schlaksigen, kaugummikauenden Menschen von einem anderen Stern ganz locker verständigen. Hübsch, temperamentgeladen, wie sie nun mal war, tat sie's auch oft genug, und so erhielten wir bald regelmäßige Informationen aus der Befehlszentrale der US Air Force über den Kriegsschauplatz. Und der war, wie die Dinge nun mal lagen, unsere engere Heimat.

Welch verrückte Situation! Der deutsche Wehrmachtsbericht trompetete noch immer von erfolgreichen Abwehrkämpfen und grandiosen Abschußzahlen feindlicher Flugzeuge und Panzer. Dazwischen geiferte Propagandaminister Jupp Goebbels, oder seine »Funkschnauze« Hans Fritsche, gegen all die »Feiglinge und Verräter im Rheinland«, die dem Feind weiße Fahnen statt blanke Messer zeigten. Glaubte man dem britischen Sender BBC, hatten die Alliierten bereits die linken oder rechten Fußzehen im Rhein. Und nun kam also Lucy mit ihren Neuigkeiten aus der amerikanischen Funkzentrale und setzte uns in Kenntnis, daß die alliierten Strategen, die unsere Nachbarschaft bevölkerten, die Lage in Köln äußerst skeptisch beurteilten.

Wieso eigentlich? Wieso hockten sie hier in Lövenich herum, ließen ihre Truppen und Lkws in den Gärten und Äckern biwakieren, statt den Trümmerhaufen Köln zu nehmen? Ihr Motiv wurde auch uns bekannt: Aus den Nachrichten von der Ostfront hatten die US-Generäle wohl geschlossen, die »Krauts« würden auch im Rheinland jeden Meter, jeden Stützpunkt genauso fanatisch und blutig verteidigen wie in Ostpreußen oder Schlesien. Sie hatten keine Ahnung! Was wußten sie schon von diesem Großdeutschland, das gerade in seine Bestandteile zerfiel... Und was wußten sie von den Deutschen und ihrem Wunsch, der sie alle in diesen Tagen einte: Amis oder Briten, laßt sie kommen. Ist ja egal. Nur die Iwans laßt nicht rein!

Andererseits: Wer wollte es den Jungens aus Oklahoma oder Kalifornien verdenken, wenn sie keine große Lust verspürten, in diesen letzten Kriegstagen dran glauben zu müssen. Und sei's nur durch die Kugel eines verrückten »Werwolfs«, einem aus dieser Phantomtruppe, die die Amerikaner so fürchteten... Forderte die NS-Propaganda nicht von den Deutschen, den letzten Zentimeter Land mit dem letzten Blutstropfen zu verteidigen?

»Die Stadt ist eine Falle. Was glauben Sie, wie dumm eine Panzergruppe in den Trümmerstraßen Kölns aussieht?« fragte mich in diesen Tagen ein deutschsprechender amerikanischer Captain. »Die Panzer bleiben stecken, und da braucht dann nur ein vierzehnjähriger Hitlerjunge seine Panzerfaust abzufeuern... Waren Sie denn nie Soldat?«

»Nein«, erwiderte ich wahrheitsgemäß.

»Was war denn dann Ihr Fronttheater? Waren Sie nicht bewaffnet? Wenn es zum Notfall kam, mußten Sie denn da nicht eingreifen können?«

»Nein, Captain. Wieso denn? Komödianten tragen keine Waffen. Wir hatten nur eine Aufgabe: Landser und Zivilisten bei Laune zu halten!«

Er legte den Kopf etwas schief und blickte mich aus seinen grauen Augen an: »Ja, ja, Herr Millowitsch. Und was heißt das, bei Laune halten...?«

»Wie bitte?«

»Ich meine, das ist doch nichts anderes, als daß Sie Ihre Mitmenschen davon ablenkten, was in Wirklichkeit passierte, und insofern, Herr Millowitsch...«

Er beendete den Satz nicht. Er lächelte sogar. »Ich glaube, Schauspieler sind nun mal so. Die Komödianten wissen nicht, was sie tun – und Gott liebt sie doch...«

Dann warfen die Amis doch noch ihre Panzermotoren an und zogen los...

An einem Dienstagnachmittag, es war der 6. März, hatten sie das Rheinufer erreicht. In der Altstadt schwiegen die Waffen. Nur noch am rechtsrheinischen Ufer donnerten die Artillerieduelle. Das Geballer sollte uns wochenlang begleiten. Es interessierte uns nicht mehr...

Das Oberkommando der Wehrmacht berichtete von heftigen Straßenkämpfen in Köln, BBC das Gegenteil. Was wirklich geschah, darüber wußten nur unsere Nachbarn in Uniform Bescheid. Und die waren so nett, es uns zu zeigen.

Eines Morgens packte der First Lieutenant Stephen McNally meine Schwester und mich in seinen Jeep. Wir fuhren die lange Aachener Straße entlang in die Innenstadt. Während der Jeep an Schlaglöchern, Granat- und Bombentrichtern vorbeitanzte, klopfte uns das Herz im Hals. Wir brauchten kein Wort, nicht einmal einen Blick zu wechseln; wir dachten ja dasselbe: Lieber Himmel, dachten wir, Herr – hilf doch! Laß das Theater wenigstens heil bleiben. Laß es uns – wenn's auch nur irgendwie in deinen Kram paßt!

Aus der langen Perspektive der Straße, vor dieser gespenstisch dunkelgezackten Ruinenkulisse, schälten sich erste Häuserblöcke heraus. Wie immer sie aussahen, die Mauern schienen intakt.

Und dann schrie Lucy: »Willy, es steht! Guck hin: das Haus, es steht!«

Es stand!

Es war unglaublich – aber unser Haus war noch da. Und mehr noch – es schien vollkommen in Ordnung. Man mußte weder über Schutthügel klettern noch Balken aus dem Weg räumen, und die Trümmer, die vereinzelt herumlagen, das waren die Trümmer von Nachbarhäusern...

Das Dach des Theatersaals im Hof allerdings hatte der Luftdruck der Explosionen abgedeckt. Nur die Eisenträger des Dachstuhls ragten in den grauen Märzhimmel.

Na wenn schon! Das ließ sich in Ordnung bringen. Also – rein ins Haus! Der Deckenputz des Saals hatte sich gelöst und war auf die Bestuhlung gefallen; Regen hatte Stühlen und Parkett so zugesetzt, daß sich ein richtiges Biotop zu bilden begann. Tatsächlich: Moos wuchs aus dem Parkett!

Auch das machte uns nichts aus. Wir fielen uns um den Hals... Dieser nette junge McNally schüttelte nur den Kopf. Was verstand schon ein Ami davon! – Die Grundfesten unseres Theaters hatten überlebt – und wir auch. Darauf kam es an...

Dann sah Lucy den Flügel auf der Bühne.

Auch mir blieb die Spucke weg: Staubüberkrustet – aber solide und fest auf den Beinen, stand er da und schien geradezu auf uns zu warten... Lucy flog förmlich über Schutt und Geröll hinweg, fegte eine vermoderte Schutzdecke zur Seite, hob den Deckel und senkte die Hand zärtlich auf die Tastatur. Ein paar Töne zuerst, dann zwei, drei Kadenzen... Die Töne schwebten durch das Halbdunkel – es waren Töne voll zärtlicher Freude, so rein, so klar.

In diesen Sekunden hatte ich Mühe, nicht loszuheulen. Und in diesen Sekunden wußte ich auch: Das wirst du nie, nie vergessen, solange du auch lebst. Dies ist ein Wunder!

War es ja wohl auch. Dieser arme Flügel, der an unserer Stelle alles erleiden mußte, was der Krieg an Grauen und Brutalität über die Stadt ausgeschüttet hatte, war noch nicht einmal verstimmt...

Der Keller aber stand unter Wasser, Requisiten und Kostüme faulten. Unser zweiter Flügel – ach, reden wir nicht von ihm. Aber die Kostüme?! Daß wir hier unten nasse Füße bekamen, uns war's egal. Der Leuchtstrahl der Taschenlampe huschte über Voile, Spitzen, Samt, Stickereien. – Wir atmeten auf: Gott sei Dank. Da war noch viel zu retten.

Unsere Stimmung stieg: »Mensch, Willy!« Lucy gab mir einen Kuß.

»Hey«, hörten wir oben jemand brüllen: »What's going on down there?«

Ja, was ging hier unten vor? Wie sollte ein McNally aus Oklahoma verstehen, daß die Millowitschs in einem nassen Keller nichts als Kostüme zählen wollten? Was hatte er schließlich auch mit *Et fussig Julche*, dem *Etappenhasen* oder dem *Zigeunerbaron* zu tun? McNally wollte nur eines: Der hübschen Lucy die Stadt zeigen.

So fuhr er uns dann kreuz und quer durch die Innenstadt. Sein geländegängiger Jeep bahnte sich mit brüllendem Motor den Weg durch die Straßen, die die Trümmer noch nicht ganz blockiert hatten. Und so erhaschten Lucy und ich auch noch einen Blick auf die Schildergasse Nr. 99–101, wo im »Colosseum« zwischen 1908–1924 das Millowitsch-Theater zu Hause gewesen war. Und auch auf die Reste, die von der »Harmonie« in der Apostelnstraße übriggeblieben waren. Hohe Straße – Neumarkt – Hahnenstraße – Gürzenich – die Tränen stiegen uns in die Augen beim Anblick der Ruinenfelder, aus denen wie schwarze Zähne die Kamine ragten. Dazwischen die abgemagerten Menschen in ihren staubbedeckten Kleidern. Sie wirkten in dieser Szene wie Gespenster aus einem Shakespearestück, wie Wesen einer Welt, die sie selbst nicht mehr verstanden. Erschütternder vielleicht noch als dieser Anblick blieben die nüchternen Zahlen der Statistik:

Vier Fünftel aller Wohnungen hatte der Krieg in Köln zerstört. 40 Millionen Kubikmeter, so wurde später errechnet, betrug allein die Schuttmasse. Und mitten in dieser grauenhaften Wüste aus Trümmern und zerschlagenen Hoffnungen hausten noch immer Menschen. Vierzigtausend waren es. Ganze vierzigtausend von den einst siebenhunderttausend Einwohnern, die Köln bei Kriegsausbruch gezählt hat.

Die Leute sollen wieder wat zu lachen haben!

Überleben also...! Durchkommen, genauer: Durchwursteln stand auf der Tagesordnung. Reden wir nicht mehr davon... Vergessen wir den Hunger und die Tricks, die wir uns einfallen ließen, um ihn zu bekämpfen. Wir hatten anderes im Kopf. Andere Sorgen, andere Probleme. Wir waren Millowitschs – und der ererbte Virus in uns, der »sanfte Wahnsinn«, ließ sich durch nichts bekämpfen. Nicht einmal in diesem Jahr 1945.

Nächtelang saßen wir zusammen, diskutierten, stritten, fachsimpelten, bis wir ins Bett kippten. Was gewesen war, wurde gestrichen. Es mußte weitergehen. Weitergehen aber hieß für uns – weiterspielen.

Die alte Wahrheit, die schon unsere Großväter erfuhren, bewahrheitete sich aufs neue: In den miesesten Zeiten werden die Spaßmacher am meisten gebraucht. Wir wollten es beweisen. Ja, wir wollten wieder Menschen lachen sehen.

Nur wie? Die Amerikaner gaben uns den ersten Anstoß. Sie waren ein menschenfreundliches Volk, die Jungens, die über den Ozean zu uns gekommen waren. Eines Tages – im Süden Deutschlands wurde noch immer geschossen und gestorben – kamen sie zu uns und meinten, die Krankenhäuser seien voll todtrauriger, leidender Menschen. Ob wir nicht Lust hätten, etwas dagegen zu unternehmen. Und ob wir Lust hatten!

Was uns nun erwartete, ging uns ans Herz. Die

Amerikaner hatten ja so recht: Welch ein Elend! In den Jahren unserer Fronttheater-Tourneen hatten wir nicht viel davon gesehen, doch das war nicht zu vergleichen mit diesem Zug durch die linksrheinischen Kölner Notlazarette, die Kliniken, die zu Hospitälern umgewandelten Schulen. Ein einziges Spalier des Leids. Nie während unserer Schauspielerexistenz hatten wir ein dankbareres Publikum gefunden als die Kranken und Verwundeten der letzten Kriegsstunden.

Nun wußten wir erst recht, was zu tun war. Nur das Wie blieb noch im dunkeln. Gut: Der Krieg war praktisch zu Ende. Aber Theaterspielen? Richtiges Theater in einer Stadt, in der Menschen in Kellerhöhlen hausten? Wie eigentlich? Verrückt war das doch!

Noch etwas kam hinzu: Unser Theater stand zwar in seinen Mauern, aber um es begehbar und bespielbar zu machen, reichten weder Idealismus noch arbeitswillige Fäuste. Dazu bedurfte es anderer Dinge: Baumaterial, Balken, Zement, Gips, Ziegel – Dinge, die in diesen Zeiten schwerer aufzutreiben waren als Gold.

Wir waren die alten Traumtänzer geblieben. Unser schönes Projekt konnten wir getrost vergessen…

Die Botschaft traf mich wie ein Blitz: Der neue OB wollte mich sprechen, und es gehe um das Theater…

Der neue OB war niemand anderes als Konrad Adenauer. Die Amerikaner hatten ihn wieder ins Amt geholt. Sechzehn Jahre lang, von 1917 bis 1933, also auch in den schrecklichen und qualvollen Zeiten eines anderen Kriegsendes, hielt er die Geschicke der Stadt in den Händen.

Was ihm Köln verdankt – ich will es hier nicht aufzählen. Wichtig war – derselbe Konrad Adenauer war wieder einmal *der* Mann des Neubeginns. Und nichts illustriert besser, um welchen Neubeginn es sich da handelte, als der Vorschlag amerikanischer Städtebauer: Das ganze Old Cologne völlig zu vergessen, niederzuwalzen und an anderer Stelle wiederaufzubauen. Man schlug sogar einen Platz dafür vor: Nördlich vom heutigen Köln, am Rhein zwar, aber »mehr auf Düsseldorf zu«...

Da hat der Alte wohl nur den Kopf geschüttelt.

Die Kölner strömten heim in ihre zerstörte Stadt. Aus den vierzigtausend, die das Kriegsende miterlebten, wurden täglich mehr. Bald waren es siebzig-, dann neunzig-, dann hunderttausend. Daß sie keine Wohnungen vorfanden, sondern nur nasse, kalte Ruinenlöcher, daß auf sie nur Strapazen und Entbehrungen warteten – ihre Rückkehr an den Rhein konnte es nicht verhindern.

Damals, in jenen Monaten nach der großen Schreckenszeit, erfüllte sich das Lied, das Willy Ostermann 1936 auf dem Sterbebett geschrieben hatte, mit neuem tragischen Sinn: »Ich möcht zo Foß no Kölle jon.«

Ja – die Kölner kamen, zu Fuß, mit Handkarren, auf klapprigen Fahrrädern und mit der Eisenbahn. Sie hatten Hunger, Durst, weder Habe noch Bleibe. Und sie fühlten sich doch in ihrer Heimat, glaubten fest daran, es müsse weitergehen. Und es ging weiter.

Ein Theater hatten sie zwar auch nicht, aber das war nun sicher das allerletzte, das sie im Augenblick brauchten.

So unglaublich es klingt: Selbst über dieses Thema hatte unser neuer, kommissarischer Oberbürgermeister schon nachgedacht.

Wir erhielten eine Einladung, ihn in seinem Büro zu besuchen. Ich ging hin.

Vom historischen Rathaus, am Altermarkt, aus dem Adenauer am 13. März 1933 von den Nazis verjagt worden war, besaß er nur noch den Schlüssel. »Ich hab ihn damals einfach mitjenommen«, erzählte er später. »Und mir heimlich ausjemalt, dat de Braunen nen Schlosser holen müßten, wenn se wieder reinwollten, in de Diensträume.«

Das Rathaus war in einen Schuttberg verwandelt. Adenauer arbeitete in einem einigermaßen erhaltenen Versicherungsgebäude am Kaiser-Wilhelm-Ring. Nach Ölfarbe roch es hier. Die Aktenschränke stammten aus den Beständen der amerikanischen Armee, und natürlich hatten die Besatzungsoffiziere alle Direktorenzimmer okkupiert, so daß der Herr Oberbürgermeister die übrigen Bürozellen mit so wichtigen Dienststellen wie »Registrierung entlassener Kriegsgefangener« oder »Lebensmittelbezugsberechtigten-Erfassung« teilen mußte.

Politisch unbelastete Mitarbeiter arbeiteten hier. Von den riesigen Aufgaben waren sie fachlich oft völlig überfordert. Aber mit einem Idealismus, den man sich heute kaum mehr vorstellen kann und der wohl langsam aus der Mode kommt, versuchten diese Männer und Frauen der ersten Stunde das Unmögliche zu schaffen.

Es ging ums Wasser, um Hungerrationen, ums nackte Überleben! Und Adenauer wollte mit mir über mein Theater sprechen? Es schien mir so irreal wie ein Traum.

Pünktlich, um acht Uhr morgens, stand ich auf der Matte. Adenauer war schon im Büro. Dabei hatte er es doch von Rhöndorf entschieden weiter als ich von Lövenich.

Als ich reingelassen wurde, fiel mir als erstes ein riesiger Blumenstrauß auf. Er stand auf der äußersten Kante seines Schreibtisches. Rosen. Und während der Mann mit dem Indianerkopf zwei Herren einige knappe Anweisungen mit auf den Weg gab, blieb mein Blick an einer bronzenen Tischleuchte hängen: ein gewaltiges Ding, das ich in diesem Raum am wenigsten erwartet hätte.

Adenauer hatte wohl meine Verwunderung registriert. Er lächelte: »Ja, Herr Millowitsch! Dat da, dat hab ich mir aus dem El-De-Haus, der verlassenen Jestapo-Zentrale in der Elisenstraße, mitjenommen. Da ham se meine Frau und die Töchter verhört und jetriezt. Wie Verbrecher ham se se behandelt. Wenn Se meinen, das dat vielleicht ne billije Triumpf ist, dat ich den Leuchter mitjenommen hab, da ham Se recht. Aber ne einfache Mensch, wie ich et bin, braucht so wat manchmal, um neue Kraft zu finden.«

Was sollte ich da schon antworten? Ich räusperte mich und verharrte in Schweigen. Es wär mir auch zu blöde vorgekommen, nur immer »Ja, ja, Herr Oberbürgermeister« zu sagen.

Adenauer sprach ohnehin gleich weiter: »Also, Herr Millowitsch. Dann wolle mer mal zur Sache kommen. Wie steht dat mit Ihrem Theater an der Aachener Straß?«

»Wie's steht? Na ja, es steht noch – das Haus, mein ich. Aber der Dachstuhl ist weg. Die Saaldecke ist runter. Die Bestuhlung kann man auch vergessen. Die Bühne wird vielleicht noch funktionieren – das heißt, wenn wir erst mal allen Dreck weggeräumt haben...«

»Herr Millowitsch, passen Se mal auf! Ich hab Avis jejeben. Jehen Se schleunigst auf die Ämter! Berufen Se sich auf mich! Holen Se sich alle Bezugsscheine, die Se brauchen – für Baumaterial un all so wat. Ich will, dat Se so bald wie möglich wieder Theater spielen können.« Adenauer schlug mit der Hand auf den Schreibtisch. »Die Leute sollen wieder wat zu lachen haben!«

»Ja, Herr Oberbürgermeister. Nix lieber wie dat«, sagte ich und fühlte mich verabschiedet.

Doch als ich an der Tür war, rief er mich noch einmal zurück:

»Herr Millowitsch, Moment mal...«

»Bitte, Herr Oberbürgermeister«, sagte ich.

»Verjessen Se dat eine nich... Schicken Se mir zur Premiere zwei Karten. Aber Freikarten bitte...«

Wie uns dieses Gespräch mit Adenauer aufgemöbelt hatte, wie es uns alle beschwingte, darüber brauche ich wohl kein Wort zu verlieren.

Nun ging's los.

Meine alte Zündapp hatte ich bereits reaktiviert. Nun mußte sie leiden! Ich hatte ein Adreßbuch gefunden und klapperte jede Baustoffhandlung ab, immer dem Verzeichnis nach. Doch Bauhandlungen standen nur noch auf dem Papier; in Wirklichkeit gab es sie nicht mehr.

Endlich, in Ehrenfeld, wurde ich fündig. Da hatte sich eine große Firma über den Krieg gerettet, da lagen Zement, Gips, ganze Stapel von Säcken – eine wahre Fata Morgana!

»Wat wollen Sie denn hier?« Der Mann hinter dem Schreibtisch in der Verwaltungsbaracke hatte schon ganz müde Augen. Er wußte ja, was kommen würde.

Ich sagte ihm, was ich haben wollte. Und das war eine ganze Menge.

Er schüttelte nur den Kopf: »Unmöglich...«

Ich griff in die Tasche, holte das Schreiben Adenauers heraus, den Zauberschein.

»Na, so wat?« Er bekam ganz runde Augen.

Ja, so wat! – Jeden Morgen fuhr ich nun rüber nach Ehrenfeld. Einen der Holzvergaser-Lkws, die damals durch die Gegend knatterten, konnte ich freilich nicht organisieren. Also mußte die arme Zündapp daran glauben. Sack um Sack fuhr ich Zement und Gips ab. Längst spürte ich mein Kreuz nicht mehr. Im Schlaf kannte ich jeden Bombentrichter, jede Ruine, die ich mit meiner Last zu umkurven hatte.

»...Machen Se wieder Theater, Herr Millowitsch – die Leute sollen wieder wat zu lachen haben...«

Und ob ich Theater machen würde!

Adenauer blieb auch in einem anderen Punkt prophetisch: Keine Macht der Welt konnte die Kölner davon abhalten, in ihre Stadt zurückzukehren. Und mit ihnen kamen auch die alten Schauspielerkollegen wieder. Einer nach dem anderen klopften sie bei uns in der Aachener Straße an. Abgemagert, blaß, verstört von all dem, was hinter ihnen lag. Was denn so los sei, wollten sie hören, wie es den anderen so gehe... Und ob wir vielleicht, womöglich daran dachten...

Doch diese Frage wagten sie kaum zu Ende zu stellen.

So gab es jedesmal ein regelrechtes Indianergeheul, wenn ich damit rauskam: »Wir spielen wieder!« Daß dieser Traum allerdings nur realisierbar war, wenn jeder zupackte und keine Schinderei scheute, um das Theater spielbar zu machen, nahmen sie gerne in Kauf. Unermüdlich wurde nun »geschüppt«. Alle Freunde aus dem alten Ensemble, Frauen wie Männer, halfen mit. Die Schuttberge vor dem Eingang waren bereits verschwunden. Wir kämpften uns in die Innenräume vor. Und als ob das nicht reichte, leisteten wir noch die gleiche Arbeit beim Stadtaufbau, den sogenannten »Dienst an der Stadt«. Das ganze Ensemble rückte aus in die Hohe Straße, jeder die Hacke oder die Schaufel in der Hand. Anschließend ging's zurück ins Theater.

Welche Zeiten! Und wer erinnert sich heute noch daran? An die Stunden, zum Beispiel, als wir einfach nicht mehr konnten, als wir schweißüberströmt und taumelnd vor Hunger und Müdigkeit uns auf einem Stein niederließen – und dann wieder wie elektrisiert aufsprangen, wenn von irgendwoher der Ruf kam: »Schaut mal, was ich gefunden habe... Is noch prima in Ordnung, Willy, is wie neu...«

Ob es sich um eine Schalttafel handelte, einen Garderobenhaken oder eine Kulisse – das »is wie neu« ist mir bis heute haftengeblieben.

Auf die Bestuhlung ließ es sich leider nicht anwenden. Doch ich hatte inzwischen ein ausgebombtes Kino gefunden, bei dem es sich umgekehrt verhielt: Das Haus war kaputt – die Stühle fast alle intakt.

Wir montierten sie in der Aachener Straße ein. Was jetzt noch fehlte, war das Holzgerüst, von dem aus wir die zerstörte Saaldecke reparieren und verputzen konnten. Doch als wir so richtig schön mittendrin waren, bekamen wir Besuch, mit dem keiner rechnete: Drei Herren erschienen. In Keilform. Der vorderste ein britischer Offizier; denn die Engländer hatten inzwischen die US-Besatzungsregierung abgelöst.

Der Captain hob die Reitgerte, musterte uns mit hochgezogenen Augenbrauen und schnarrte irgendwas.

Lucy wurde blaß. Endlich übersetzte sie: »Der meint, daß das, was wir hier tun, ja wohl nicht lebensnotwendig sei für die hungernde und notleidende Bevölkerung.«

»Aha«, sagte ich.

»Er hat jede Weiterarbeit verboten, Willy. Aber fang bloß nicht an zu toben. Jetzt machen wir erst mal Pause. Ich bieg das schon hin…«

Lucy konnte das. Sie konnte so viel, meine Schwester. Sie verkörperte eine einzigartige Mischung von weiblicher Chuzpe, Charme, Kontaktfähigkeit und selbstsicherem Temperament. Ein wahrhaft explosiver Cocktail. Wenige Männer waren ihr gewachsen – Besatzungsoffiziere schon gar nicht.

Herbst 1945 – das waren die Tage des »Fraternisations-Verbotes«. Jede Verbrüderung mit den geschlagenen Nazideutschen – und sei's auch nur mit ihren Frauen oder Fräulein – wurde zur Todsünde erklärt.

Gut, aber wenn man uns die Arbeit wegnehmen würde, konnten die was erleben, jawohl!

Lucy ging's ums Theater, nicht um Flirt. Und so spielte sie bald die Tasten des »Nonfraternisation-Klaviers« mit wahrer Meisterschaft. Über die »Waffen einer Frau« verfügte Lucy längst. Kein Wunder, daß sie bald einen ganzen uniformierten Hofstaat um sich versammelt hatte.

Am 25. Juli '45 hatte Konrad Adenauer, dem die Engländer – seit in Großbritannien eine Labour-Regierung das Regiment übernommen hatte – immer mehr zusetzten, einen ganz offiziellen Brief an das Fräulein Lucy Millowitsch geschrieben.

Darin hieß es: »Die britischen Besatzungsbehörden haben mir erklärt, daß sie bereit sind, die Wiedereröffnung Ihres Theaters zu genehmigen, doch müßten die Instandsetzungsarbeiten außerhalb der normalen Arbeitszeit durchgeführt werden, denn es sei nicht angängig, daß die Arbeitskräfte, die für die Wohnraumbeschaffung benötigt würden, für einen solchen Zweck Verwendung fänden...«

»Für einen solchen Zweck?« – Ich konnte mir vorstellen, was Adenauer sich gedacht hat, als er diesem Besatzerauftrag nachkam: das gleiche wie ich...!

Ungelernte Arbeitskräfte gab es mehr als genug. Und was taten die Leute, die nach Köln zurückgekehrt waren schon anderes, als zehn Stunden am Tag zu »schüppen«.

Darauf kam es ja nicht an. Das Verbot war aufgehoben. Das allein war wichtig.

Und so schufteten sich alle Kolleginnen und Kollegen aus dem alten Millowitsch-Ensemble weiter die

Hände wund und fieberten dem Tag entgegen, an dem sie wieder auf den Brettern stehen durften, um die Kölner lachen zu machen.

»Om Adenauer-Hügel«

Ich hatte einen total betrunkenen Handwerksmeister zu spielen, der im Morgengrauen nach Hause kommt und zunächst nur den Lehrjungen Fritz vorfindet. Torkelnd entledige ich mich meines Jacketts, hänge es an eine Wand, die keine Haken hat, streife mir dann die steifgestärkten Manschettenröllchen von den Unterarmen und stelle sie auf den Tisch. Dort steht eine Flasche. Ich greife danach, halte ein Manschettenröllchen für ein Glas, gieße ein und trinke. Daß aus dem blöden Röllchen nichts durch meine Kehle läuft, fällt mir zunächst überhaupt nicht auf. Ich schüttele nur den Kopf und sage: »Dat schmeckt avver drüch! !« – Was soviel wie trocken heißt.

Ich schaue nach unten, staune über die Pfütze auf dem Boden, blicke gleich an die Decke und spanne dann umständlich meinen Regenschirm auf...

Bis dahin sind das in dem Stück *Glücksmädel* nach jahrelanger Bühnenerfahrung mindestens fünf Lacher. Würde ich sie auch heute hören – an diesem unglaublichen, so phantastisch-wunderbaren Tag des Wiederanfangs, dem Tag unserer Neueröffnung, dem 16. Oktober 1945?

Wir waren wieder soweit! Wir spielten wieder in

unserer alten, geliebten Stadt! Lucy hatte sich sogar in Berlin einen Namen gemacht, mit Engagement im Schillertheater, später durch Filme und war schließlich, das war unvermeidlich, mit der sogenannten »TOBIS-Kiste« hinter die Front gerollt, wo auch ich mich zwangsläufig und viel zu lange hervortat.

Nun war all der Wahnsinn vorbei und wir an unseren Ausgangspunkt zurückgekehrt. Zurück – in Köln. Doch welches Köln war uns geblieben? So weit sie blicken konnten, starrten die Heiligen am Domportal über Ruinen.

Zwischen Lucy und mir gab es keine Diskussion. Wir würden wieder spielen. *Das Glücksmädel* würden wir also spielen, das umwerfend komische Volksstück von Emmerich Schwarz, das unsere Großmutter Emma zum erstenmal im November 1921 im »Colosseum« aufgeführt hatte. Und damals herrschten ähnlich miese Zeiten.

Es ging los: Einladungen mußten verschickt werden. Auf Anweisung der Besatzungsmächte war die »Aufnahme gewerblicher Anzeigen« in den Zeitungen verboten. Doch die bestanden sowieso nur aus vier schäbigen Seiten. An Plakate oder Handzettel war bei der Papierknappheit nicht zu denken. Was außer den Einladungen blieb, war – Mundpropaganda.

Und nun war es soweit!

Plötzlich befiel mich eine lähmende Vision: Ich sah mich auf der Bühne stehen, mutterseelenallein – vor mir ein gähnend leerer Zuschauerraum. Gott sei Dank, ich täuschte mich: Es gibt Szenen, die ein Leben lang nicht erlöschen. Man trägt sie mit sich bis ans Ende seiner Tage. Es sind Bilder des Glücks.

Mein Gott, ich konnte es nicht glauben: Sie kamen! Sie kamen lange vor der Vorstellung. Und sie kamen, fast schüchtern und doch so erwartungsvoll: die Männer in ihren gefärbten Soldatenmänteln, die Frauen und Mädchen im Selbstgeschneiderten. Viele hatten nicht nur das Geld für die Karte mitgebracht, nein, sie trugen Päckchen und Tüten, Liebesgaben, manche sogar »Klütten«, wie die Kölner die Briketts nennen. Die waren so rar, und wir konnten sie nicht einmal verheizen; unsere Zentralheizung war nur mit Koks in Gang zu bringen. Und all die andern, die da tatsächlich Eier, Speck und Kartoffeln ins Theater brachten! Ich hätte heulen können vor Rührung.

Dreihundertfünfundneunzig Plätze hatten wir. Und dreihundertfünfundneunzig Plätze waren offenbar besetzt. Dreihundertfünfundneunzig Freunde, die noch immer an uns glaubten. Denn schließlich: Was mutete ich meinem Publikum zu? Straßenbeleuchtung gab es nicht, Batterien für Taschenlampen genausowenig. Autos, Busse – so etwas kannte man nur noch aus ausländischen Filmen.

Die Vorstellung war für 17 Uhr angesagt – denn da hatten sie es noch hell –, dann aber, es war schließlich Oktober, mußten sie ihren langen Heimweg bei Nacht antreten. Wegen des Eintrittsgeldes brauchte ich mir nicht den Kopf zu zerbrechen. Preise von 75 Pfennigen bis 2,50 Reichsmark? Das war wirklich geschenkt in einer Zeit, in der eine einzige Camel 6 Mark kostete.

Ja: Dreihundertfünfundneunzig Plätze! Doch nun bemerkte ich: Zwei waren leer geblieben – die beiden in der Mitte der ersten Reihe.

Adenauer war nicht gekommen!

Wir warteten. Doch wir wollten, nein, wir konnten Publikumsunmut nicht aufkommen lassen. Noch dazu an einem Tag, an dem uns soviel Sympathie und Freundschaft entgegengebracht wurde. Aber es schmerzte ein wenig. Wir verstanden natürlich: Der alte Konrad Adenauer hatte Wichtigeres zu tun, als sich das *Glücksmädel* anzusehen. – Daß es überhaupt gespielt werden konnte, dafür hatte er gesorgt. Und das allein zählte.

An meine Begrüßungsansprache erinnere ich mich heute nicht mehr. Aber ich habe mich oft geräuspert vor Rührung. Dann sang meine Schwester Lucy, begleitet von einer Fünf-Mann-Kapelle, in einem weißen Ballkleid, ein kleines selbstgeschriebenes Lied. Als sie es verfaßte, hatte sie an Konrad Adenauer gedacht, und so gerne hätte sie gehabt, daß er sie anhörte...

Om Adenauer-Hügel

Text und Musik: Lucy Millowitsch

Om Adenauer-Hügel steit en kleine Bank,
Dorop han meer zwei off jesesse.
Om Adenauer-Hügel, op der kleine Bank,
Han meer de Surge verjesse.
E Vügelche em Bösch,
Dat sung vun Leev und Treu.

Et wor e janz alt Leedche,
Doch klung et widder neu.
Noh'm Adenauer-Hügel eß d'r Wäg nit wick,
Un meer dräump su schön do vun d'r ale Zick.

Jeden von uns hatten sie mit rauschendem Auftrittsapplaus begrüßt! Geehrt mußte man beinahe sagen. Sie waren so dankbar. Sie kannten ja unsere Gesichter noch aus der Vorkriegszeit.

Hätten wir so oft den Vorhang bewegt, wie der Beifall neu aufbrauste – der Seilzug wäre vielleicht schon bei der ersten Vorstellung gerissen.

»Es war ein Erfolg« – der Satz wirkt so blaß in solchen Stunden. Es war ein Wiedersehen. Es war etwas, daß allen zutiefst zu Herzen ging – dem Publikum wie uns.

Achthundert Mark lagen anschließend in der Abendkasse. Für die täglichen Unkosten reichte das bei weitem nicht. Was war die Mark schon wert? Immerhin konnten wir gerade noch die offiziellen Abendgagen unter uns verteilen. Für jeden Musiker oder Schauspieler bedeutete dies acht oder zwölf Mark, je nach Einsatz – und reichte im besten Fall für anderthalb bis zwei Ami-Zigaretten!

Aber wir hatten ja noch die Naturalien, die unsere Theaterbesucher mitgebracht hatten. So gerecht, wie dies in solchen Zeiten möglich ist, versuchten wir sie zu verteilen. Wir hatten uns einen Schlüssel ausgedacht: Wer es ganz besonders nötig hatte, und das waren gerade jene Kolleginnen und Kollegen, die nicht in der Lage waren, sich außer den offiziellen

Lebensmittelrationen noch ein paar Zusatzkalorien auf dem schwarzen Markt zu besorgen – wer also ganz arm dran war, bekam mehr als die anderen. Das Schöne daran war die Einigkeit, die uns auch dabei nicht verließ.

Ich erinnere mich noch, daß die Else Scholten sich die kleinsten Kartoffeln heraussuchte. Sie hatte seit jeher eine Schwäche für echt Kölsche Quallmänner. Nur die wichtigste und in Köln beliebteste Beilage konnten wir ihr nicht dazu liefern: den Heringsdip nach Hausfrauenart.

Mit den dicken Kartoffeln veranstalteten wir an einem der nächsten Abende ein richtiges »Rievkoche-Essen«. Ich weiß nicht, ob Sie das kennen? Reibekuchen, das sind geriebene rohe Kartoffeln mit Zwiebeln und Eiern in Öl gebacken. Zwiebeln und Eier hatten wir. Öl auch. Einer der Kollegen hatte es geschafft, eine Flasche Speiseöl zu organisieren.

Und so endete schließlich die so glückhafte Wiedereröffnung unseres Theaters doch noch mit einem leicht ranzigen Geschmack: Das Öl war zu betagt. Doch daran konnten sich in jenen Zeiten wirklich nur die ganz feinen Nasen stören...

Meine Geschichte mit Gerda

Vor einiger Zeit, beim Kramen nach Unterlagen, fand ich unter alten Zeitungsausschnitten ein Interview.

Das Papier war vergilbt, doch was da geschrieben

stand, schien mir geradezu beklemmend frisch. Es mochte daran liegen, daß gleich mein erster Satz eine Beleidigung enthielt.

»Herr Millowitsch, Sie sind jetzt schon seit vielen Jahren verheiratet. Erzählen Sie doch mal bitte, wie Sie Ihre Frau kennengelernt haben.«

»Hier im Haus. Gerda war oft zu Besuch bei meiner Schwester Lucy. Und ich fand sie grauenvoll, damals.«

»Warum denn?«

»Ja, das war so: Bei Lucy wurde wahnsinnig viel politisiert und geredet. Überall saßen Intellektuelle herum. Ich kam von der Arbeit nach Hause, und sie fachsimpelten über Politik, Philosophie, Theater, Bücher und so fort. Ach, du lieber Gott, sagte ich mir, als ich Gerda zum erstenmal sah. Sie hatte eine Zigarettenspitze in der Hand und schien von Kopf bis Fuß ein intellektuelles Biest. Ich kriegte 'nen Schreck. Dann aber habe ich sie mir doch mal näher angesehen – und da war's dann gleich passiert.«

»Frau Millowitsch, Sie haben doch unter anderem Theaterwissenschaft studiert? Kannten Sie Ihren Mann schon damals von der Bühne?«

»Ich bin zwar als Kind nur einmal im Theater gewesen, aber als ich ihn dann nach dem Krieg auf der Bühne sah, habe ich gefunden, daß er ein großartiger Schauspieler ist.«

»Und dann lernten Sie ihn ja privat kennen?«

»Da war er aber ganz ernst und still.«

»Und wie ging das weiter?«

»Ich weiß es nicht. Ich habe an diese Zeit keine Erinnerungen. Mir ist es ergangen wie dem Kaninchen, das von der Schlange hypnotisiert wird. Ich war auf einmal verheiratet und bekam ein Kind.«

Also, ob sich Gerda überhaupt nicht erinnert – na, Schwamm drüber... Ich meinerseits sehe noch alles ziemlich genau vor mir. Daß sie mir von Anfang an zuwider gewesen wäre, ist natürlich auch eine Übertreibung. Eher schon ist wahrscheinlich, daß Gerda selbst einige Enttäuschungen durchzustehen hatte. Gerda erklärte nämlich gleich zu Beginn, sie könne Männer mit weißer Haut und Sommersprossen nicht leiden... Habe ich aber beides... Ein Glück also, daß ich mich ihr nicht im Badeanzug vorstellte. Vielleicht hätte sie mich dann nie geheiratet... Ein Gedanke, der einer Katastrophe gleichkommt, denn Gerda war von Anfang an – und blieb in all den mehr als vierzig Jahren, die wir nunmehr zusammen sind – ein wundervoller Mensch. Keinen Tag dieser langen Gemeinsamkeit kann ich bereuen. Sie war und bleibt meine große einzige Liebe.

Wie nun aber alles angefangen hat? Im Grunde war es ja nicht Gerda, die an den Zuständen in unserem Haus in Lövenich die Schuld trug, sondern wieder mal meine Schwester Lucy. Sie ist nun mal überaus gesellig, heute wie damals, im Jahre 1946.

Ständig gaben sich die Besucher bei uns die Türklinke in die Hand. Dort saß man dann, rauchte selbstgedrehte oder Ami-Zigaretten, trank, was so zu haben war, und diskutierte.

Die Gerda Feldhoff hatte ich schon oft bei Lucy gesehen, doch ich traute mich nicht so recht an sie heran. Ich wußte, sie stand kurz vor ihrer Doktorarbeit.

»Das Mädchen ist ein Genie«, hatte Lucy mir erzählt. »Schon mit siebzehn hat sie das Abitur gemacht, und dann studierte sie Soziologie und Völkerkunde.«

Daraus zog ich nur eine Lehre: nichts für dich!

Dann kam die Silvesterparty. Auch da war Gerda wieder dabei. Aber ich beachtete sie kaum, denn ein anderer Besucher hatte gerade unser Haus betreten: ein langer Mensch, der mir zunächst etwas komisch zublinzelte und dann über das ganze Gesicht zu grinsen anfing.

»Erkennst du mich wirklich nicht mehr, Willy?«

Ahnungen hatte ich – aber keine Gewißheit.

»Die Frankstraße«, sagte er. »Die englische Schule. Und deine. Und der Zaun dazwischen... Und das Theater in der Schildergasse. Und der Keller. Die Dampfmaschine...«

»Jeff!« – ich fiel ihm um den Hals. Es war tatsächlich Jeff Martin, mein alter Schulkamerad aus den fernen Jugendtagen nach dem ersten Krieg. Er wollte mich überraschen mit seinem Besuch. Eine Überraschung war es ja auch, und eine ziemlich strapaziöse dazu. Doch daran trug Jeff keine Schuld – es waren die beiden Flaschen Whisky, die er mitgebracht hatte. Die Alkoholbeschaffung war für Jeff als Offizier der britischen Besatzungszone kein Problem.

»Komm, laß uns einen trinken!«

Wie viele es wurden, weiß ich nicht mehr. Die Dame Gerda nahm ich nur noch verschwommen wahr. Nicht einmal das »Prost Neujahr« habe ich in dieser Silvesternacht erlebt. Whisky und Wiedersehensfreude nahmen mir die Chance...

Vielleicht, daß ich mich am nächsten Tag doch an Gerdas Lächeln erinnerte, vielleicht auch, daß mir in den folgenden Wochen endlich aufging, wie lieb dieses Mädchen, das ich immer für eine Intelligenzbestie gehalten hatte, im Grunde war – jedenfalls wurde sie mir immer sympathischer. Nur – ich konnte es ihr nicht zeigen.

Das Leben meinte es wieder einmal gut mit mir. Ich sah eine Möglichkeit, nett zu Gerda zu sein und häufiger mit ihr zusammenzukommen. Lucys Sohn, Karl Peter, bekam von Gerda Feldhoff Privatstunden. Das war damals durchaus üblich, weil der Unterricht an den noch halbzerstörten Schulen ständig ausfiel. Gerda als Studierte würde also Karl Peter bei Englisch, Deutsch und Mathe helfen können.

Ich war richtiggehend froh um die Probleme meines Neffen. Seine neue Privatlehrerin wohnte in Junkersdorf – also packte ich den Karl Peter regelmäßig hinten auf mein Motorrad und fuhr ihn zu Gerdas Wohnung. Bei diesen Gelegenheiten entdeckte ich immer neue überraschende und angenehme Seiten an ihr: zum Beispiel, wie ehrlich und direkt sie sein konnte, und wie gut es war, daß sie manchmal ins Theater kam und ich so Gelegenheit hatte, mich auch mal über meine Themen zu unterhalten.

Bei Lucys nächster Party jedenfalls saßen wir schon nebeneinander auf dem Sofa. Was sich zwischen uns entwickelte, geschah langsam, behutsam – so wie es sein sollte. Oder vielleicht doch nicht? Eines Tages sagte ich mir nämlich: Jetzt siehst du dir mal an, wie Doktoranden gemacht werden, schwang mich auf die Maschine und fuhr zur Uni.

...Ich wollte, ich mußte einfach sehen, wie... Und dann...

Gerda, die verfolgt, was ich über unsere Anfänge erzähle, korrigiert mich hier: »Und dann war's so: Ich hatte ein Seminar zu halten, bei Professor von Wiese. Soziologie. Und dann geht die Tür auf. Und da steht einer im Hörsaal in abenteuerlichen Motorrad-Klamotten. Ich war ja immer schon stolz darauf, meine Referate frei zu halten. Aber jetzt blieb mir das Wort im Hals stecken. Alle drehten sich nach Willy um. – Ich habe mit puterrotem Kopf das Referat schließlich doch noch zu Ende gebracht. Von wegen behutsam! Er hat mich einfach überrollt. Ich war wahnsinnig verliebt, verliebt in diesen gradlinigen, tüchtigen, fleißigen Menschen, der hinter dem Schauspieler stand.«

Nun, Sie sehen, für uns gab's nur eine Lösung: Heiraten.

Vielleicht hatte unsere Entschlossenheit auch etwas mit dieser Zeit zu tun, in der so viele Menschen erfahren mußten, was es heißt, die Wurzeln zu verlieren. Wir sehnten uns nicht nur nacheinander, sondern auch nach einer kleinen Burg in einer Welt, die aus den Fugen geraten war.

Dies also war nicht das Problem, das uns bei unserem Entschluß beschäftigte. Die Frage bestand darin: Wie stellst du jetzt, im Jahr 1946 – überhaupt eine Hochzeit auf die Beine? Die Reichsmark war gerade noch ihr Papier wert, zu kaufen gab's selbst auf Bezugsscheine nichts, aber meine Gerda wollte eine »richtige, romantische Hochzeit«.

Die sollte sie auch haben – das hatte ich mir schon hinter die Ohren geschrieben! Und so war ich in den kommenden Wochen in und um Köln herum auf Hamstertour und entwickelte dabei eine Phantasie, die ich mir nie zugetraut hätte.

Auch Gerda war voll in Aktion. Und mit ihr planten alle weiblichen Mitglieder der Familie: ihre Mutter, die Tanten und Schwestern. Sie machten ein großes Geheimnis daraus. Zumindest Gerdas Brautkleid sollte eine Überraschung für mich sein. Ich fand's ungerecht. Ich zeigte doch auch jedes Pfund Butter, das ich anschleppte.

Dann, am Morgen des 28. September 1946, war es soweit:

Da stand ich, stolz wie Oskar, in meinem Frack aus dem Theaterfundus, mit Hemdbrust und Schleife – blütenweiß und gestärkt mit Kartoffelmehl –, vor dem Portal der Kirche St. Pankratius in Junkersdorf und wartete auf meine Braut.

Die Hochzeitsgäste, es waren dreißig oder vierzig, waren versammelt. Die Damen in eleganten langen Kleidern, zum großen Teil selbstgenäht. Wobei niemand wußte, wo all dies Samt-, Seiden- und Brokatzeug herkam.

Doch darüber dachte ich nicht nach. Ich trat von einem Fuß auf den anderen. Ich war ja so nervös. Inzwischen hatte sich um uns auch der übliche Ring von Neugierigen versammelt, der zu solchen Veranstaltungen gehört.

Von irgendwoher flog der Ruf einer Frau an mein Ohr: »Die Gerda hat sich das bestimmt anders überlegt... Die jeht sicher lieber ins Kloster.« Alles lachte.

Ich fand's gar nicht komisch.

Endlich brummte der uralte schwarze Opel heran,

den die Feldhoffs als Brautkutsche aufgetrieben hatten. Zuerst stiegen zwei niedliche Streu-Engelchen aus. Lange weiße Gewänder trugen sie, die Mutter Feldhoff aus weichem Gardinenstoff geschneidert hatte. Sie streuten ihre Blumen aus den Körbchen. Und nun half Schwager Franz meiner Gerda aus dem Auto.

Mir blieb die Luft weg. Ein Traumgeschöpf in weißer Seide und Tüll schwebte auf mich zu – ein Diadem aus weißen Stoffrosen trug sie im kunstvoll frisierten Haar. Mein Gott, die Gerda!

Als wir nun endlich gemeinsam der Kirche zustrebten, flüsterte sie mir zu: »Weißt du, warum ich so spät gekommen bin?«

»Keine Ahnung.«

»Die Frisur. Ich war doch zu Hause als letzte dran. Der Trimborn hat vor mir alle anderen Frauen unserer Familie frisiert, und da sind ihm plötzlich die Klämmerchen und Nadeln ausgegangen. Er mußte mir alles mit Fäden ins Haar nähen, den Schleier und jede einzelne Blüte.«

Die Probleme waren noch nicht zu Ende... Vor dem Altar ging's erst richtig los – schon wie der Pastor schaute! Der konnte mich nicht leiden, das wußte ich längst. Vielleicht lag's an meinem Beruf: Schauspieler! Künstler vom Theater – unseriöse, unmoralische Menschen waren das für ihn. Und der guckte mich nun an, einfach an, und wartete, während ich verzweifelt in meinen Fracktaschen herumfummelte... Und alle anderen in der Kirche warteten mit! Es war nichts zu machen – ich hatte unsere Eheringe vergessen!

Das große Räuspern begann.

Inzwischen rannte irgendeiner hinüber in die Wohnung meiner Schwiegereltern. Die war Gott sei Dank nur fünfhundert Meter entfernt. Nach fünfzehn Minuten war's dann soweit: Die Ringe saßen, die Orgel spielte, und Tante Gerda und Tante Magda sangen mit ihren schönen Stimmen: »So nimm denn meine Hände...«

Einer der ersten Gratulanten war Gerdas vierjähriger Bruder Hermann-Josef. Er war nicht zu bewegen, die bequeme Haltung auf meinen Armen wieder aufzugeben, was unweigerlich einen Gast zu der Vermutung veranlaßte: »Ist das Ihr Jüngster?« – »Natürlich nicht«, beeilte ich mich zu sagen, »das ist mein Neffe Hermann-Josef.«

Dann ging's an die Hochzeitstafel. Ich war selbst beeindruckt. So einen Tisch sah man selten in diesen Tagen. Der Bäcker hatte uns sogar eine Torte gestiftet. Und dann die Geschenke: so zu Kochtöpfen umfunktionierte Stahlhelme. Viele, viele Sonnenblumen aus den Nachbarsgärten und all die Aschenbecher, die man sich damals aus alten Granatsplittern zurechtbastelte...

Meine Familie war, soweit vorhanden, natürlich auch vollzählig: Onkel Carl, Onkel Wilhelm mit seiner Frau Mia, Lucy und ihr Sohn Karl Peter.

Wirklich – es war eine schöne Hochzeit. Und selbstverständlich war es die schönste Hochzeit, die je gefeiert wurde...

Ich war glücklich, sehr glücklich, rundherum glücklich. Daran hat sich nie etwas geändert, in all den

Jahren. Noch heute bringe ich Gerda jede Woche meine Blumen. Noch heute feiern wir jedes Jahr mit viel Freude, viel Liebe und mit unseren Kindern unseren Hochzeitstag. Auf dieses Gedenken lege ich großen Wert. Ich will Gerda zeigen, wie gut doch damals ihre Wahl gewesen ist. Heute sind es Blumen, früher jedoch – mein Gott, wenn ich noch an diese Wahnsinnsfahrt denke, die ich an unserem zwanzigsten Hochzeitstag hinter mich brachte...

Damals spielte ich nämlich in Zürich am Bernhard-Theater. Mein Plan stand bereits fest. Nach der Vorstellung ging ich ins Restaurant »Conti«, wo Gerda immer anrief, und nahm meinen Freund Dossenbach, den »Conti«-Wirt, beiseite: »Hör mal! Wenn die Gerda anruft, dann sagst du nur, ich sei eben noch mal weggegangen. Sag ihr, ich hätte einen sehr unternehmungslustigen Eindruck gemacht...«

Dann setzte ich mich ins Auto, gab Gas und raste Richtung Norden.

Unterwegs fand ich die Idee, Gerda in Unruhe zu versetzen, nicht mehr ganz so gut wie zuvor. Vielleicht saß sie jetzt aufrecht im Bett und grübelte, wo und bei wem ich in welcher Züricher Bar... (Wie ich später erfahren sollte, hatte Gerda tatsächlich angerufen!)

Ich fuhr noch schneller – und schaffte die ganze Strecke bis Lövenich in fünfeinhalb Stunden. Kurz nach vier Uhr nachts schloß ich die Haustür auf. Ganz leise. Ich stellte die Champagnerflasche vorsichtig auf den Boden und legte den Blumenstrauß ab, um die Tür geräuschlos wieder zuzuschließen. Dann zog ich die Schuhe aus, packte die Flasche und meinen Blumenstrauß und schlich mich zum Schlafzimmer.

Sie schlief tief.

»Hallo, Mutti«, sagte ich. »Herzlichen Glückwunsch zum Hochzeitstag!«

Da gingen ihre Augen auf. »Väterchen – wo kommst denn du her...? Ist die Vorstellung ausgefallen?«

Ich schüttelte nur den Kopf und hielt ihr die Blumen unter die Nase.

»Du bist ja wirklich total verrückt.«

Das war ich wohl auch.

Sie machte mir dann ein wunderschönes Frühstück – das bis kurz vor Mittag dauerte –, dann mußte ich leider wieder weg, zurück ins Theater nach Zürich, wo um 20 Uhr die nächste Vorstellung begann.

In einem gewissen Sinn aber scheint mir diese kleine Geschichte symbolisch. Meine Welt war immer die Welt, die draußen vor der Türe liegt. Doch die wesentlichen Dinge des Lebens, und das ist das Geheimnis unserer erfolgreichen Arbeitsteilung, lagen stets in der Hand meiner Frau. Wie wir wohnen, was wir essen, was mit dem Geld geschieht, wie die Kinder erzogen werden – vielleicht auch, wie wir unser Glück bewahren! Es war immer Gerda, die dafür sorgte. Und so bin ich auch heute noch um jeden Tag froh, den ich mit ihr zusammensein darf...

Kinder wie die Orgelpfeifen

Eine richtige Familie wollten wir werden – schon vom ersten Tag an. Und zu einer Familie gehören Kinder. Viele Kinder, eine Schar von Kindern, Kinder wie die Orgelpfeifen, und möglichst eine ganze Fußballmannschaft – die wünschte sich Gerda schon vor der Hochzeit.

Aber so schnell baut man die nun nicht zusammen. Und außer den Kindern gab es damals im Jahre 1947 wirklich noch andere Sorgen. Die Hochzeit hatten wir hinter uns gebracht – der Alltag begann. Er wurde hart. Auch für meine arme, kleine, gescheite Frau. Vor ihren meterlangen Buchreihen fühlte sie sich zu Hause, Kolleghefte hatte sie zu Dutzenden vollgeschrieben – aber ein Kochbuch, das hatte sie noch nie angerührt.

Gerdas Ehrgeiz schreckte jedoch vor nichts zurück. Schon damals, wie heute, lag ihr besonders daran, meine Lieblingsspeisen zu servieren.

Die Auswahl war einfach. Mir hatte schon immer eine gute, deftige Hausmannskost geschmeckt. Und so holte ich eines schönen Herbstmorgens einen dicken Rotkohl aus dem Garten hinter dem Haus und legte ihn ihr auf den Küchentisch. »Das zum Beispiel, Gerda.«

Sie beäugte den Kohl und nickte tapfer.

»Machst du den uns bitte für heute, Liebling?«

»Aber klar doch, aber gerne, mein Schatz.« Sie lächelte. »Schön wär's doch, wenn wir dazu noch ein Kotelett oder ein paar Bratwürstchen hätten.«

»Na ja, Kartoffeln tun es auch.«

»Wenn du meinst. Du wirst schon sehen, ich werde dich überraschen.«

Die Überraschung gelang ihr vollkommen.

Als ich mittags nach ein paar Behördengängen und dem üblichen Schreibkram im Theaterbüro heimkam, war ich hungrig wie ein Wolf. Gerda kannte das schon. Sie hatte wie immer liebevoll den Tisch gedeckt, dabei ein Sträußchen frischer Gartenblumen nicht vergessen, und das Essen war fertig. Noch während ich den Mantel auszog, trug sie schon die Schüsseln auf. Ich wusch mir noch rasch die Hände und eilte dann schnuppernd zum Eßtisch.

»Guten Appetit!« wünschte Gerda und löffelte mir was auf den Teller.

Ich starrte ungläubig auf den blauroten Brei. »Was ist das?« fragte ich.

»Rotkohl, Liebling. Du hast ihn doch selbst...«

»Rotkohl?« Ich stocherte in dem komischen Mus rum. »Was, um Himmels willen, hast du denn damit angestellt?«

»In Salzwasser mit einer Prise Natron gebrüht, abgetropft, durchgedreht und mit Buttermehlschwitze angemacht«, gab Gerda bereitwillig Auskunft.

Ich japste: »Durch den Wolf gedreht?«

»Ja.«

Dann erst fiel ihr mein verdattertes Gesicht auf, und sie fragte unsicher: »Ist was nicht in Ordnung?«

Ich stand auf und nahm sie in die Arme. »Doch, mein Schatz, es ist alles in Ordnung!« sagte ich und gab ihr einen Kuß...

Wenn Gerda heute Rotkohl serviert, dann ist es die

Delikatesse einer wahren Meisterköchin. Unsere Gäste finden das auch. Sie loben ihre Küchenkünste in den höchsten Tönen, und ich schließe mich an.

In den Anfängen unserer Ehe freilich gab's noch einige Kochtopf-Produktionen wie die mit dem Rotkohl. Der Liebe tat es keinen Abbruch. Im Gegenteil: Über manche von Gerdas abenteuerlichen Küchenkreationen haben wir hinterher beide herzlich lachen müssen, aber schließlich hatte ich meine Frau ja nicht geheiratet, um eine billige Köchin im Haus zu haben.

Ich hätte sie sowieso nicht bezahlen können. Jedenfalls nicht von den R-Mark, die das Theater abwarf, obwohl wir ständig vor ausverkauftem Haus spielten.

Seit Oktober 1946 stand unser Erfolgsstück *Prinzessin vom Nil* mit meiner Schwester Lucy in der Titelrolle auf dem Programm. Ab Mitte November liefen zusätzlich nachmittags die Kindervorstellungen von *Max und Moritz*. Und zwischendurch probten wir bereits das *Nachtjackenviertel*, das Anfang Januar Premiere haben sollte. Da ging's manchmal ganz schön turbulent zu.

Irgendwie muß ich über dem Trubel mein Zeitgefühl verloren haben, denn eines Tages stand ein übermannshoher Tannenbaum daheim auf der Terrasse, und Gerda klärte mich auf, daß in zwei Tagen Heiligabend sei. Gleichzeitig vertraute sie mir die Männerarbeit an, die Riesentanne samt Christbaumständer im Wohnzimmer aufzubauen.

Ich tat wie geheißen – und hatte von da an im Wohnzimmer nichts mehr zu suchen.

Gerda spielte Christkind. Und wie...!

Am Heiligabend zog schon um die frühe Mittagszeit eine köstliche Duftwolke aus Küche und Wohnzimmer durchs ganze Haus. Herrlicher Bratenduft vermischte sich mit dem angenehm harzigen Geruch eines frischgeschlagenen Tannenbaums.

Das machte mich hungrig und schrecklich neugierig. Das Betreten der Räume war mir strikt verboten worden. Ich hätte höchstens, wie in Kindertagen, durch die Schlüssellöcher spähen können. Aber da wäre ich mir wohl doch ein bißchen zu albern vorgekommen. Statt dessen stiefelte ich hinunter in meinen lange vernachlässigten Bastelkeller und räumte ein bißchen auf.

Später zog ich mich zum Essen um. Wenigstens in meiner äußeren Erscheinung wollte ich mich doch der Bedeutung unseres ersten gemeinsamen Weihnachtsfestes würdig erweisen.

Und dann klingelte auch endlich das Christglöckchen. Eine Minute später stand ich in der nun offenen Wohnzimmertür – und konnte nur noch staunen.

Gerda hatte regelrecht gezaubert: Der riesige Tannenbaum war festlich geschmückt, und vom Eßtisch her duftete der Gänsebraten. Der ganze Raum war in mildes Kerzenlicht getaucht.

Sie lächelte zufrieden. Schon meinem Gesicht war anzusehen, daß ihr das Arrangement gelungen war.

Der Gänsebraten war ein Gedicht, und ich langte kräftig zu. Aber irgendwie war ich doch nicht so ganz bei der Sache. Immer wieder guckte ich hinüber zum Tannenbaum, unter dem ich meine kleinen Geschenke für Gerda abgelegt hatte.

Ein Päckchen für mich konnte ich nicht entdecken.

Ich will nicht sagen, daß ich enttäuscht war. Aber ich liebe es nun mal, beschenkt zu werden, und sei es auch nur mit Kleinigkeiten, mit winzigen Aufmerksamkeiten.

Nach dem Essen kam die Bescherung. Gerda ließ sich auf dem Fußboden nieder und begann eifrig, die Schleifen ihrer Päckchen aufzubinden.

Ich stand etwas ratlos herum und wollte mich schon damit begnügen, mich an ihrer Freude zu weiden, da lächelte Gerda mich von unten herauf an und wies mit ausgestrecktem Arm hoch oben in den Tannenbaum. Dort hing an einem blaßblauen Seidenband ein Briefumschlag.

»Für mich?«

»Ja, für dich – von mir.«

Ich streifte das Band vom Tannenzweig ab und öffnete das Kuvert. Nur eine gefaltete Karte lag darin. Und nur wenige Worten standen darauf geschrieben:

»Graviditas intacta... Herzlichen Glückwunsch! Du wirst Papa!«

Das war das schönste Weihnachtsgeschenk, das ich jemals bekommen habe...

Ich sag's ganz ehrlich: Natürlich hoffte ich, unser erstes Kind sei ein Junge – wahrhaftig nicht aus Männlichkeitswahn. Kleine Mädchen sind meist niedlicher als kleine Jungen, und was dann die großen, die erwachsenen Mädchen angeht – darüber brauchen wir gar nicht zu reden.

Vielleicht ist es eine urmenschliche Reaktion, die in

uns allen steckt: die alte Steinzeit-Überzeugung, Männer seien nun mal nützlicher als Frauen. Sie am Herd, er draußen mit der Keule – ein Aberglaube, der sich über Hunderte von Generationen hielt.

Auch mein Großvater Wilhelm war davon angesteckt. Zu meiner Geburt 1909 drückte er es so aus: »Wat? Mein ältester Sohn Peter ist Vater jeworden? Nun sach bloß, et is en Mädche?!«

»Ein strammer Junge is et.«

»Na, Jott sei Dank!« soll er aufatmend gesagt haben.

Was ihn dazu veranlaßte, weiß ich nicht, aber vermutlich ging es ihm bei der Geburt des ersten Enkels um die Fortsetzung seiner Theater-Dynastie. Stammbäume mit weiblichen Namen sind ja auch viel schwerer zu lesen.

Heute ist mir natürlich klar, daß es vollkommen egal ist, ob ein Mädchen oder ein Junge dafür sorgt, daß es weitergeht. Aber ich gebe zu, 1947 war ich auch noch auf den berühmten »Stammhalter« fixiert, womit ich vielleicht heraufbeschwor, was Sie bereits ahnen: Unser erstes Kind war ein Mädchen!

Irgendwann in der Nacht vom 11. auf den 12. August – nach einer anstrengenden Theatervorstellung – rief mich eine Schwester aus der Klinik an und gab mir die Nachricht durch. Ich registrierte sie wohl, muß aber dann – vielleicht ein wenig enttäuscht – wieder eingeschlafen sein; allerdings nicht, ehe ich mich vorher noch vergewissert hatte, daß es Gerda gutging.

»Es hat ein paar Komplikationen gegeben. Aber

inzwischen ist Ihre Frau wohlauf. Morgen nachmittag während der Besuchszeit können Sie sich ja selbst davon überzeugen.« Das war die nüchterne Auskunft der Schwester gewesen.

Natürlich war ich am nächsten Tag pünktlich zum Beginn der Besuchszeit – mit einem Riesenstrauß vor der geschwellten Vaterbrust – im Krankenhaus.

Was für ein süßes Geschöpf!

Und als es dann bei Gerda im Arm lag, konnte ich einfach nicht anders: Immer wieder grapschte ich nach den kleinen Patschhändchen und drückte sie an meine Lippen.

Bis meine Frau mich stoppte. »Um Himmels willen«, mahnte sie, »friß es nicht auf!«

»Aber ich küß das Händchen doch bloß...«

»Ja, schön. Aber laß, bitte, die Haut dran.«

Ein paar Wochen später, als Katarina, wie unsere Tochter nach ihrer Großmutter getauft worden war, ein handliches Baby wurde, hatte ich längst vergessen, daß ich mir eigentlich einen Sohn gewünscht hatte.

Vieles aus dieser Kinderzeit meiner Ältesten habe ich längst aus dem Gedächtnis verloren...

Unvergeßlich aber bleibt für mich – wie wohl für alle anderen Eltern –, was wir in diesen Jahren improvisieren mußten. Schon das Problem, wie wickelst du dein Kind? Pampers waren noch nicht erfunden, Windeln nirgends zu bekommen. Was nun?

Im Theaterfundus, daran erinnerte ich mich, gab's Moltonstoff. Wir hatten aus dem Material immer die Engelsgewänder für die Weihnachtsaufführung genäht. Also schnitten wir den Molton in babygerechte

Dreiecke. Das Kissen in Katarinas Bettchen wiederum bestand aus einem mit lauter Sternchen besticktem Voile. Das Brautkleid meiner Schwiegermutter mußte dafür herhalten.

Dieses Brautkleid bestimmte wohl auch den Kosenamen »Sternchen«, den Katarina ein Leben lang behielt. Eines Nachts, als ich wie immer nach der Vorstellung noch einmal an das Kinderbett kam, erwachte mein kleines Mädchen und sah mich an. Die Augen schienen zu den anderen gestickten Sternchen im Voilekissen zu gehören – so strahlten sie.

»Sternchen«, sagte ich, »mein Sternchen, schließ die Augen und schlaf...«

Vielleicht klingt das kitschig – und wenn?! Ich war verliebt in mein Kind. Manchmal, wenn ich tagsüber so an Sternchens Bettchen saß, nahm ich zum erstenmal seit langem die Mundharmonika und spielte ihr die zärtlichen Melodien vor, die mir gerade durch den Kopf gingen...

Katarina war ein problemloses Kind. Allerdings auch von Anbeginn ein klein wenig spontan und sehr eigenwillig.

Meine Gerda freilich fand es lustig, wenn »Sternchen« mir beim Mittagessen ungerührt Sauerkraut ins Gesicht schmierte und mir die längsten Krautfäden über die Ohren hängte. Gott, ja, ich wehrte mich natürlich nicht so viel. Wer verteidigt sich schon gegen ein einjähriges Baby? Aber das Wort »Schmutzfink« entfuhr mir schon – was Gerda sofort abmilderte: »Kobold... Und wenn du mich fragst – ich finde es eigentlich ganz normal, wenn sich das Kind eines Komödianten wie ein Kobold aufführt...«

Recht hatte sie.

Es dauerte noch knapp eineinhalb Jahre, dann war er da. Der Stammhalter!

Gerdas erste Geburt war nicht gerade ohne Probleme abgegangen. Und trotzdem. So schnell wie möglich wollte sie ihr zweites Kind. Am ersten Februar 1949 war es soweit. Unser Sohn wurde zu Hause geboren, denn Gerda hatte inzwischen eine heftige Allergie gegen die unangenehme Bevormundung in den Krankenhäusern entwickelt.

Wieder war die Geburt nicht leicht – und das Kind sogar noch zwei Pfund schwerer als Katarina damals. Peter wog genau zehn Pfund! Auch heute noch ist er seiner älteren Schwester um Kilos voraus.

Unter dem Aspekt unserer Berufs- und Theatersituation betrachtet, standen die Sterne für den kleinen Peter nicht so günstig. Die Währungsreform lag gerade acht Monate zurück, und die Kölner drehten jede ihrer neuen knappen DM zehnmal in der Tasche, ehe sie sie ausgaben. Für das Theater blieb da wenig übrig. Zur Karnevalszeit 1949, in die Peter hineingeboren wurde, spürten wir es noch nicht so sehr. Aber wie alle anderen Theater mußten auch wir damit rechnen, daß die Besucher ausbleiben und die Einnahmen sinken würden.

Schon vor Peters Geburt hatten Gerda und ich uns Gedanken darüber gemacht, wie es weitergehen sollte, falls das Theater seine Pforten wirklich schließen mußte.

Nur Ruhe, sagte ich mir: Komiker werden gerade

in den schlechten Zeiten gebraucht. Schließlich entsprach diese Weisheit nicht nur meinem eigenen Erleben, sondern war auch die Erfahrung meiner Vorfahren – aber Humor ohne eigenes Theater zu »vermarkten«, wie es heute so schön heißt, würde wahrlich nicht einfach sein.

Und am schlimmsten: Was hatte ich außer der Schauspielerei schon gelernt?! – Nichts...

Schön sahen wir aus. Vorzeitig den Kopf hängen zu lassen war nun nicht die Art des Hauses.

Die Leute blieben weg. – Immer weniger kamen ins Millowitsch-Theater, und mit dem Häuflein der Unentwegten ließen sich die Ausgaben nicht länger bezahlen. Es war soweit. Was blieb mir schon? Ich tingelte. Ging auf Tournee. Und eröffnete ein Kino.

Während ich durch die Welt kurvte, um die Brötchen zu verdienen, hielt Gerda zu Hause die Stellung und plagte sich mit den Babys herum.

Die nun wirklich ganz hübschen »Kindergeschichten« über Peter und Katarina kenne ich deshalb nur vom Hörensagen. Gerda hat sie, Gott sei Dank, so haarklein erzählt und so häufig wiederholt, daß ich das Gefühl habe, ich hätte sie selbst erlebt. Peterchen zum Beispiel: Er entwickelte eine geradezu unglaubliche Fähigkeit, jedes Spielzeug sofort zu demontieren. Wenn er schreiend zu seiner Mama lief, tröstete Gerda ihn mit dem Hinweis auf meine Bastelkünste, was natürlich dazu führte, daß zu Hause in Lövenich statt Luftschnappen und Erholen Reparaturen auf dem Programm standen.

Ich tat es gern. Aber ein wenig mehr Ruhe hätte ich mir doch gewünscht...

Eines aber allerdings erreichte ich: Für die Kinder verklärte ich mich zu einer Art Wunderpapa, der wirklich alles konnte. Die wußten ja nicht, wie oft ich in die Stadt rannte, um, statt ein Spielzeug zu reparieren, ein neues, gleichaussehendes zu kaufen.

Einmal erlitt ich mit diesem System eine schreckliche Panne. Es ging um einen Goldfisch.

Eines frühen Morgens schrie und jammerte Peter aufgeregt im Garten herum. Ich hörte es durchs halb geöffnete Schlafzimmerfenster und konnte nur einen einzigen Satz ganz deutlich verstehen: »Mein Felix tut's nicht mehr!«

Ich war sofort hellwach. »Felix?« Wieso tat's der nicht – und wer war jetzt schon wieder Felix...?

Da fiel's mir ein: der Fisch – Peters Lieblingsgoldfisch!

Ich fuhr also in meinen Bademantel und ging hinaus in den Garten. Wenigstens das Gebrüll konnte ich stoppen, aber er brüllte ja nicht nur, er weinte richtige dicke Tränen. Peter war gerade drei Jahre alt. Dreijährigen-Tränen rühren an den Nerv. Neben ihm stand die um zwei Jahre ältere Katarina, schüttelte den Kopf und zuckte mit den Schultern.

Endlich sah auch ich den Goldfisch. Felix trieb mit dem Bauch nach oben reglos auf dem Wasser des kleinen Teiches. Nichts zu machen. Der tat's wirklich nicht mehr. Er war hinüber.

Ehe ich etwas über die Hintergründe der Tragödie erfahren konnte, plärrte Peter schon wieder. »Du kannst ihn doch wieder ganz machen – ja, Papa?«

Nun lief's mir kalt über den Rücken. Einen toten Goldfisch reparieren? Wie geht das eigentlich? Ich nickte tröstend und fragte: »Was habt ihr mit dem Felix denn überhaupt gemacht?!«

»Eigentlich überhaupt nichts.« Katarina war es, die antwortete.

»Was heißt eigentlich? Irgend etwas habt ihr doch gemacht?«

»Ja, gestern«, bekannte Katarina kleinlaut, »da haben wir ihn ein bißchen im Puppenwagen rumgefahren. Peterchen hat gesagt, daß das dem Felix Spaß macht...«

Was blieb mir schon übrig? Zart nahm ich den toten Fisch in die Hand, trug ihn behutsam ins Haus, wikkelte ihn dort in Seidenpapier, dann kam noch ein Kästchen drum herum, und ich durfte ihn mitnehmen ins Theater – wie alle anderen Spielzeuge, die ich wieder »heil« machte...

Ich gab mir alle Mühe. Ich rannte von Pontius zu Pilatus, um einen möglichst ähnlichen Goldfisch zu finden. Für meine Begriffe gelang mir das auch.

»Sieh mal! Da hast du ihn wieder, den Felix... Nun ist er ganz!«

Aber Peter sah mich nur an. Irgend etwas war in seinen Augen, das ich so schnell nicht vergaß. Er hatte die Fälschung erkannt. Vielleicht war dies ein erster, gefährlicher Bruch in unserer Vater-Sohn-Beziehung? Für alle Zukunft konnte er mich ja nun nicht abschreiben...

An zwei kleinen Ereignissen während seiner Kinderzeit konnte ich erkennen, daß Peter voll und ganz auf meiner Seite stand.

Bei der ersten Begebenheit war er wohl knapp vier Jahre alt. Er wurde Zeuge eines – na, nennen wir es mal »leicht erhitzten« – Dialogs zwischen Gerda und mir. Das verwirrte ihn wohl, denn plötzlich rannte er aus dem Wohnzimmer hinauf zu meiner Schwester Lucy, die damals noch mit uns zusammen im Elternhaus wohnte. Dort berichtete er unter Tränen: »Der Papa und die Mama haben einen ganz großen Krach.«

»Ach nein, wieso denn?« erkundigte sich Lucy.

»Die Mama sagt, der Papa soll schon wieder ein frisches Hemd anziehen.«

»Ja, und? – Tut er doch sicher auch?«

»Ich weiß nicht. – Aber wollen tut er es nicht...«

Wenn ich das heute so bedenke, scheint mir, daß mein Sohn Peter schon sehr früh ein ganz feines Gespür für freie Willensäußerung und Entscheidungsfreiheit hatte. Er mochte es einfach nicht, daß einem Menschen ein fremder Wille aufgezwungen werden sollte – und sei es auch nur der Wunsch einer Ehefrau, ihren Mann möglichst proper gekleidet aus dem Haus gehen zu sehen. Peters Gerechtigkeitsgefühl ging sogar noch weiter. Er konnte es nicht leiden, wenn Menschen andere Menschen klein oder lächerlich zu machen versuchten.

Wir hatten dem Kleinen, der schon lange wissen wollte, wo Papa die Spielzeuge »reparierte« und auch sonstwie arbeitete, versprochen, ihn mit ins Theater zu nehmen.

Wohlgemerkt: Bei uns zu Hause gab es kein Kasperle-Theater wie in vielen anderen Familien. Vielleicht nur darum, weil ich nicht auch noch im privaten Bereich dauernd an meine Theaterarbeit erinnert werden wollte. Deshalb war Theater für den kleinen Peter bis dahin ein Fremdwort.

An dem Tag, an dem er vier Jahre alt wurde, sollte er zum erstenmal eine Vorstellung erleben – eine Nachmittagsvorstellung, versteht sich.

Wir hatten dem empfindsamen Kleinen schon vorsorglich gesagt, daß der Papa in einer Maske auftreten würde und er ihn vielleicht nicht gleich wiedererkennen könnte. Peter nickte verständig und freute sich auf das Abenteuer.

Wir spielten das Stück meines Großvaters *Et fussig Julche*, in dem ich eine Glatzenperücke mit rotem Haarkranz und eine kleine rote Knubbelnase zu tragen hatte.

Meine Frau Gerda saß mit den beiden Kindern, Peter und Katarina, zur Seite im vorderen Parkett.

Die Vorstellung begann. Die ersten Schauspieler kamen auf die Bühne, unter ihnen Peters Tante Lucy. Er erkannte sie und klatschte fröhlich in die Hände. Alles lief prächtig.

Aber dann!

Ich hatte meinen Auftritt, bald kam die erste Pointe. Und die Leute lachten und quietschten vor Vergnügen. Dann wurde es wieder ruhig im Zuschauerraum – aber nur sekundenlang...

Da schallte nämlich die helle, schon recht kräftige Stimme meines Sprößlings durch den Saal: »Mama, Mama! Die sollen still sein! Ich will nicht, daß die Leute über meinen Papi lachen...«

Einen Moment lang stockte der Dialog auf der Bühne. Aber Theatermenschen sind es ja gewöhnt, außergewöhnliche Situationen zu überspielen. So lief die Szene nach einer Schrecksekunde weiter.

Aber auch die »Szene« in der dritten Reihe! Der

kleine Peter wiederholte sein »Anliegen« bei jedem neuen Publikumslacher mit gesteigerter Lautstärke. Dabei konnte er weder von den »Pssst«-Lauten noch von den geraunten Verboten seiner Mutter gebremst werden. Erst als Gerda ihrem Sohn die Hand vor den Mund hielt, wurde es besser: Man hörte nur noch ein Prusten und eine Art Quieken und, nahm sie die Hand weg, ein heftiges, weinerliches Husten.

Jetzt lachten die Leute auf den näheren Parkettsitzen. Sie hatten den Grund des Theatereklats erkannt... Was freilich Peterchen nur anspornte, erneut seinen Protest hinauszuschreien: »Ich mag nicht, daß die Leute über meinen Papi lachen!«

Da sah Gerda einfach keine andere Möglichkeit mehr, als den Störer schleunigst aus dem Saal zu zerren und nach Hause zu bringen.

So trat mein Sohn Peter für seinen Vater ein – als er noch klein war...

Bei der Geburt von Susanne am 16. Mai 1953 sah es um meine beruflichen Chancen nicht rosig aus. Zwar hatte ich inzwischen überall Erfahrungen gesammelt, bei Einzelgastspielen, bei Ensemble-Tourneen, im Hörfunk und Fernsehen, ich hatte sogar einige Filmrollen bekommen, aber nichts Durchschlagendes war dabei. Es läpperte sich sozusagen.

Immerhin, wir hungerten nicht, und sicher ging es uns besser als vielen anderen.

Ich setzte weiter aufs Fernsehen, bekam auch einige Engagements, aber als die Geburt unseres dritten Kindes anstand, hatte ich wieder mal Pause.

Ich hantierte gerade im Garten, der mit Gemüse und Strauchobst noch immer unseren Speiseplan bereicherte, da spürte Gerda die ersten Wehen. Wie das letzte Mal sollte das Kind daheim zur Welt kommen.

Ich lief zum Telefon, bestellte sofort Arzt und Hebamme. Aber es war noch nicht soweit. Der Arzt ging wieder.

Die Hebamme, Schwester Albertine, blieb zum Glück. Kaum war der Doktor weg, ging's los. Schwester Albertine bat um Hilfestellung.

So widerfuhr mir, was heutzutage viele junge Väter sich ausdrücklich wünschen: Bei der Geburt des Kindes, in der schwersten Stunde der Mutter, dabeizusein.

Ich war furchtbar nervös und unbeholfen, erlebte zum erstenmal, was ich bei den Geburten unserer Kinder Katarina und Peter nur hinter verschlossenen Türen ahnen konnte – und schließlich legte mir Schwester Albertine einen in ein warmes Tuch eingeschlagenen nackten Säugling in den Arm.

Ich muß gestehen, daß mir die Tränen kamen. Ich weiß gar nicht, warum. Es gab doch wirklich keinen Grund, traurig zu sein. Doch eines blieb wohl aus diesem Erlebnis haften: Mit meiner Tochter Susanne verband mich, trotz allem Schweren, was noch auf uns zukommen sollte, stets ein besonders inniges Verhältnis...

Als sich unser viertes Kind anmeldete, da konnten wir bereits hoffnungsvoller in die Zukunft schauen. Das nämlich hatte nicht nur ich erkannt: Mit mundartlichem Volkstheater, mit Kölschen Schwänken, bekommt man Zuschauer auch vor die Bildschirme. Viele sogar. Unglaublich viele... Horrende Gagen zahlten die TV-Leute zwar nicht gerade, aber sie reichten zumindest, das Millowitsch-Theater zu erhalten.

Das vierte Kind war übrigens das schwerste von allen: Elf stolze Pfund wog die Dame. Sie kam am 23. November 1955 zur Welt – und brachte mich schon von Anfang an in Verlegenheit.

Lange zuvor nämlich hatte ich meinen alten Freund Willy Schneider, den »frohen Sänger aus dem Rheinland«, als Paten verpflichtet.

Und da war nun wieder ein Mädchen...

Glauben Sie mir: Von meinem Stammhaltervorurteil hatte ich mich längst befreit. Ich nahm's gelassen. Zum Teufel mit dem Unterschied.

Also rief ich Willy Schneider an. Achtmal übrigens. Und jedesmal vergeblich. Doch ich blieb stur an der Strippe, und endlich hatte ich ihn: »Willy, alter Freund«, sagte ich. »Würdest du's auch für ein Mädchen tun?«

»Blöde Frage. Für 'n Mädchen tu ich doch alles!«

»Auch den Patenonkel spielen?«

Willy lachte: »Soll das heißen, daß du schon wieder eine Tochter hast?«

»Jjja.«

»Sag mal: Willst du ein Kloster gründen?«

»Willste oder nicht?«

»Mir ist es recht. Und wie. Ich bin doch lieber noch Pate einer Millowitsch-Tochter als überhaupt keiner.«

Sie sollte Marie Luise heißen. Im Theater hat man's

eilig, und so einigten sich alle bald auf die Abkürzung »Mariele«.

In ihrer Montessori-Schule in der Gilbertstraße gab's kaum einen wilderen Jungen als Mariele. Ständig in Lederhosen, Torwart der Klasse (sogar in ihrem Zeugnis ist es nachzulesen: »...Fußball – sehr gut...« steht da). Unangefochten, von den Klassenkameraden gleich welchen Geschlechts bewundert, genoß Mariele den Ruf des Enfant terrible.

Nicht einmal der Religionsunterricht vermochte sie zu stoppen. Dort wurde wieder einmal über die Frömmigkeit der Eltern gesprochen. Und was tat Mariele? Sie springt auf, schmettert in die Klasse: »Meine Eltern gehen nie in die Kirche! Die sind aber trotzdem hochanständige Leute!«

Als sie gerade fünf Jahre alt war, fragte ich sie so nebenher: »Was möchtest du denn später einmal werden?«

Schon kam, wie aus der Pistole geschossen, die Antwort: »Schauspielerin – und Hundedoktor!«

Hat sie ja dann auch geschafft...

Salut für einen guten Freund

Beim Straßenkehren lernte ich ihn kennen, an einem sonnigen, aber hundekalten Novembertag 1945. Wenn's schon in der Stadt ziemlich wüst aussah – den Eingang zu unserem Theater wenigstens wollte ich sauberhalten.

Ich war gerade in vollem Schwung, als eine Hand nach meinem Besenstiel griff. Ich blickte hoch und sah in ein junges, rundes, geradezu unglaublich unbekümmertes Gesicht.

»Pardon, Herr Millowitsch. Dat sind Se doch, oder?«

Ich nickte. Woher nahm dieser wohlgenährte, untersetzte Bursche bloß die Kalorien?

»Ich hätt' Se gern etwas jefragt.«

Ich nickte wieder. Vorsichtig mußte ich sein. Womöglich gehörte dieser Mensch zu meinen Stammzuschauern. »Also, mit was kann ich Ihnen helfen?«

»Tja, ich tät jern bei Ihnen im Theater mitspielen.«

»Aha. Und von welchem Theater kommen Sie?«

»Von der Marine.«

Irgend etwas war an ihm, das mich sofort für ihn einnahm; vielleicht waren es die Augen, vielleicht auch diese lächelnde, durch nichts zu unterdrückende Selbstsicherheit. Ich wurde neugierig.

»Sie haben bei der Marine Theater gespielt, oder wie?«

»So direkt auch nicht. Ich war auf 'nem Minenräumboot, Herr Millowitsch. Und da gibt's ja immer die Kameradschaftsabende, nich. Na ja, bei der Marine hab ich wenigstens Hauptrollen jespielt.«

»Was für eine Hauptrolle, Herr – Herr ...?«

»Schneider«, sagte er. »Franz Schneider. Oberbootsmannsmaat. – Oberbootsmannsmaat a. D.... Aber das wolln Se wohl nicht wissen. Und was die Kollegen anjeht, die waren an sich auch nicht so wichtig.« Da hatte er recht.

Was mich an diesem Novembertag ritt, ich frage es

mich noch heute. »Hören Sie mal, Herr Schneider! Ich mach Ihnen einen Vorschlag: Wir gehen jetzt einfach da rein, und Sie sprechen mir was vor?«

Das Lächeln war verschwunden. »Vorsprechen? Wat meinen Se denn damit...? Soll ich Ihnen jetzt auf der Bühne ene Witz erzählen?«

»Das genügt nicht. Den Witz müssen Sie schon spielen können.«

Er spielte ihn dann auch. An die Vorgabe erinnere ich mich nicht mehr, doch er mußte seine Sache einigermaßen passabel gemacht haben, denn schon im nächsten Stück wurde er von uns in einer kleinen Rolle eingesetzt. Ein Risiko gingen wir nicht ein: Der Franz Schneider machte einen Briefträger, und der Satz, den er zu sagen hatte, lautete: »Guten Tag, gnädige Frau! Hier ist die Post.«

Was kann da schon passieren?

Dies dachte ich mir, doch der Franz hatte sich das anders überlegt: Aus der Rolle wollte er etwas machen – gestalten wollte er sie wohl. Ein blöder Postler? – O nein, wenn schon, dann einer mit Schnupfen. Und das klang so:

»Guten Tag, gnädige Frau – ha-ha-hatschiii! Hier – hier – ha-ha-hatschiii! – die Post...«

Das Publikum fing an zu lachen.

Und der Franz hörte mit seinem Hatschi nicht mehr auf. Da brüllten sie.

Nach der Vorstellung knöpfte ich ihn mir vor: »Jetzt hören Sie mal, Franz, das mit dem Hatschi war ja wohl ein bißchen übertrieben?«

»Und ich dachte, Herr Millowitsch, dat wär witzig. War's doch wohl auch. Han Se nit jehört, wie die jelacht haben? Nur der Hickser is mir nit jelungen. Ich mein, beim drittenmal. Han Se da aufjepaßt? – Das erstemal kam er richtich jut.«

Was soll man da einwenden? Vor allem, wenn er auch noch recht hatte. Die Leute hatten sich tatsächlich amüsiert.

»Sie meinen also, Franz, das kriegen Sie noch mal hin, beim nächstenmal, mit oder ohne Hickser?«

»Aber sicher dat, Herr Millowitsch.« Und jetzt strahlte das ganze Vollmondgesicht. »Wenn ich dat noch 'n bißchen übe.«

Er brauchte es nicht lange zu üben. Hatschis und andere Einlagen brachte Franz Schneider in kürzester Zeit spontan und aus dem Handgelenk. Und das war nicht alles, wie sich in den Jahren zeigen sollte, die wir dann zusammenarbeiteten.

Wir hatten uns zusammengetan und konnten uns bald würdig in die Reihe der berühmten *Tünnes*- und *Schäl*-Darsteller einreihen. Vielleicht haben Sie selbst noch Franz und mich in dieser Rollenkombination erlebt? Von Statur und Aussehen hatten wir die Charaktere einfach umgedreht. Ursprünglich wurde nämlich der gemütliche, vielleicht etwas beschränkte Bauer Tünnes von dem pfiffigen und meist auch hinterlistigen Stadtmenschen Schäl weit überragt. Schäl war schlank und groß, Tünnes eher rundlich.

Zum erstenmal schlug ich als Tünnes den Schäl um Haupteslänge. Und noch etwas kam dazu: Der Franz hatte wirklich alles andere als ein hageres, verkniffenes Schäl-Gesicht. Aber eines machte das alles wieder wett: Er konnte so phantastisch schielen.

So feierten wir dann unsere Tünnes-und-Schäl-Erfolge im Jahr 1963 in der Fernsehreihe des WDR *Die fröhliche Weinkarte.* Kölsche Originale wollte das Fernsehen haben? Aber bitte, wir lieferten sie. Wir hatten auch noch eine Dritte vorzuweisen, unsere Else Scholten. Für uns drei, besonders aber für das Duo Franz und Else, begannen damit große Zeiten.

Ach, die Else! In meiner Geschichte hat sie ja schon mehrfach eine Rolle gespielt. Ein Phänomen an Kölschem Witz und Unverwüstlichkeit! Wichtiger aber noch – die Else war längst zum Familienmitglied der Millowitschs geworden.

Schon 1917/18 hatte sie bei meiner Großmutter in den Operetten mitgespielt, allerdings nur im Chor und später in kleineren Rollen. Seither war sie nicht nur ständiger Gast, sondern auch ständiger Mitstreiter, ob auf Tournee – in ganz schlechten Zeiten wie in guten Zeiten –, ob in der Schildergasse oder in der Aachener Straße.

Else war, was man einen Kumpel nennt; ein Freund, der sich stets neben den Freund stellt, und ein Mensch mit Herz. Allerdings hatte sie auch einen Eigensinn, der keinen Kompromiß duldete. Wenn die Else was nicht wollte, biß jeder auf Granit. Und im Grunde war das schon eine ideale Eigenschaft für die Charaktere, die sie verkörperte.

Von Statur wuchtig, eine Art Felsen in der Brandung, waren ihr die Rollen der komischen Alten auf den Leib geschrieben. Und die spielte sie, die übrigens selbst aus einer Theaterfamilie stammte, mit Hingabe. Gott hab sie selig…

Die Gründe, wieso mir mein Partner und Freund Franz in den Jahren, die kommen sollten, so sehr ans Herz gewachsen ist, will ich nicht alle aufführen. – Ich könnte an dieser Stelle über Partnerschaft auf der Bühne philosophieren – und hätte meine Mühe; aber es ist wohl ein bißchen so wie bei den Musikern. Man muß die Gedanken, die Einfälle, ja die Schwingungen des anderen, nicht nur mithören, sondern man muß sie vorausahnen können, und dies setzt nicht nur Intuition, dies setzt eine tiefe menschliche Beziehung voraus.

Solche Partnerschaften sind Glücksfälle. Man erlebt sie relativ selten; doch wenn man den Richtigen gefunden hat, ist es ein bißchen wie bei einem Liebespaar oder wie in der Ehe.

Und was war der Franz doch für ein As! Wie flexibel und spontan blieb er in seinem Witz; spielend und lächelnd brachte er es fertig, textliche und dazu noch fernsehtechnische schwierige Längen mit seinem urwüchsig-komischen Spielwitz zu überbrücken.

Und was genauso wichtig war: Franz Schneider kannte keinerlei Allüren. Dabei war er für uns in Köln so etwas wie ein Star geworden. Aber sosehr er auch gefeiert wurde, stets ging er auf meine Ideen und Regieanweisungen ein, und meist bastelten wir gemeinsam daran, noch eine Verbesserung zu erreichen.

Leider währte unser gemeinsamer Weg nach dem Fernsehstart nur noch ein einziges Jahr...

Wir hatten eine phantastische Premiere im Bernhard-Theater in Zürich. Seit fast dreißig Jahren gastiert das

Millowitsch-Ensemble regelmäßig in diesem Haus, das uns so verbunden ist.

An diesem Abend blieb ich nicht lange bei den anderen. Die Stammannschaft hatte sich im »Conti« versammelt. Auch das gehörte zur Tradition; ich war jedoch diesmal von Freunden zur Eröffnung eines neuen Hotels in Thalwil eingeladen. Dort, etwa zehn Kilometer südlich von Zürich, sollte ich auch für die Zeit des Gastspieles wohnen. Irgendwann, es war kurz nach Mitternacht, wurde ich ans Telefon gerufen.

Es war ein Kollege aus dem Ensemble: »Herr Millowitsch, kommen Sie bitte ganz schnell zu uns! Mit dem Franz ist was nicht in Ordnung. Er ist plötzlich hier im ›Conti‹ zusammengebrochen.«

Zunächst hielt ich das für einen Trick. Ich wußte längst, auf welche Ideen Schauspieler kommen, wenn sie einen Kollegen in eine lustige Saufrunde zurücklotsen wollen. »Also, wenn ihr unbedingt wollt, daß ich mit euch noch einen trinke, dann sagt's und laßt mich in Frieden mit derartigen Späßen! Was ihr mir da über den Franz erzählt, finde ich überhaupt nicht lustig.«

»Chef, das ist doch kein Spaß, um Himmels willen. Dem Franz jeht es wirklich janz miserabel!«

Da setzte ich mich sofort ins Auto und raste mitten in der Nacht nach Zürich. In mir war noch immer angstvolle Hoffnung: Vielleicht haben die's ein bißchen weit getrieben. Die Kerle machen mit dir 'nen Witz. Na, dann können sie was erleben...

In unserem Trefflokal fand ich niemand. Dann hatten sie sich vielleicht schon im Hotel »Wüscher«

versammelt, wo Franz Schneider immer wohnte. Ich fuhr sofort dorthin.

In der Halle kam mir ein Mann mit einer Tasche entgegen, der auf mich den Eindruck eines Arztes machte. Er war es in der Tat, und ich fragte ihn, wieso es um meinen Kollegen so schlecht stehe.

Dieser Schwyzer Doktor schien völlig unbeeindruckt. Er zuckte nur mit den Schultern: »Nun, ich glaube eher, daß er ein bißchen betrunken ist. Vielleicht ein bißchen arg betrunken. Aber in jedem Fall schaue ich später noch mal nach ihm. In der Zwischenzeit habe ich einen anderen Patientenbesuch – einen wirklich dringenden.« Und damit war er weg.

Ich ging hinauf und sah Franz auf seinem Bett liegen. Ich erschrak: Das Gesicht war verzerrt, die rechte Gesichtshälfte schien alle Muskelspannung verloren zu haben. Das Schlimmste jedoch: Er reagierte überhaupt nicht, als ich ihn ansprach. Dabei sah er mich an. Er mußte bei Bewußtsein sein – und das war er sicher auch –, nur konnte er offenbar nicht sprechen.

Ich sank auf einem Stuhl zusammen. Und versuchte zu überlegen. Den Doktor konnte ich nicht erreichen; doch er hatte gesagt, er würde zurückkommen... Aber wann? Wie konnte dieser Arzt nur so gleichgültig reagieren?

Er kam auch bald wieder. Er sah sich Franz an, und plötzlich wurde seine Miene besorgt: »Ich fürchte, Ihr Freund hat einen Schlaganfall erlitten. Er muß so schnell wie möglich ins Krankenhaus.«

Man schöpft immer Hoffnung, wenn es einen nahen Menschen trifft. Wie auch nicht? Wie oft geschieht es doch, daß Männer in diesem Alter die Katastrophe einer Gehirnblutung überwinden und noch lange, lange leben.

Doch Franz erholte sich nicht mehr.

Ja, er lebte – er lebte weiter, einige Jahre sogar. Er kam zu mir ins Theater, ich holte ihn zu jeder Premiere – doch mit der Bühne war's für ihn vorbei. Sie aber war für Franz das Leben.

Im Jahre 1977 haben wir ihn begraben.

Wo immer du jetzt sein magst, alter Freund – und ich glaube zu wissen, wo du steckst –: Ich grüße dich! Ich sage dir Salut...!

Der Bildschirm-Pionier

Ich gebe mir wirklich alle Mühe, die Ereignisse nicht durcheinanderzubringen. Aber es sind nun mal so viele, so viele in so vielen Jahren...

Wenn mich nicht alles täuscht, habe ich bereits vor einer Fernsehkamera gespielt, ehe ich je die Chance bekam, einen Blick auf einen Fernsehschirm zu werfen.

Da hatte also ein Mensch wie ich, der von Kindheit an eine angeborene Passion für jede, auch noch so verrückte technische Spielerei besaß, den Start des deutschen Fernsehens nach dem Krieg verpaßt. Das Datum weiß ich noch. Es war der erste Weihnachtstag des Jahres 1952.

Wie konnte es dazu kommen? Nun, dies war noch

die Zeit, als unsere Bundesrepublik sich den Trümmerstaub abschüttelte und sich darauf vorbereitete, das Wirtschaftswunder zu vollbringen. Bildschirme gehörten nicht dazu. Die kosteten zuviel – damals ein halbes Vermögen. Und die Apparate in den Schaufenstern der Radiogeschäfte, in den Kneipen und Cafés, an die man sich schon ein Jahr später gewöhnte, waren auch noch nicht montiert. In meinem Freundes- oder Bekanntenkreis jedenfalls auch nur eine Glotze aufzutreiben – ausgeschlossen!

In den Zeitungen jedoch standen bereits die Schlagzeilen vom Start des Fernsehens. Ich war elektrisiert. Schließlich sprach diese Nachricht gleich zwei meiner wichtigsten Interessen an: einmal meine komödiantische Neugier und zum anderen meinen technischen Fimmel.

Willy, dachte ich, überleg doch mal! Was tun sich da für Zukunftsaussichten für dich auf. Was läßt sich da alles anfangen! Komödien spielen, Schwänke, Conferencen, Couplets, singen, spielen. Mit der Kamera konnten sie ganze Theateraufführungen übernehmen. Wenn die Leute nicht mehr zu dir kommen wollen, weil sie ja so viele andere, soviel wichtigere Dinge kaufen müssen als ausgerechnet Theaterkarten, na schön – dann bringt das Fernsehen ihnen eben Millowitsch in die Wohnstuben!

Wirklich: Es war unglaublich, was all die unsichtbaren elektromagnetischen Wellen, die da durch die Gegend schwirrten, alles vermochten. Zuerst hatten sie Musik und Sprache herangetragen, nun Bilder. – Phantastisch!

Begreiflich, daß ich mich in diesem Zusammenhang sofort auch an die Jugendzeit des Rundfunks erinnerte: Fünfzehn, nein, sechzehn war ich. Nächtelang hockte ich über dem selbstgebastelten Detektor-Empfänger, kitzelte mit meinem Drahtende am Kristall herum, die Hörer um den Kopf geklemmt, schloß die Augen, wartete auf all die wunderbaren, einzigartigen Stimmen der Welt, die sich nun meinen Ohren auftun würden.

Kaum eine Neuerung der Rundfunktechnik hatte ich seither verpaßt. Ständig war ich begierig auf der Suche nach Informationen, um meine Empfangsmöglichkeiten zu verbessern, soweit mir das mein karges Taschengeld zuließ. Meinem Vater hatte ich damit mächtig imponiert, mehr als mit allen Geh- oder Stehversuchen auf der Bühne. Theater, das war schließlich Familienalltag, so wie Essen, Trinken und das tägliche Gebet – aber Radiobasteln! – Auf der Bühne gab's zwischen den Millowitschs schon deshalb kaum einen Unterschied, weil sie da ja alle gut waren. Nicht nur Vater, Mutter, Großmutter, auch noch sieben Tanten und Onkel kreisten um mich herum. Um mich? – nein, vielmehr um die verrückte Idee, aus Bühnenbrettern bestehe der wahre und einzige Existenzgrund dieser Welt.

Inzwischen hatte sich alles geändert.

Im Frühjahr 1953 gab es noch drei Millowitschs, die die Theatertradition hochhielten: Lucy, meine Schwester, Wilhelm, der jüngste Bruder meines Vaters – und ich.

So, wie die Millowitsch-Dynastie mit der Zeit dahingestorben war, schien auch das Interesse der Millowitsch-Gemeinde allmählich zu erlöschen. Es war ja begreiflich. Die Welt, die jetzt anbrach, brachte so viele neue Unterhaltungsmöglichkeiten, so viele neue Reize...

Ganz vorne stand, acht Jahre nach Kriegsende, noch immer der materielle Nachholbedarf der Menschen, die so lange so viel entbehrt hatten. Der Freßwelle war die Möbelwelle gefolgt – schließlich verfügte ja kaum noch einer über einen intakten Stuhl. Und nun begann gerade die Reisewelle – zwanzig Jahre lang waren die Deutschen in ihren Grenzen eingeschlossen gewesen. Sie wollten jetzt nur noch eines: Raus. Etwas sehen, etwas erleben.

Dabei wurde die Kunst ziemlich brotlos. Wer hatte schon was übrig für das Theater am Ort, wer, außer dem Häuflein der unentwegten Liebhaber, das uns so bewundernswert die Stange hielt...

Ob ich allerdings begriff, wie sehr die neue Flimmerkiste die Freizeitgewohnheiten der Menschen verändern sollte, das glaube ich nicht. Daß innerhalb weniger Jahre die TV-Programmseiten so vielen Menschen ihren Lebensrhythmus diktieren würden – wer konnte das schon voraussehen? Aber über die anderen, die Pessimisten, die damals den TV-Rummel als »vorübergehende Mode« abtaten und dem Fernsehen überhaupt keine Chance geben wollten, schüttelte ich nur den Kopf. TV hatte Zukunft. Und wie!

Es war wohl Anfang Februar 1953, da klingelte eines Abends bei mir das Telefon: Willy Ackermann war dran. Er hatte ein paar Jahre in unserem Theater mitgearbeitet. Ein sehr anstelliger Mensch. Neben verschiedenen Statistenrollen, manchmal mehreren in einem Stück, hatte er auch noch die Aufgabe des Requisiteurs übernommen. Dafür hatten wir nämlich seit den großen Zeiten des »Reichshallentheaters« und des »Colosseums« nie mehr einen eigenen Mann verpflichten können.

»Ich bin jetzt beim Fernsehen«, verkündete nun Willy Ackermann. »Und deshalb ruf ich auch an, Herr Millowitsch. Ich wollte Sie fragen, Chef, ob Sie nicht Lust hätten, bei uns mal aufzutreten. In 'ner kleinen, lustigen Rolle zum Beispiel?«

»Ja, worum geht's denn?« Meine Stimme klang nur mäßig neugierig, in Wirklichkeit aber war ich sehr gespannt.

»Also, so ganz genau weiß ich das nicht. Aber es ist wohl was mit der Grete Fluß im ›Kaiserhof‹...«

»Ach nee!«

»Doch, doch... Meinen Sie, ich kann also sagen, daß Sie grundsätzlich mal darüber reden würden?«

»Ja, das können Sie«, antwortete ich vorsichtig.

»Okay, dann geb ich dem Herrn Pindter Bescheid. Und dann ruft der Boß Sie morgen an.«

Dieser Anruf war zwar nicht der Hauptgewinn in der Lotterie. Inzwischen erfuhr ich auch noch, daß dieser Pindter den Namen Millowitsch noch nie gehört und sich bei Willy Ackermann erkundigt hatte, ob er mir überhaupt zutraue, daß ich »so was« übernehmen könne? Nun war ich wirklich gespannt darauf, was diese Leute vom Fernsehen mit mir anfangen wollten.

Lange brauchte ich nicht zu warten. Am nächsten Tag, frühmorgens um acht, rief ein Walter Pindter bei mir an und fragte mit deutlichem Berliner Akzent, ob er mich am späten Vormittag sehen könnte. Und zwar im Funkhaus am Wallrafplatz, fünfter Stock.

Walter Pindter war ein Mann ohne Umschweife, äußerst kollegial und zuverlässig, wie ich später noch oft feststellen sollte. Pünktlich um elf öffnete sich seine Bürotür. Was heißt Büro? Sicher, da standen ein paar Möbelstücke herum, doch Regale, Schreibtisch, Stühle ertranken unter einer Flut von Papier. Aus den Regalfächern quoll es heraus, auf allen Holzflächen türmten sich die losen Blätter, Schnellhefter, Bücher und Aktenordner. Sogar auf dem Fußboden lagen Stapel herum.

Irgendwo fand ich doch noch eine freie Sitzfläche.

»Also, et jeht janz einfach darum, det Sie 'nen miesepetrigen Zuschauer mimen, der mit Familie ins Varieté kommt!«

Das waren die ersten Worte, die ich von Walter Pindter hörte. Einfach so, ohne guten Tag und: Sie sind also Herr... Und so ging's auch gleich weiter: »Trauen Sie sich det zu, Herr...«

»... Millowitsch«, half ich. Aber er blätterte nur. Offensichtlich hatte er noch etwas anderes zu suchen. »Ach ja, Sie machen Dialekttheater hier in Köln...?«

»Nein«, sagte ich, um Zeit zu gewinnen. »Ich habe ein Volkstheater. Wenn Sie so wollen, eine Heimatbühne, auf der auch Mundart gesprochen wird. Meistens aber – mit Rücksicht auf die vielen Flüchtlinge – ein gemäßigtes Kölsch – also, ich meine, unsere Bühnensprache ist bestimmt nicht so, daß sie ein Nichtkölner absolut nicht verstehen kann, wie beispielsweise bayeri...«

»Ick hab Sie schon verstanden, Herr Millowitsch. Sie können also so Kölsch reden, daß man das auch in Arnsberg versteht – und auch so, det Sie damit immer noch als lustiger Rheinländer identifizierbar sind.«

»Ja, in etwa.«

Das genügte ihm. »Okay, dann kommen Se doch morjen in den ›Kaiserhof‹ von dem Hans Herbert Blatzheim – wissen Se, det is der, der mit der Magda Schneider verheiratet is...«

»Zur Probe?« wollte ich wissen.

»Mann – Millowitsch, für Proben ham wa keene Zeit. Det jeht hier bei uns alles zack-zack.«

»Auch gut. Mir soll's recht sein. Aber – gibt's denn vorher noch eine Gelegenheit, mich zu informieren, wann, wie, wieso und woher ich in die Szene komme?«

»Ha, ha, Meister Millowitsch – det jefällt mir. Sie sind ein Mann, der direkt auf den Punkt kommt! Also, hier haben Se det dürftige Skript...«

Er fischte ein paar Bogen Papier vom Schreibtisch und hielt sie mir entgegen. »...und morgen vormittag machen wir einen ganz kurzen Durchlauf. Die Zeit dafür ist reichlich knapp. Der Herr Blatzheim will ja nachmittags noch sein Publikum mit Kuchen und irgendeinem Programm abfüttern, eh wir abends mit unseren Kameras anrücken.«

Das war's dann: Mein Einstieg ins Fernsehen! Einen alten Theaterhasen wie mich konnte eine solche Unterweisung nicht nervös machen.

Ich las zu Hause das Skript durch und erkannte ohne Schwierigkeiten, was die Fernsehleute eigentlich beabsichtigten. Die Idee war schlicht: Sie wollten eine Revue mit der unvergessenen Kölner Karnevals-

Komödiantin Grete Fluß in Blatzheims »Kaiserhof« übertragen.

Das war nun wahrhaftig kein Problem.

Knapp eine Woche, nachdem die »Kaiserhof«-Szene gesendet worden war, rief mich Walter Pindter wieder an:

»Ick hab da wat, Herr Millowitsch, wovon wir eigentlich alle noch nich so jenau wissen, wie's laufen soll. Det heißt, ick bin überzeugt, det Sie uns helfen können...«

»Sicher – gern, wenn Sie meinen...«

»So isses. Und deshalb würd' ich Sie gern mal treffen... Moment, ich guck mal in den Terminkalender... Ach, im Büro is et ja jarnich so jut. Da wird ma bloß dauernd gestört, seit wir det zweite Telefon hier haben... Wie wär et denn in 'ner Kneipe?«

Wir trafen uns in einem Restaurant am Reichenspergerplatz zum Essen. Meinen Kollegen Günter Jerschke lernte ich bei diesem Anlaß kennen. Es standen wirklich wichtige Themen auf dem Programm. Aber es blieb auch etwas Zeit zum Plaudern.

Auch diesmal kam Pindter direkt zur Sache: »...die bauen nämlich in Hamburg um. Der Flakbunker auf dem Heiligengeistfeld reicht ja auch wirklich nicht mehr für die Produktion von täglich fast zwei Stunden Fernsehprogramm. Und jetzt müssen wir hier in Köln also mehr fabrizieren. In der Hauptsache Unterhaltung. Weil die det Aktuelle ja von Hamburg aus senden werden...«

Der Ober hatte die Getränke gebracht und fragte nun nach den Speisewünschen. Auch das regelte Walter Pindter, ohne lange zu fragen, für mich.

Dann wandte er sich gleich wieder dem Thema zu: »Also, wo war ick stehnjeblieben – ach ja: Unterhaltung! Det heeßt für uns hier: Improvisieren! Det tu ick nu schon seit vier Monaten hier in Köln... Und da sind Se mir ufjefallen. Sie machen keene langen Mennenkes. Sie sind in Null Komma nix druff. So wat brauch' ick. Ick weeß, die Gage is zum Heulen... Aber wat nich is, kann ja noch werden... Verstehen Se, wat ick meine?«

»Nee«, sagte ich.

»Sehen Se, ick wußte ja, det wa uns verstehen. Also, wenn Se mich fragen... Arbeeten fürs Fernsehen is en janz jroßer Scheibenkleister. Keene Leute, keen Jeld, nix, jar nix – bloß Bejeisterung. Wissen Se, eijentlich bin ick ja Produzent. Selbständijer Filmproduzent mit 'nem florierenden Jeschäft. Ick bin mit Aufträgen ausgelastet bis ins nächste Jahr... Aber det hier mit dem Fernsehen, det reizt mich. Da is jeder Tag en neuet Abenteuer. Keene perfekte Planung, keene korinthenkackerische Buchhaltung... Da macht et mir auch nischt aus, wenn wir für det janze Kölner Fernsehprogramm – ha-ha! – an Barem bloß ene bessere Portokasse haben.«

»Sagen Se mal, Herr Pindter, können Sie mir erklären, wie ich bei Ihnen überhaupt noch Geld verdienen kann, wenn der Sender so bettelarm ist, wie Sie behaupten? – Oder soll ich Ihnen vielleicht was pumpen?«

Er lachte schallend: »Nee, det nu jrade ooch nich...«

»Ganz im Ernst«, sagte ich. »Ich liege mit meinem Theater selbst sozusagen in den letzten Zügen. Wir mogeln uns von Spielzeit zu Spielzeit so durch. Das heißt, ich kann die Miete für das Gebäude gerade noch bezahlen. Dazu kommt der teure Unterhalt. Von den Gagen für die Schauspieler ganz zu schweigen...«

»Ich kenne die Situation, lieber Herr Millowitsch!« Dieses rundgesichtige, fröhliche Berliner Phänomen war durch nichts zu beeindrucken. »Ich weiß auch, daß Sie mir hier nichts vorjammern wollen. Et würde uns ja ooch beiden jar nix nützen. Wenn ick mit Ihnen zusammenarbeiten will, dann tue ick dat aus reinem Eijennutz. Wohljemerkt – Jarantien jeben kann ick Ihnen natürlich nich. Aber bei Ihren Fähigkeiten und mit Ihren Erfahrungen, da kann ick Sie spielend immer wieder für Unterhaltungssendungen einsetzen. Glauben Se mir, auf Dauer bringt dat auch wat. Wir wollen ja nicht vergessen, daß die meisten der bisher viertausend Bildschirmbesitzer in der britischen Zone hier, in Ihrem rheinischen Einzugsgebiet, beheimatet sind. Wissen Sie, was das heißt?«

»Nee. Aber Sie werden's mir sicher sagen.«

»Det is drollig. Rechnen Se mal! Bis zu zwanzig Leutchen drängeln sich oft vor jedem einzelnen der Guckkästen. Det macht 80 000 – in Worten: achtzigtausend – Augenpaare bei einer einzigen Sendung. Det is doch wat, oder?«

»Toll, ja – einfach phantastisch! Aber – an der Gage gemessen, is es eigentlich so jut wie nix.«

Jetzt glitzerte es in den Augen von Walter Pindter. Er strich sich mit einer hastigen Bewegung das Haar zurück, griff zu seinem Glas und sagte: »Millowitsch – du heißt doch Willy? Wollen wir uns nich duzen?«

Das kam ein wenig überraschend, war mir aber

auch nicht peinlich. Dieser Walter Pindter war mir schon beim ersten Telefongespräch sympathisch gewesen.

»Nix dagegen«. Ich hob mein Glas. »Bloß eins: Schreibst du dein Walter mit t oder mit th?«

»Ohne.«

»Ohne wat?«

»Ohne h! Aber – mit viel Wo-h-lwollen für dich – Willy Millowitsch mit y!«

»Aber bloß im Vornamen.«

»Wat?«

»Dat Ypsilon...«

Aus dieser kleinen, jungenhaften Alberei entstand eine lange Freundschaft – die mir allerdings nicht gleich dazu verhalf, mein Theater ins Fernsehen zu bringen, wie ich's mir insgeheim seit einiger Zeit erträumt hatte. Obwohl Walter Pindter mit seiner neunköpfigen Mannschaft in Köln doch so große Nöte hatte, seine von Hamburg geforderten Programmstunden zu füllen.

Walter erzählte mir später einmal, wie das alles mit dem Fernsehen angefangen hatte. Es war schon abenteuerlich.

Mit sage und schreibe fünf Mitarbeitern war er am 19. Dezember 1952 auf dem Kölner Hauptbahnhof angekommen. Sein Auftrag: Zum Start des deutschen Fernsehens am 1. Weihnachtstag von Köln aus ein eigenes Programm zu »fahren«. Zwar fiel der wirkliche Startschuß in Hamburg-Lokstedt; aber wider Erwarten war aus posttechnischen Gründen die Leitung zwischen dem Norden und dem Westen nicht zustande gekommen, und so konnte das Hamburger Programm in Nordrhein-Westfalen – wo auch noch die meisten der Fernsehempfänger standen – nicht ausgestrahlt werden.

Pindter hatte einen Kameramann namens Kurt Grigoleit mitgebracht. Von Hamburg aus hatte man ihm außerdem den Kölner Kameramann Walter H. Schmitt zugeteilt. Daneben gab es noch den Regisseur Fritz Andelfinger und das Team Gärtner, Sommer und Kerndorff als Dramaturg, Aufnahmeleiter und Beleuchter. Vom Hessischen Rundfunk in Frankfurt wurde ein Ü-Wagen zur Verfügung gestellt, und zur Sendung selbst traf noch kurz vorher ein Herr Tjaden als Studio- und Programmleiter aus Hamburg ein.

Bis drei Tage vor Programmbeginn wußte dieses Himmelfahrtskommando Pindter immer noch nicht, ob es in dem zugewiesenen Hörfunk-Studio 3 des neuen NWDR-Funkhauses am Wallrafplatz überhaupt möglich sein würde, eine TV-Sendung zu produzieren. Beleuchtung und Hintergründe paßten nämlich nicht zusammen.

In seiner Not rief Walter Pindter einen alten Freund in Düsseldorf an, den er aus seiner Zeit als Chefkameramann bei der Ufa kannte: Alfred Bütow. Der war Filmarchitekt und ein echter Kumpel. Er sagte Pindter spontan seine Hilfe zu, eilte von Düsseldorf gen Köln und »schuf« mit ein paar selbstgezimmerten Versatzstücken eine brauchbare Studiodekoration.

Das Abendessen zur Heiligen Nacht nahm die kleine Fernsehtruppe gemeinsam im Wartesaal des Kölner Hauptbahnhofs ein: vergammelter Kartoffelsalat mit Würstchen. Familienfeier und Christbaum-Bescherung konnten sie sich als Fernsehpioniere von vornherein abschminken. Sie trugen's mit Fassung – und haben's alle überlebt.

Schwierigkeiten hin – Improvisation her... Genau zwanzig Minuten später, am Abend des 1. Weihnachtsfeiertages, gingen sie auf Sendung: Ein Conférencier präsentierte Reportagen, Musik und Volkstänze und eine in Köln stationierte Riesengebirgs-Trachtengruppe.

Die Kölner Fernsehpremiere war noch keine halbe Stunde vorüber, die kleine Mannschaft hatte noch nicht ausgeatmet – da rief schon der Geheimsekretär des Kölner Kardinals Josef Frings an und beschwerte sich darüber, daß der Conférencier Dieter von Seydlitz sich »mehrfach unanständiger und zweideutiger Ausdrücke bedient« habe, die »unmöglich und nicht akzeptabel« seien. Und Seiner Eminenz sei unverzüglich Bericht zu erstatten...

Irgendwie gingen mir diese Heldenstücke unter die Haut. Ich war derart fasziniert, daß ich mir vornahm: Beim Fernsehen machst du mit! Die sind nicht nur herrlich verrückt. Hier bekommst du vielleicht auch die Möglichkeit, dein ganzes Theater auf den Bildschirm zu bringen... Nicht einfach nur, wie es leibt und lebt, nein – wie sagten die? – live!

Walter Pindter wird es mir heute verzeihen, daß ich ihm bei jeder Gelegenheit mit meinem Lieblingsthema auf die Pelle gerückt bin.

Lange Zeit schwankte der Kölner Studiochef.

Kurze Szenen mit dem Kölschen Willy – ja. Aber eine ganze Sendung? Das Wagnis schien ihm wohl doch ein bißchen zu groß.

Eines Tages, als wir nach der Arbeit noch in einer Altstadtkneipe zusammensaßen und ich ihn wieder einmal löcherte, wurde er zornig:

»Mensch, Willy«, motzte er mich an. »Du weißt doch, wenn's nur auf mich ankäme – ich würd's vielleicht riskieren. Aber da jibt's ja ooch noch en paar andere Nasen, die wat zu meckern haben. Un janz so schief können die ja ooch nich liegen. Wirklich, Willy, du kannst doch nich im Ernst erwarten, det wir deine komischen Kölschen Klamaukspäße in Berlin oder Hamburg aufn Bildschirm bringen. Die armen Leute müssen ja denken, se sind plötzlich in Timbuktu oder in der Mongolei oder wat weeß ick... Meine Jüte, nach dem siebten oder achten Bier kann ja sojar ick kaum noch allet verstehen, wat du so daherplapperst.«

»Das kann aber nur an dir liegen. Vielleicht hast du et auf den Ohren – nach dem siebten oder achten Kölsch, wat dir immer so gut schmeckt.«

»Willy, komm, laß die Witze. Tu mir den Jefallen un bleib aufm Teppich!«

Da stand ich vom Tisch auf, stellte beide Füße so zusammen, daß er mich deutlich sehen konnte, wie fest ich auf dem »Teppich« stand: »Walter!« sagte ich. »Ich hab von Sommer 1939 an bis zum Herbst '44 zuerst vor Westwallarbeitern und dann vor Landsern aus dem ganzen damaligen Großdeutschen Reich unsere guten alten Millowitsch-Stücke gespielt. Alle haben Tränen gelacht. Und kein Mensch ist jemals zu mir gekommen und hat gefragt, was denn vielleicht das eine oder andere Wort bedeutet... Richtiges Kölsch hat unsere Familie früher immer nur im eigenen Theater in der Heimatstadt gesprochen. Auf Tourneen sprachen wir immer nur ein stark abgemildertes Rheinisch – und das kannst du tagtäglich im Kabinett oder im Bundestag auch hören, wenn der Adenauer spricht.«

»Okay, okay!« Der arme Walter Pindter stöhnte. »Mich haste ja schon überzeugt... Und wenn du noch 'ne Runde schmeißt, versprech ick dir, daß ich mal ernsthaft mit meinem Chef Pleister in Hamburg drüber rede... Aber Geduld mußte schon noch haben. Det Beste is, wenn die mal grade wieder in Schwierigkeiten sind mit 'nem Abendprogramm. In der Not frißt der Teufel Fliejen.«

Eine Aufführung unseres Theaters als allerletzter Notnagel? So sah ich das ja nun nicht – aber gegen Vorurteile kann man sich nie wehren. Immerhin hatte ich schon einen gewichtigen Bundesgenossen gewonnen. Und ein paar sachliche Argumente würden Walter schon einfallen.

Walter Pindter hatte, wie ich viel später erfuhr, dem ersten deutschen Fernsehintendanten Werner Pleister in Hamburg klargemacht, daß die landsmannschaftliche Ausrichtung des gesamten Sendegebiets ihren eigentlichen Schwerpunkt in Nordrhein-Westfalen haben müsse, weil dort nun einmal die meisten Fernsehgeräte standen und zum anderen in diesem bevölkerungsreichen Teil der britischen Zone neunzig Prozent aller Leute den Namen Millowitsch kannten.

Intendant Pleister war beeindruckt.

Der seit 1947 amtierende Kölner Rundfunkintendant Hanns Hartmann kannte mich natürlich auch, er hatte sogar entscheidend dazu beigetragen, daß der Name Millowitsch im Rundfunkprogramm wieder auftauchte; zur Frage einer Millowitsch-Aufführung im Fernsehen jedoch hielt er sich anfangs sehr bedeckt.

Walter Pindter wiederum ging für alle Fälle auf Nummer Sicher und verdonnerte seinen Freund und Regisseur Fritz Andelfinger, sich die Darbietungen des Millowitsch-Theaters anzusehen.

Wir nun waren im Sommer 1953 meist zu Gastspielen rund um Köln unterwegs. Und so mußte sich dieser arme süddeutsche Mensch Andelfinger in die umliegenden Provinzstädte bemühen, wenn er testen wollte, wie unser Theater bei den Menschen dort ankam, was allerdings nicht allzuviel über die Aufnahme bei nichtrheinischen Bildschirmzuschauern aussagte.

Der arme Andelfinger hatte sich noch zu keiner Meinung durchgerungen – da kam plötzlich aus der Hamburger Zentrale die Meldung: Wir haben einen freien Samstagabend im Programm für Sie. Jetzt wurde alles bis ins Detail geplant.

Zur technischen Vorbereitung der ersten Live-Sendung aus einem Theater im Nachkriegsdeutschland blieben nur vier Tage, das ist etwa ein Drittel der Zeit, die man sich heutzutage nimmt, um eine perfekte Magnetaufzeichnung in unserem Haus zu produzieren.

Den Löwenanteil übernahmen die Schreiner. Vor die Haustheaterbühne bauten sie ein Holzpodium in den Zuschauerraum, auf dem die Rollstative der Fernsehkameras möglichst problem- und lautlos hin- und herfahren konnten.

Publikum sollte auch sein. Fernsehkameras leben von Szenenbeifall und fröhlichen Gesichtern.

Wir spielten den *Etappenhas*. Im Anschluß an die Fernsehpremiere am 27. Oktober sollte er dann noch einige Wochen im Kölner Haus laufen. Der Militärschwank, den der norddeutsche Komödiendichter Karl Bunje in den dreißiger Jahren geschrieben hatte, war in seiner Kölschen Fassung von meinem Vater Peter schon drei Jahre vor Kriegsbeginn inszeniert worden. Und das Stück hatte mit einer Laufzeit von sage und schreibe 221 Vorstellungen entscheidend dazu beigetragen, unser im Jahr 1936 eröffnetes festes Haus an der Aachener Straße zu etablieren.

Mit von der Schwankpartie waren meine Schwester Lucy als flämisches Mädchen, mein einziger damals noch lebender Onkel Wilhelm als Soldat Hein aus Aachen, Franz Schneider als Leutnant zwischen Kameradschaft und unvermeidlichem Gehorsam, Jakob Kauhausen und Harald Land als weitere Soldaten in dem urkomischen Spiel um den Hasenbraten, der mit Hilfe des Opfers einer Katze verdoppelt und verwechselt wird.

Die Schauspieler, die weniger Erfahrung mit den technischen Apparaturen hatten als ich, waren zunächst ein wenig irritiert. Der direkte Kontakt mit dem Publikum im Saal wurde von den wuseligen Kameras verhindert. Das fürchteten sie jedenfalls. Aber schon bei den wenigen Stell- und Beleuchtungsproben hatten meine bühnenerfahrenen Kollegen sich an die technischen »Störenfriede« zwischen Rampe und Saal gewöhnt. Und bei der Sendung spielten sie schließlich genau so routiniert durch wie an einem ganz normalen Theaterabend...

Nur die Großaufnahmen machten Sorgen. Es gab ja damals noch keine Zooms. Diese schrecklichen Kameras von damals rückten uns ganz schön dicht auf die Pelle, und keiner wußte, wann und ob er an der Reihe war.

Sicher wäre alles noch leichter gefallen, wenn wir während der Vorstellung im hellen Licht der Scheinwerfer gewußt hätten, wie gut unser Spiel auf den Bildschirmen ankam. Immerhin erhielten wir die Rieseneinschaltquote von 20 000 Zuschauern.

Der letzte Vorhang war gerade gefallen, mir liefen noch die Schweißtropfen von der Stirn, als der Aufnahmeleiter mir schon ein Telegramm überreichte. Es war um Punkt 21.45 Uhr in Hamburg aufgegeben. Absender: Intendant Dr. Werner Pleister. Der Text:

HERRN DIREKTOR MILLOWITSCH, HEIMATBUEHNEN KOELN... HERZLICHEN GLUECKWUNSCH FUER IHRE MUNTERE UND WOHLGELUNGENE AUFFUEHRUNG DIE UNSERE FERNSEHKAMERA IN SO GESCHICKTER WEISE AUF ALLE ANGESCHLOSSENEN FERNSEHEMPFAENGER ZAUBERTE...

Spontaner und weniger offiziell hatte er zuvor schon am Telefon seinem Kölner Vertreter Walter Pindter seine Meinung kundgetan: »Wunderbar, der Millowitsch... Weitermachen!«

Am nächsten Tag allerdings mußte Intendant Pleister von Hamburg aus noch ein Ferngespräch mit Walter Pindter in Köln führen und eine entrüstete Äußerung des damaligen Generaldirektors des Nordwestdeutschen Rundfunks (NWDR) weitergeben, worin der hochwohlgeborene Dr. phil. h. c. Adolf Grimme sich verstiegen hatte, von »Kulturschande« zu sprechen. Dokumentiert ist freilich nur die offizielle Version der Grimme-Schelte: »Ich habe für ein derartiges Programm kein Verständnis. Das Fernsehen ist schließlich eine kulturelle Institution.«

Da hat er's dem Volkstheater im allgemeinen und dem Millowitsch im besonderen aber gegeben!

Sei's drum...!

Wie krieg ich das Karottenrot aus meinem Haar?

Sie heißt Inge. Sie ist nicht nur hübsch, lieb und charmant – sie ist überdies sehr intelligent. Sie gehört ja zu den Freundinnen meiner Frau. Es war irgendwann um den ersten Advent 1959, als ich sie anrief. Und schon ziemlich spät am Nachmittag. Deshalb bat ich sie auch gleich um Entschuldigung.

»Tut mir leid, Ingelein.«

»Wie – was, bitte?«

»Ich bin der Willy. Willy Millowitsch...«

Pause. Und dann... »Ist was passiert? Irgendwas mit Gerda oder mit den Kindern?«

»Viel schlimmer«, sagte ich aufgeregt, »ich krieg das furchtbare Karottenrot nicht raus.«

»Sag mal, Willy, bist du sicher, daß du nüchtern bist? Willst du mir nicht lieber die Gerda geben?«

»Nit nötig. Auch die Gerda ist der Meinung, daß nur du mir helfen kannst.«

»Aber bei was denn...? Ich hab doch keine Ahnung, worum es überhaupt geht!«

»Um dat Ekel. Und um die Jroßaufnahmen im Fernsehen. Und dat ich dat Rot nich mehr rauskrieje«, wiederholte ich.

»Also, jetzt hör mal, Willy...«

Ein Glück, daß Gerda mir den Telefonhörer aus der Hand nahm. Sie kann's halt. Sie bringt die Dinge immer in die Reihe.

»Hallo, Ingelein. Sei gegrüßt. Also, folgendes ist passiert: Der Maskenbildner vom Fernsehen hat dem Willy auf seinen eigenen Wunsch rote Haarfarbe verpaßt. Er hat ihn richtig eingefärbt, und das war auch noch Willys eigener Wunsch. Und jetzt haben wir nun die Studioaufzeichnungen des Theaters... Und da möchte er die gräßliche Haarfarbe wieder raushaben. Morgen muß er auch noch mit dem Filmagenten verhandeln – was soll er bloß machen?«

»Ja, was?« Ich grapschte den Hörer, ich liebe ja Telefone, ich lieb' sie so sehr, daß ich richtig wütend werde, wenn andere in meiner Gegenwart telefonieren. »Ich bin ein Notfall, Inge. Hilf mir!«

»Tu ich ja. Komm halt vorbei.«

»Mit Verpflejung?«

»Nä, nä – mach dir keine Sorgen, bei mir kriegste alles, was du brauchst, du Notfall.«

Ein Notfall war ich wirklich geworden. Zwischen alle Räder war ich geraten, und das seit vielen Jahren. Ich pendelte zwischen Agenten, Werbespezialisten, Tourneeorganisatoren, zwischen Filmateliers, Fernsehauftritten und dem Theater. Ich sah nur noch Kameras, Kabel, Spots, Scheinwerfer, Maskenspezialisten. Die Kollegen, ja, die auch, aber wir hatten ja so wenig Zeit für ein Gläschen. Ich sah auch die Regisseure, die netten wie die schlimmen. »Herr Millowitsch! Hier rüber. Take vierundzwanzig!« Und die Klappe klappte. Wenn ich Glück hatte, erfuhr ich dann nach einem Jahr, was aus dem Film geworden war: eine »Pleite« – ein Reinfall – oder ein Erfolg. Und mit dem Fernsehen war es da anders? O nein...

Dazwischen mußte ich Theater spielen, Rollen lernen, Perücke aufsetzen, am nächsten Tag das Flugzeug und wieder ins TV-Studio. Live. »Herr Millowitsch, wenn Sie sich bitte gleich zur Maske bemühen wollen...«

Wie dem berühmten Figaro, dem aufgeht, daß er nicht genügend Füße und nicht genügend Hände hat, so ging es mir auch. Ich war am Durchdrehen. Und an diesem Tag hatte ich nicht nur Angst um meine Nerven, sondern auch noch um meine Haare...

»Um Gottes willen«, staunte Inge Michaelis, als sie mir die Salontür öffnete. »Einen so schön ondulierten Tünnes habe ich noch nie gesehen!«

»Das ist es ja«, stöhnte ich und ließ mich in den Stuhl fallen. »So sind die... Aber ich bin ja auch selber schuld, ich wollt's einfach mal wieder zu gut machen. Weißt du, ich hab mir schon die ganze Zeit Mühe gegeben, die alte Tünnes-Perücke der Millowitschs loszuwerden. Immer dünner wurden meine Perücken und immer kleiner das Näschen. Schließlich hab ich mir gedacht, probierst du's einfach so. Echtes Haar, mein Struwwelfilz – das ist ja auch nicht von schlechten Eltern.«

»Kann man wohl sagen...« Inge hatte bereits eine Ladung von diesem Bleichzeug in meinem Haar, das sich langsam vom grellen Karottenrot in eine interessante Mangofarbe aufzuhellen begann.

Die arme Inge! Was mußte sie sich so spät noch schinden. Doch in meinem Selbstmitleid hatte ich wenig Bedauern für andere. Während sie sich mit dem Karottenrot abmühte, überlegte ich, wie einfach es doch meine Vorväter hatten, mit all den austauschbaren Perücken, Masken und Pappnasen. Heute aber: Stoppuhr, Richtmikrofon, Kamera, Beleuchter – ständig wirst du durch die Lupe beguckt... Tünnes hatte ich längst durch den »Anton« ersetzt, die Pappnase war der Hornbrille gewichen, und meine echten Locken, das hatte ich Gott sei Dank feststellen können, kamen genausogut an wie der tünnesrote Struwwelkopp. Und da besteht mal einer auf dem Original-Rot, und schon geht alles schief...

Inge brachte mir einen Kaffee, rührte in Schüsseln und Schüsselchen, machte Farbauszüge und komponierte in ihrer Alchemistenküche wahre Wunderelixiere, um mich vom Karottenrot zu befreien.

Ich beklagte inzwischen die Hetzerei, in die mein Leben sich in den letzten Jahren verwandelt hatte. In zwölf Spielfilmen hatte ich Rollen übernommen, ungezählte Fernsehauftritte kamen hinzu. Dreizehn Theateraufführungen hatte ich auf die Schirme gebracht. Zu wahren »Straßenfegern« waren die »Millowitsch-Aufführungen« für die Fernsehnation geworden – von all den anderen Verpflichtungen gar nicht zu reden...

»Was sollte ich denn machen, Ingelein... Verstehst du,

ich mußte das Theater doch über die Runden bringen! Was das kostete. Was ich da reinbutterte...«

»Und dann die Renovierungen«, sagte sie.

»Ja, die Renovierungen auch noch. Keinen Pfennig hat mir die Stadt gegeben, zweimal habe ich eine Eingabe gemacht. Weißt du, was die mir sagten? Im gewissen Sinne könnte man das Theater an der Aachener Straße ja auch als Privatvergnügen von Herrn Millowitsch betrachten... Was blieb mir da schon anderes übrig, als zu rotieren. Was glaubst du, was allein die neue Bestuhlung gekostet hat...«

»Da haben dir aber auch viele geholfen!«

»Ich werde es ihnen ja auch nie vergessen. Wer 120 Mark für einen Stuhl stiftete, hatte das Recht, sich kostenlos jede Erstaufführung anzusehen. Im Grunde war das doch sehr preiswert.«

»Brauchst dich nicht zu beklagen, Willy. Die meisten haben von sich aus auf ihr Premierenrecht verzichtet und Karten gekauft.«

»Es sind halt Kölner, Leute, die verständig sind...«

Es brannte fürchterlich auf der Kopfhaut. Ich schloß die Augen. Ich hatte Vertrauen zu Inge. Sie würde es schon wieder richten...

»Wann fing das eigentlich an?« wollte sie plötzlich wissen.

»Was?«

»Na, das mit deinen Problemen. Daß du alles mögliche unternehmen mußtest, um die Aachener Straße über Wasser zu halten.«

»Wann? – Du kriegst ein exaktes Datum, Ingelein: Es war der Aschermittwoch 1949. Paß auf, ich erzähl's dir...

Gerda und ich, wir erkannten damals beide: Es war nichts mehr zu machen, es ging nicht mehr weiter so. Fast schlagartig waren die Zuschauer nach dem Aschermittwoch weggeblieben. Im März 1949 schlossen wir dann das Theater in der Aachener Straße. Kein Spielplan hing mehr am Eingang. Nur noch unsere Kinoplakate. Es tat weh...

Trotzdem war ich froh um meine Filmvorführ-Apparatur. Ich war sogar ein wenig stolz auf mich.

Bereits im Januar 1947, also noch zu Reichsmarkzeiten, hatte ich nämlich die Idee, die Raummöglichkeiten des Theaters intensiver zu nutzen und zusätzlich zum Theaterprogramm auch Kinofilme vorzuführen. Und noch wichtiger: Ich hatte den Mann zum Freund, ohne dessen Hilfe das Vorhaben gar nicht hätte realisiert werden können: Jeff Martin.

Ich marschierte also in Jeffs Büro. Als Kulturoffizier der britischen Besatzung verfügte Jeff über die wunderschönsten Lizenzformulare und -stempel.

Ich hatte die richtige Nase – schon damals ahnte ich die Probleme, die noch auf uns Millowitschs zukommen würden: »Weißt du, Jeff, jetzt hab ich zwar noch ein ausverkauftes Haus. Aber wenn ihr uns die Währungsreform beschert – was dann...? Ich brauch unbedingt noch ein zweites Bein, Jeff.«

»Was du brauchst, ist Whisky, alter Junge, Whisky beruhigt.«

»Was ich brauche, ist 'ne Lizenz für ein Kino«, beharrte ich.

»Wenn's weiter nichts ist, dann eben beides – Whisky und Lizenz.«

Ich bekam beides. Dazu noch die Adresse einer Firma

im Fränkischen, bei der Filmvorführ-Apparate zu bekommen waren. Der Start der »Lichtspiele im Theater Millowitsch« war somit garantiert. Zur abendlichen Theateraufführung gab es nun drei Filmvorführungen und dazu noch eine Nachtvorstellung.

Jeff Martins Verbindungen brachten dem neuen Kino außer den üblichen Ufa-Schinken sogar drei Erstaufführungen der britischen Eagle-Lion-Film, deutsch synchronisierte ausländische Produktionen, die das Publikum mit Begeisterung aufnahm.

So konnte ich auch in dieser neuen Krise hoffen, mit Hilfe des Filmbetriebes die Durststrecke zu überwinden.

Ich sollte mich täuschen.

Die Zeiten, als ich mit Jeffs Hilfe die ersten ausländischen Filme nach Köln bringen konnte, waren bald vorbei. Inzwischen hatten die Kinobesitzer sich hochgerappelt. Neue Theater waren entstanden, nicht nur im Zentrum der Stadt, sondern auch in den Außenbezirken, und die Folge war, daß die Verleiher mir die Filme erst dann zukommen ließen, wenn sie schon in den Vororten gezeigt waren. Sie waren inzwischen Ladenhüter geworden. Das Publikum blieb erneut weg.

Was blieb mir schon? Auch diesen Rückschlag versuchte ich abzufangen.

Ich ging also wieder einmal auf Tournee. Ich bespielte die rheinischen Städte bis Aachen hinauf mit unseren Schwänken.

Zur Karnevalszeit 1950/51 versuchte ich ein Zeichen zu setzen: Ich sandte eine Art SOS-Ruf in die Welt. Ich feierte das 100jährige Bestehen der Millowitsch-Bühne mit einem Lokalstück *Drei Tage aus dem Kölner Leben,* das mein

Großvater Wilhelm unter dem Titel *Drei Dag ahl Kölle* einst geschrieben hat.

So öffnete die Aachener Straße wieder für einige Tage ihre Türen. – Viele schöne Worte fielen: »Wer auf eine Familiengeschichte wie die Ihre zurückschauen kann«, schrieb uns der Oberbürgermeister, »der darf auch hoffnungsvoll in die Zukunft schauen...«

Ein Versprechen zu helfen oder gar ein Scheck lag dem Brief nicht bei. Während die amtlichen Bühnen schon wieder gewaltige Zuschüsse bekamen, ging das älteste Kölsche Heimattheater wieder einmal leer aus.

Wir quälten uns weiter.

Schon 1949 hatte ich an dem Film *Gesucht wird Majora* mit Camilla Horn, Paul Henkels mitgewirkt, später an *Madonna in Ketten*. Doch von den Studios kamen keine Angebote. Lieber Gott: Wenn ich in dem Buch »Volkstheater Millowitsch« von Winfried Bonk blättere, auf das ich mich bei dieser Vergangenheits- und Gewissenserforschung verlassen kann, weil Bonk die Fakten liebevoll und mit dankenswerter Mühe zusammengestellt hat, dann erschrecke ich noch heute vor diesem schrecklichen schwarzen Zeitloch, das sich mir nach dem 11. März 1949 auftat. *Frau Staatsanwalt* von Kurt Kraatz war die letzte Aufführung.

Und erst am 27. Oktober 1953, also nach mehr als vier Jahren, ging es mit dem *Etappenhas* endlich wieder richtig weiter.

»Theater geschlossen« stand aber erst mal an der Aachener Straße. Es sind für mich die beiden schlimmsten Worte der deutschen Sprache!

Ab und zu gab es kleine Rollen, etwa *Das lustige Kleeblatt* im Südwestfunk: Ich hatte wie immer den Rheinländer zu spielen, der sich mit seinem alemannisch sprechenden Kollegen – es war Karl Steuer – um die Pointen balgen mußte.

In dieser Zeit traf ich zum erstenmal den Kuli; irgendwo in einem Funkhaushof wurden wir einander vorgestellt. In Kulis zweiter Fernsehsendung *Kaleidoskop* war ich wieder der alte Witzbold. Für hundert Mark Gage saß ich hinter der Kulisse vor einer Art Fenster und hatte unter dem Stichwort »Kennen Sie den?« Witze am laufenden Band zu produzieren.«

Ferne, seltsame Zeiten...! Auch sie sollten vorübergehen. Dies ist ja im Grund das Tröstliche und gleichzeitig Wunderbare, das mir in meinem Leben stets widerfuhr und das ich Ihnen, die bis zu dieser Stelle meinem Lebensbericht gefolgt sind, sagen möchte: Das Leben verläuft in Phasen, wie die Gezeiten, ein ewiges Auf und Ab – und wie oft ist es so, daß gerade die dunkelsten Stunden den Keim des neuen Anfangs, die Wende zum Besseren, in sich verborgen halten.

Aber um noch einmal auf das Karottenrot zurückzukommen, von dem mich die brave Inge in einer Vierstundensitzung dann doch noch befreien konnte: Wissen Sie, was nach dieser denkwürdigen Aufführung des »Ekels« ein Kritiker schrieb? Sie werden's nicht glauben: »Jetzt trägt Willy Millowitsch doch tatsächlich wieder seine alte rote Perücke!«

Fledermaus und Zigeunerbaron

Die sechziger Jahre bedeuteten den Höhepunkt meiner Fernsehlaufbahn. Ich war froh um jeden Erfolg. Das Theater kostete viel Geld. Vor allem die Renovierungsarbeiten der Aachener Straße hatten Unsummen verschlungen.

Zu meinen Terminverpflichtungen im Theater und im Fernsehen kamen noch die Filme. Im Jahre 1961 waren es gleich drei: *Robert und Bertram, Der Hochtourist* und *Die Fledermaus*.

Die *Fledermaus*-Aufnahmen wurden in Wien gedreht, der Heimat meiner Mutter. Der Stadt, in die ich noch so oft zurückkehren sollte und in der so viele Freunde wohnen, die mir ans Herz gewachsen sind: Christiane Hörbiger, Fritz Muliar, Peter Weck, mit dem ich bis heute zusammenarbeite und der als Regisseur ja auch die Serie »Oh, dieser Vater« drehte. Nicht zu vergessen Waltraud Haas, deren Sohn Markus eines meiner Patenkinder ist.

Damals, 1961, war Géza von Cziffra der Regisseur. Ich kannte ihn natürlich nicht, aber ich war gewitzt genug, mir Informationen über ihn zu besorgen. Was ich dabei erfuhr, war nicht gerade ermutigend. Wenn Cziffra eines haßte, so war es das viele Proben. Er sprach zwar ein schauerliches, ungarisch eingefärbtes Deutsch, aber er setzte voraus, daß die Schauspieler ihn nicht nur blitzschnell verstanden, sondern auch gleich umsetzten, was er sich so ausgedacht hatte. Und wenn es nicht umgehend klappte, konnte er sehr unangenehm werden.

Die Rolle, die Cziffra mir gab, war die des Gefängnisdirektors. Viel später sollte ich noch einmal die Chance einer *Fledermaus*-Rolle bekommen, diesmal im Kölner Opernhaus als Gerichtsdiener Frosch, und das gleich zwanzigmal hintereinander.

Zurück zu Cziffras Version. Nach dem Buch habe ich vor dem Spiegel zu stehen und mich feinzumachen. Ich lese einen Brief, es ist eine Einladung, stottere dabei ein wenig Französisch, um meine Bildung zu beweisen, bin aber so schrecklich zerstreut, daß ich nicht wahrnehme, was wirklich vorgeht; denn nun öffnet sich eine Tür, Frosch betritt den Raum – bei Cziffra verkörpert ihn Hans Moser –, nicht einmal das sehe ich, nur eine ausgestreckte Hand; in meine Gedanken vertieft, nehme ich also die Hand von Hans Moser und küsse sie mit höflichem Schwung, als handle es sich um die Hand einer Dame, mit der Bemerkung: »Gnädige Frau, ich bin erfreut, Sie kennenzulernen«.

Dies also war die Vorgabe. Cziffra erklärte mir seinen Stil. »Also heerr mal, du Millo, du kommst rein, machst dich fein, liest Brief, gehst um den Tisch – und nun der Moser mit Hand. Kriegst die Hand und kisst sie. Und wie du siehst, was du kisst, schlägst du Hand weg. Nun mach mal: Aufnahme!« – Und kaum hatte er »Aufnahme« gesagt, praktisch als Satzende, da kam schon die Klappe.

Für Cziffra war es wohl eine Art Test... Ich dachte: Der will dich gleich stolpern lassen; aber ich hatte mir die Szene vorher genau überlegt und legte los.

Er machte ein erstauntes, fast pikiertes Gesicht. Am Schluß grinste er und sagte: »Danke. Gestorben«.

In der Folgezeit ließ Cziffra mich in Frieden. Es hieß nur noch: »Millo! Du! – Mach, wie du's für richtig hältst.«

Die große glückliche Begegnung dieser Wiener Tage war für mich Hans Moser. Ich bin stolz, wenigstens ein einziges Mal mit ihm gespielt zu haben. Wir saßen oft zusammen, erzählten und hatten Spaß aneinander. Doch eines wußte ich: »Paß mit der Rechnung auf!« Mosers Geiz war schließlich längst Legende... Vielleicht sollte man von »Geiz« gar nicht reden, das Wort »Vorsicht« wäre eher angebracht. So viele lange Jahre war dieses Genie aller Komödianten nichts als ein kleiner, armer Schauspieler. Dann kam plötzlich der Ruhm. Er aber konnte nie so recht daran glauben. Ihm blieb immer die Angst, alles wieder zu verlieren...

Nun, wir saßen also zusammen, wenn seine Frau schon schlafen gegangen war. Und zwar nie ohne die Bemerkung: »Hans, komm bald, du hast genug.« – Wir tranken ein bißchen, tranken wohl auch ein bißchen mehr... Die erste Flasche bestellte ich. Moser schüttelte milde den Kopf, er wußte schließlich, was in Wien ein guter Wein genannt werden durfte. Am Ende, als wir uns äußerst freundlich und gelöst verabschiedeten, standen zwischen uns drei Flaschen.

Ich winkte dem Kellner. Der Mann hob nur die Hände: »Ist bezahlt, der Herr.« Ich konnte es nicht glauben: Drei Flaschen auf Hans Mosers Kosten? – Es war für mich eine Art Ritterschlag.

Nach der *Fledermaus* der *Zigeunerbaron*! Der deutsche Erfolgsregisseur Kurt Wilhelm drehte ihn für die »Berolina«. Das war nun wirklich ein Millowitsch-Thema! Schon mein Großvater hatte mit dem *Kölschen Zigeunerbaron* seine Triumphe gefeiert.

Wir drehten in Varasdin, in Jugoslawien. Und damit fing das Abenteuer bereits an. Denn damals, 1962, nach Varasdin zu kommen – du liebe Güte! Ich fuhr am Wörthersee entlang über unzählige Kurven zur Grenze und hatte noch ein Mordsglück: Die Grenzstation war gerade an diesem Tag eröffnet worden!

Varasdin war ein hübsches Städtchen. Da stand ich nun auf einem wunderbaren alten Marktplatz und guckte mich um... Wo waren die Berolina-Leute? Wo war der Regisseur Wilhelm? Wo waren Peer Schmidt, Ida Ehre, Heidi Brühl, Carlos Thompson und wie die Kollegen sonst noch hießen?!

Ich sah nur Kroaten und sprach kein einziges Wort in ihrer Sprache, doch da kam tatsächlich jemand auf mich zu und sagte: »Suchen sie was Bestimmtes? Sie sind doch Deutscher? Kann ich ihnen helfen...« Ich hätte dem Mann am liebsten einen Kuß gegeben. Die Filmcrew? Na – »Ganz einfach: Hauptstraße runter, dritte Straße rechts. Auf der linken Seite sehen Sie ihr Hotel...«

So war es dann auch. Willeg, der Produktionsleiter, kam schon auf mich zu und schüttelte mir die Hand. »Mensch, bin ich froh, daß Sie da sind...«, und dann sah ich die Kollegen. Sie wirkten zufrieden, nur waren sie es nicht über das Hotel. Es sah so hübsch aus. Unten ein großes Restaurant mit einem Tanzsaal, dann der Biergarten mit alten Kastanien, unter denen man den herrlichen Wein dieser Gegend genießen konnte. Aber dann die Zimmer! Ein Bett stand drin, ein Tisch, zwei Stühle und ein Kleiderständer. Und für das ganze Team ein einziges Badezimmer.

Wir warfen uns in die Dreharbeiten. Unsere Zigeunermutter »Czipra« war die berühmte Ida Ehre, die sich als die Gestalterin dramatischer Rollen, aber auch als Schauspiellehrerin nicht nur Ruhm, sondern auch den Professorentitel erworben hat. Der Willy Millowitsch und die Ida Ehre – es war schon eine interessante Kombination! Es machte allen Riesenspaß. Mir vor allem auch das ungarisch Schwadronieren. Ich zog die »ös« nur so in die Länge und sagte mir: Wer Kölsch kann, kommt mit dem Ungarisch auch zu Rande.

Drei Tage hatten wir schon gedreht, da wurde ich unruhig: Kurt Wilhelm blieb schweigsam. Der Regisseur legte den Kopf nach links, nach rechts – und sagte nichts.

Ich ertrug es nicht länger. Ich ging zu ihm hin: »Entschuldigen Sie, Herr Wilhelm. Stimmt etwas nicht?« – »Wieso denn?« fragte er. – Ich sagte: »Wissen Sie, eigentlich bin ich gewöhnt, daß man mit mir über die Rolle spricht. Sie aber reden keinen Ton. – Mir ist einfach nicht klar, ob Ihnen behagt, was ich so mache...«

Da fing er richtig nett zu grinsen an: »Herr Millowitsch, glauben Sie mir: Ich hätte mich schon gemeldet. Ich finde das großartig, wie Sie den Zsupán bringen. So wie Sie ihn spielen, habe ich es mir auch gedacht. Ich wüßte also nicht, was ich Ihnen sagen sollte.«

Was sollte ich anderes, als mich freuen? Aber es war noch etwas zu klären: »Wissen Sie, das ist ja wunderschön. Aber könnten Sie das nicht auch mit ein paar Worten zum Ausdruck bringen?«

Da lachte Kurt Wilhelm richtiggehend: »Entschuldigen Sie tausendmal... Kann ich eigentlich nur unterschreiben. Wissen Sie noch etwas? Da wir schon mal gute Freunde sind – warum sagen wir nicht gleich du zueinander? Ich heiße Kurt. Also, Willy, geh auf deinen Platz und mach ruhig so weiter!«

Ich machte so weiter. Die Kollegen auch. Wir hatten viel Schwung und Freude in diesen Tagen... Mit Peer Schmidt, der den Verwalter spielte, verbandelte ich mich von Anfang an. Peer litt. Peer war entsetzt über die Art, wie man uns untergebracht hatte. Sein Zimmer jagte ihm Schauer ein, und so blieben wir abends zusammen unten in dem Saal, wohin die Dorfschönheiten abends zum Tanzen kamen, und tranken Slibowitz. Wir tranken schon einige Flaschen! Es dauerte nicht lange, dann hieß es nur noch: »Bring doch mal eine Flasche Millowitz...«

Nach so vielen Gläsern Millowitz, dem Getränk meiner Urväter, fühlte ich mich endgültig gesund. Der Kroate in mir war wieder erwacht und verlangte, was ihm zustand...

Doch dann der nächste Morgen...! Ins Badezimmer konnten wir ja nicht. – Becken und Badewanne hatten zu Recht die Damen belegt. So standen Peer und ich um sieben auf, fuhren mit dem Auto an die Drau, an diesen großen, breiten, herrlichen Fluß bei Varasdin, und versuchten im Flußwasser, unseren Kater zu ertränken. Die Folge: Wir wurden vom Team nur noch »das Brautpaar« genannt...

Peer aber hatte eine echte Braut, sie wurde später

seine Frau: Helga Schlaag. Als sie damals ankam, von Peer sehnsüchtig erwartet, ritt ihn doch der Teufel. Ich saß einen Tisch weiter. Peer nahm ihre Hand, beugte sich vor und bekannte im Flüsterton: »Du, mein liebes Kind, sei mir nicht böse, aber hier in Varasdin ist leider etwas passiert, das ich dir beichten muß: Ich habe mich verlobt!«

Die Arme wurde kreidebleich... »Hör mal, Peer, das ist doch wohl ein Scherz?«

Er schüttelte den Kopf. »Leider nicht. Aber ich will fair sein. Ich kann dir meine Braut vorstellen... Die sitzt da drüben...«

Und dann kam er, zog mich an der Hand zu ihr an den Tisch... Nach dem ersten Schock haben wir uns totgelacht, wurden später die dicksten Freunde und blieben immer zusammen. Nun nannten sie uns »das dreiblättrige Kleeblatt«.

Die Tage in Varasdin waren noch lange nicht vorbei...

Vielleicht finden Sie, daß ich diesem längst verblichenen *Zigeunerbaron* zuviel Platz einräume? – Sie haben natürlich recht... Trotzdem, es gibt Zeiten, die man so intensiv erlebt, daß sie zu einem guten und zuverlässigen Begleiter werden, der auch depressive Stunden zu verscheuchen vermag.

Es gibt ja so viele Szenen, die ich immer wieder durchlebe. Wie sollte man sie auch vergessen? Zum Beispiel die folgende:

Ich war also der reiche Schweinezüchter Zsupán. Sie wissen schon: »... kann nicht schreiben, kann nicht lesen«, aber »Schweinderl und Geld«, das hatte er. Als dann das berühmte Zsupán-Fest losging – ich weiß nicht mehr, wieviel hundert Statisten es waren, alle in prächtigen ungarischen Kostümen –, da wurde dann aufgefahren: Würste, Spanferkel, Schweinshaxen und wieder Würste... Ganze Körbe schleppten sie an, die Tische bogen sich. Und es war beileibe nicht, so wie heute üblich, alles aus Pappmaché und Plastik – in diesem Land war alles echt!

Und los ging's. Als Zsupán sitz ich nun da und freue mich, wie die anderen tanzen – den Csárdás, den ich ja schon als kleiner Junge auf der Bühne meines Vaters gelernt hatte, durfte ich natürlich in einer anderen Szene nachholen. Dies jedenfalls war eine »Sitzszene«, die anderen machten »Joi-joi-joi!«, und ich saß. Wir haben fast den ganzen Tag an dieser verdammten Tafel gedreht. Mir war schon ganz schwindelig vom Sitzen. Mal hier 'ne Szene, mal dort, dann wieder Großaufnahme, von fern und nah, dann wieder aus der Ecke. Ich aber saß an meinem Tisch – und saß... Logisch haben wir zwischendurch immer wieder genascht. Mal hier ein Zipfelchen Wurst, mal dort ein Stückchen Fleisch...

Plötzlich rennt der Inspizient heran: »Ja, um Himmels willen, seid ihr verrückt geworden? Das Zeug ist doch mit Chemikalien bespritzt, damit es nicht verdirbt... Da kriegt ihr doch Durchfall!«

Zwei oder drei Kollegen hat es später richtig erwischt. Nun, ich blieb verschont...

Aber das Spiel war ja noch nicht zu Ende. Denn jetzt kam die große Szene, wo ich ein Spanferkel verzehren mußte... Sie knallten mir das Spanferkel auf den Tisch und sagten: »Nimm, Millo! Los, zeig, was du für einen Appetit hast! In der Mitte mußt du's auseinanderreißen.«

Ich zeig's denen. In der Mitte reiß ich das Spanferkel auseinander, mach den Mund auf, stopf das eine Bein rein, kaue, esse, schlucke – weg!

Da hebt der Kurt Wilhelm die Hand: »Moment, Millo! Das Ganze bitte noch einmal!«

Ein neues Spanferkel! »Noch einmal« hat er gesagt! Na gut...

Ich will Sie vor Wiederholungen in meiner Geschichte bewahren, aber ich hatte es damals durchzustehen: Materialfehler, Mikrofon im Bild – das hieß, fünfmal ein neues Spanferkel! Am Schluß wurde mir übel... Das hat sich inzwischen gelegt!

Die letzten zwölf Drehtage spielten in Belgrad. Wir logierten im Hotel »Dominik«, und Peer atmete auf. Das »Dominik« war Luxusklasse; Kellner im Frack gab es hier, abends im vornehmen Restaurant Zigeunergeiger, das Essen hätten wir sogar aufs Zimmer bestellen können. Grandios.

Wir drehten im Atelier, und für Zsupán, den Schweinezüchter, gab's nicht mehr so viel zu tun. Ich hatte manche Tage frei, sah mir Belgrad an, und wenn das Wetter ganz besonders gut war, ging ich ins Freibad schwimmen.

Da saß ich nun und schmierte mich mit Nivea-Creme gegen eventuellen Sonnenbrand ein...

Plötzlich tauchte eine Dame im Badeanzug auf. Ob sie auch mal dürfe...? Sie deutete auf meine große

Dose, Marke »Familienpackung«, und hob den Finger hoch. Nur ein bißchen – sollte das wohl heißen.

Na sicher, durfte sie. Doch da hatte ich schon wieder einen Kunden, einen Herrn. Und der wollte auch nur so ein bißchen mit seinem Finger... Es wurden so viele Finger, daß in zwanzig Minuten die große Dose Nivea restlos aufgebraucht war. Etwas für uns ganz Alltägliches war damals in Jugoslawien ein nicht erschwinglicher Luxusartikel.

Unter den Sonnenschirmen am Kiosk gegenüber standen lauter leere Tische. Kaffee oder Kuchen konnte sich die Bevölkerung hier offensichtlich auch nicht leisten. In aller Unschuld setzte ich mich hin und bestellte. Es kamen viele Kinder und guckten. Eine ganze Schar. Ich stand auf und fragte den Kioskinhaber: »Haben Sie noch mehr Kuchen?« Der nickte. Ich sagte: »Ich will allen Kuchen, den Sie haben!« – und dann winkte ich den Kindern und sagte: »Ihr müßt euch hinsetzen, dahin, ja – Kaffee kriegt ihr nicht, aber es gibt ja auch Milch und Kakao...«

Sie aßen wie die Weltmeister – sie aßen, bis es nichts mehr gab. Ich war selten so zufrieden, aber auch ein bißchen traurig: Ich hätte gern noch mehr gegeben...

Meine Reise nach Hollywood

Es ist stets das gleiche – und wiederholt sich wohl jeden Abend dort, wo Schauspieler zusammensitzen: Man trinkt ein Bier oder seinen Wein. Im Hintergrund klingelt das Telefon. Und wenn es dann schon fünfmal geklingelt hat, nimmt todsicher in der Runde einer den Kopf hoch und ruft: »Falls das Hollywood ist – sag, ich bin für drei Jahre ausgebucht!«

Im Frühherbst 1984 war es beinahe genauso. Doch nur beinahe, Gerda nahm den Hörer ab, weil sie ja weiß, daß ich Störungen beim Essen nicht sonderlich schätze. Außerdem gab es rheinischen Sauerbraten.

»Die Irmgard Palz ist dran«, meldete Gerda. Nun hat die Irmgard bei mir immer und in allen Situationen absoluten Vorrang. Nicht nur, daß wir eng befreundet sind – meine Frau zieht mit ihr Jahr um Jahr auf Kulturreisen, wobei es den beiden vor allem die Musical-Aufführungen in London angetan haben –, Irmgard ist außerdem seit 1958 meine Filmagentin; dreißig Jahre glücklicher Zusammenarbeit sagen eigentlich schon alles. Beim Sonntagsessen allerdings hatte sie mich bisher noch nie gestört. »Wat is denn jetzt wieder los, Irmchen?«

»Hollywood ist los, Willy!«

»Aha. Und ich als rosaroter Hai oder was?«

»Nein, nein – Spaß beiseite, Willy. Das Londoner Büro von Warner Brothers hat angefragt, ob sie dich kurzfristig für einige Drehtage haben könnten. Außenaufnahmen in Italien. Und gleich anschließend würde es dann ins Atelier nach Los Angeles gehen.«

»Holla«, sagte ich kurz.

Offensichtlich war das dem Irmchen zu wenig: »Hör dir erst mal an, was die dir an Gage bieten. Ein Mann wie du, der sich den Luxus eines kölnischen Familien-Volkstheaters leistet, braucht schließlich Geld.«

»Vor allem braucht er Zeit. Ich kann doch mein Publikum nicht im Stich lassen! Da sind die Kölner sehr komisch...«

»Kein Problem. Die Termine liegen sehr günstig. Es geht um gut zwei Wochen im Dezember, wo ihr normalerweise sowieso keine Spielzeit habt. Da wird in Brixen in Südtirol gespielt. Danach kommen ein paar Tage Rom. Dort wirst du aber nicht gebraucht, und schließlich ist dein Einsatz erst wieder bei den Atelieraufnahmen notwendig. Die liegen genau vom 10. bis 20. Dezember. Wenn du dich also für diese Zeit freimachen könntest...«

Wenn – und könntest...? HOLLYWOOD – das Wort geisterte in meinem Kopf, und ich sah den Hügel mit den riesigen Buchstaben vor mir, den ich von so vielen Fotos her kannte. In Amerika war ich vor vier Jahren gewesen, ich war in Detroit und Chicago gewesen, hatte Buffalo, die Niagarafälle gesehen, war hinübergefahren nach Toronto und New York. Es war Ende der sechziger Jahre, als ich mit dem Eilemann-Trio auf Tournee gewesen war. – Aber Hollywood...!

»Hör mal, Willy!« kam Irmchens Stimme aus der Hörmuschel: »PR ist heutzutage die Seele vom Showgeschäft! Auch du mußt da manchmal mitspielen. Selbst wenn es dir gegen den Strich gehen sollte.«

Vielleicht hatte sie damit sogar recht...

Diesmal beendeten Gerda und ich unser schönes Sauerbratenessen schneller als gewohnt. Mit roten Ohren blätterten wir in den Terminkalendern. Tatsächlich, die geplanten Drehtage bei Warner Brothers konnte ich mir leisten, denn ich hatte mein winterliches Theaterprogramm ja noch nicht festgelegt. Auch wenn alles ein bißchen eng schien, die eine oder andere Planung war noch zu ändern.

Ich wählte Irmgards Nummer und schmetterte mein amerikanischstes »Okay...!«

Irmchen hatte auch in einem zweiten Punkt recht: Die Konditionen des Vertrages waren in der Tat verblüffend günstig. In der deutschen Filmindustrie wäre in diesen Tagen eine solche Gage undenkbar gewesen.

Nach drei Wochen kam auch das Drehbuch an: *Vacation* hieß der Arbeitstitel des Films. Er schilderte den Urlaub einiger Amerikaner von europäischer Herkunft, die die Heimat ihrer Stammväter auf dem alten Kontinent kennenlernen wollten. Ich sollte einen der deutschen Verwandten spielen, der die amerikanischen Vetter und Cousinen beherbergt und ihnen das Land ihrer Ahnen näherbringt.

Die Südtiroler Gegend hatten sich die Hollywood-Produzenten deshalb als Drehort ausgesucht, weil es da ihrer Meinung nach »so richtig schön deutsch« aussehe. Nun, das ging mich ja nichts an. Außerdem: Die Landschaft um Brixen herum ist ja wirklich traumhaft.

So fuhr ich also frohen Mutes in den Süden – meiner Hollywood-Karriere entgegen.

Es ließ sich auch alles ganz prima an: Schauspieler und Produktionsteam logierten in den besten Hotels, die Arbeitsbedingungen waren mehr als komfortabel: Garderobe, Maskenbildnerei, Aufnahmeleitung – alles war hervorragend und äußerst professionell organisiert. Eine ganze Flotte von Fahrzeugen nebst Chauffeuren stand für die kurzen Fahrten zwischen Hotel und Drehorten bereit, und selbst am Drehort gab es eine eigene Filmkantine. Der erste Hauch von Hollywood wehte mir entgegen. Auch mit den Kollegen und dem Regisseur kam ich auf Anhieb zurecht. Wegen mir mußten sie keine unnötigen Wiederholungstakes einlegen.

Die fünf Tiroler Drehtage waren im Nu herum, und ich wurde wieder nach Hause entlassen. Am 10. Dezember sollten wir uns in Los Angeles wieder treffen. Für Flugkarte, Hotelreservierung und alles andere Drum und Dran würde gesorgt sein.

So wenigstens hatte man es mir gesagt. Doch dann muß irgendwo Sand ins Getriebe dieses perfektionierten US-Projekts gekommen sein. In Rom bei den Außenaufnahmen gab es tagelang Produktionsstopp und damit Zeitverzögerungen. Was wirklich geschah, habe ich nie erfahren, doch mit den Folgen kriegte ich's zu tun.

Meine Gerda hatte bereits die Koffer für meinen Hollywood-Trip hergerichtet, da erreichte uns die kurze Mitteilung: Dreharbeiten sind aus produktionstechnischen Gründen auf Mitte Januar verschoben. Und: Bitte kommen sie erst ab 16. Januar nach Hollywood...

Nach Hollywood! Sie nahmen es ganz für selbstverständlich, daß ich darauf einging. Und vermutlich hatten sie damit sogar recht, denn wenn ein Schauspieler bei solchen Terminverschiebungen nicht spurt, erscheint er bald auf irgendeiner schwarzen US-Liste.

Was nutzten mir aber all die schönen Dollars? – Ich hatte doch mein Theater. Und die Spielpläne lagen fest. Der Kartenvorverkauf für das Januarprogramm lief bereits, und meine Kölner freuten sich auf die neuen Stücke. Ich sah diesen wundervollen Hügel und die weißen Villen von Beverly Hills im Nebel versinken. Denn mir war klar: Hollywood hin, Hollywood her – dein Theater läßt du nicht im Stich! Dies wäre eine Sünde gegen die Millowitsch-Tradition.

Also rief ich Irmchen an und trug ihr auf, den berühmten Warner Brothers mitzuteilen, daß ich den zweiten Teil meines Vertrages nicht einhalten könne.

Die Bosse dort wußten sich zu helfen: Sie haben einfach das Drehbuch ein bißchen umgeschrieben und somit meine Rolle verkürzt. Doch die Südtiroler Szenen blieben. Der Streifen lief dann in den amerikanischen Kinos, und vor einem Jahr war er sogar in unseren Kinos zu sehen.

Ich selbst habe nie auch nur einen Meter davon zu Gesicht gekriegt. Aber Freunde von drüben haben mir berichtet, sie hätten mich im Film gesehen. Sogar meine rheinisch gefärbte Originalstimme haben sie mir belassen – mit englischen Untertiteln.

So war ich – zumindest auf den Filmrollen – doch mal in Hollywood...

Schauspieler, Freunde und meine Liebe zu J. R.

Sie werden es nicht glauben, aber ich liebe Leute wie den J. R. aus Dallas.

J. R. ist zwar der notorische Fiesling – und er wird

es nicht leicht haben, dieses festgefahrene Bild von ihm im privaten Umgang zu korrigieren –, doch was mich beeindruckt, ist das Glück, das einen Schauspieler plötzlich zum Erfolg trägt.

Einer wie Larry Hagman blieb jahrelang unbeachtet, dann stieg er unaufhaltsam an die Spitze: War es nicht genauso mit Gert Fröbe oder dem lieben Klaus Maria Brandauer, der mir sicher nicht übelnimmt, wenn ich ihn in den Vergleich mit hineinziehe? Oder die schöne Alexis? Kürzlich habe ich einen zwanzig Jahre alten Film gesehen: Joan Collins als die Frau irgendeines Pharaos. Nun ist sie wieder da, schöner, ja beinahe jünger und vor allem viel erfolgreicher – da zieh ich meinen Hut!

Ich bin froh über solche Menschen. Es laufen ja Hunderte, Tausende von ihnen herum. Plötzlich aber hebt das Schicksal den Finger hoch und deutet: Du! Du bist es...

Das Glück ist mit dem Tüchtigen? – Mag ja sein – aber es ist auch mit dem Zufall. Wenn ich so vor dem Spiegel stehe und mich ansehe, frage ich mich oft: Was haben die Leute bloß an dir gefressen, Willy? Wat soll dat eijentlich? – Wirklich: Ich komm da nicht recht mit. Ich sage mir dann nur: Lieber Gott, ich danke dir, daß es so ist. Ich weiß nicht, warum, aber ich freue mich trotzdem.

Gewiß, man muß erkennen, wenn es soweit ist, und blitzschnell das Schicksal beim Schopfe packen, sonst verfällt das Glücksbillett.

Es sind schon viele Witze darüber gemacht worden, aber einer ist besonders schön, ein sogenannter »running gag«: ein großes Filmstudio in den Stummfilm-

Zeiten. Da gab es immer den Mann an der Orgel, der mit musikalischen Einlagen die Pausen und Pannen zu überbrücken oder die dramatischen Augenblicke zu unterstreichen hatte. Vor ihm blinkte »Rot« – das hieß Ruhe. Aber bei »Grün« konnte er loslegen. Und da sitzt er nun an der Orgel und denkt: Bald komm ich dran! – Er schaut wieder hin: Noch immer leuchtet das rote Licht. Zehn Jahre vergehen so: Noch immer sieht er auf die Lampe. Noch immer flimmert das rote Licht... Dann plötzlich passiert's – grüüün! Der Mann an der Orgel nimmt die Hände hoch – und wird vor Schreck ohnmächtig...

Nun, die meisten sind Gott sei Dank nicht vom Stuhl gefallen, als die Chance kam...

Sie war noch sehr jung, als ich Trude zum erstenmal sah: dunkle, strahlende Augen, ein waches Gesicht, ein wuscheliger Haarschopf. Und dann sprach sie ein so hervorragendes Kölsch; alle Varianten beherrschte sie, vom deftigen bis zum hochdeutschen, dem mit den vornehmen Knubbeln... Und klein war sie, hübsch war sie, etwas zu rundlich vielleicht; vor allem aber war sie davon überzeugt: Ich bin fürs Theater geschaffen!

Genauso trat sie auch in mein Theaterbüro. Ich war nicht allein. Mein alter Freund, der ehemalige Ufa-Star Hermann Pfeifer, stand bei mir. Die Kleine lachte uns fröhlich an und schmetterte: »Tach zusammen!«

Hermann und ich warfen uns Blicke zu.

»Was darf's denn sein?« fragte ich.

»Ja, wissen Sie, Herr Millowitsch – schon von Kind an hatte ich nur einen Wunsch: Theater spielen.«

»Ach nee?«

»Doch, doch.«

»Haben Sie denn schon irgendwann einmal auf der Bühne gestanden?«

Die Kleine schüttelte den Kopf: »Eijentlich nit eso richtich – aber vorjestellt hab ich et mir. Un ich weiß auch, dat ich dat kann.« Uns blieb zunächst die Luft weg. Dann begann Hermann zu grinsen, und ich erkundigte mich, welche Rolle sie sich denn vorstelle?

Sie riß die Kulleraugen auf und verkündete: »Also, am besten spiele ich wohl die komische Alte.«

Wir brachten es gerade noch fertig, sie vor die Tür zu schicken: »Nur einen Moment bitte noch.« Dann prusteten wir los. Als wir uns wieder beruhigt hatten, meinte Hermann: »Du, die könnte das sogar... Wetten?«Den Teufel würde ich tun, mit ihm zu wetten – Hermann hatte ja recht: Dieses junge Mädchen besaß eine so urwüchsige und urkomische Ausstrahlung, wie ich sie lange nicht erlebt hatte... Zusammen blätterten wir nun die Besetzungsliste durch, und Hermann schlug vor, sie in dem Stück *Zwangseinquartierung* einzusetzen.

Ob Sie es glauben oder nicht: Ich unterschrieb mit ihr sofort einen Stückvertrag... Und Trude Herr, dieses Naturtalent, spielte die Rolle so großartig, daß nicht nur das Publikum, sondern auch wir hingerissen waren! Gewiß, in diesen Jahren nach dem Krieg und vor der Währungsreform hatten wir dankbare Zuschauer – doch mit Begrüßungsbeifall gingen sie ziemlich sparsam um. Und da erscheint das Phänomen Trude Herr und kassiert vom Start weg nicht nur die Lacher und die Zustimmung des Publikums, sondern rauschenden Beifall, sobald sie auch nur die Nasenspitze durch die Kulissen steckt.

Trudes absoluter Höhepunkt war ohne Zweifel die Arsena, die Tochter des Zsupán im *Kölschen Zigeunerbaron.* In diesem Herbst 1948, wenige Monate nach der Währungsreform, hatte ich schon, wie mein Großvater zuvor, ein Sechzehn-Mann-Orchester. Die erste Stuhlreihe wurde einfach rausgenommen, rechts der Baß, links das Schlagzeug, in der Mitte die Geiger und unter der Bühne, auf abgesägten Stühlen, die Trompeter, die, um überhaupt sitzen zu können, ihre Beine lang machen mußten. Dazu brachte ich noch einen zwanzig Personen starken Chor auf die Bühne, alles unter der Leitung von Conny Schumann. In diesem – für die damalige Zeit und für meine Verhältnisse – geradezu gigantischen Aufwand erlebten wir Trude Herr mit einer Nonchalance und Selbstsicherheit – es war schon ein unglaublicher Start!

Bald darauf, nachdem sich Trude mit Gustav – »Gustl« – Schellhardt, der selbst jahrelang bei uns im Ensemble gespielt hatte, zusammengetan hatte, wurden wir sogar Konkurrenten: Nun gab es zwei Kölsche Heimatbühnen – unsere in der Aachener Straße und das »Theater in Ehrenfeld«, einem westlichen Vorort. Doch auch Trude und Gustl erging es wie uns: Der Zuschauerschwund zwang schließlich zur Aufgabe.

Dafür aber war Trude nicht gemacht. Nun schrieb sie ihre Stücke selbst: Mundartkomödien, die in der »Neuzeit« spielten, »ein wenig vordergründig, sehr derb, ohne Zwischentöne«, wie viele sagten. Und wieder stand sie auf der Millowitsch-Bühne. Mit ihrem ersten Gastspiel, produziert von der Konzertdirektion Otto Hofner.

Sie konnte es natürlich nicht lassen und eröffnete

kurz darauf wieder ein neues Theater, das »Theater im Vringsveedel«. Und als sie es dann schloß, war es nicht der mangelnde Erfolg, sondern waren es eher persönliche Gründe: Die Stadt war ihr zu eng, der Himmel darüber zu grau geworden. Trude träumte von anderen Ländern: In Afrika war sie schon gewesen, hatte Reportagen geschrieben. Nun kamen auch noch gesundheitliche Probleme hinzu. Sie mußte kürzertreten.

Das gefiel einer Trude Herr natürlich nicht. Eine halbe Trude wollte sie niemandem zumuten. Und wie immer in ihrem Leben, machte sie auch dieses Mal Nägel mit Köpfen: Sie floh auf die Fidschiinseln.

Was mich bei dem Namen Trude Herr immer etwas sonderbar und – warum soll ich's nicht sagen – schmerzlich berührt: In den ganzen Jahren hat Trude nie ein Wort über ihre Anfänge verloren. Die Geschichte, die ich Ihnen gerade erzählte, blieb für sie ein Tabu. Ihr Karrierestart bei uns im Millowitsch-Theater, der hatte einfach nicht stattgefunden. Warum? Ich weiß es nicht...

Viele Schauspieler haben nie vergessen, daß sie ihre ersten Schritte auf unserer Bühne taten. Die Reihe der Namen von Kollegen und Freunden ist lang, die meinem Leben so viel Erfüllung und Freude gaben... Die Zeiten hatten sich geändert: Zuviel war ich unterwegs, zu viele verschiedene Aufgaben hatte ich bei meinen Film- und Fernsehrollen übernommen. Sicher: Wir, mein Sohn Peter, meine Töchter Katarina und Mariele und auch die anderen Kölner Schauspieler aus dem alten Ensemble verkörperten die Kontinuität der Millowitsch-Tradition. Dafür sorgte schon meine neue Solokarriere als »Multi-Media-Original«. Der Onkel Anton Kistenmacher starb in Köln nicht aus. Er durfte es auch gar nicht. Sonst jedoch mußten wir dafür Sorge tragen, daß das Theater auch dann voll war, wenn wir keine Zeit hatten.

Die Ära der Gastspiele begann. Nur wie? – Mein Büro – und wer es je gesehen hat, der weiß, es ist das schönste Büro auf der Welt – wurde gut bewacht von »der Tant« Carola Leim. Rechnen kann sie wie der geölte Blitz, aber was da jetzt alles auf sie zukam – der Tant war es nicht zuzumuten...

Aber ich hatte ja meinen alten Freund und Kollegen Otto Hofner, der mit seiner großen Konzertdirektion viele Erfolge verbuchen konnte. Seit mehr als fünfundzwanzig Jahren organisiert er übrigens die bei uns Kölner so beliebten Karnevalsfeste, die »Lachende Sporthalle« – Sie wissen schon: die mit dem Schnaps und dem letzten Wort... Alles aufzuzählen, was der Otto gemanagt hat, von den Show-Tourneen mit Hans Albers, Peter Alexander oder Johannes Heesters bis zum Management der großen Zarah oder von Marika Rökk, dafür wäre hier gar kein Platz. Zugegeben, es mangelt auch an meinem Gedächtnis. Otto wird es mir verzeihen.

Also, neben Otto Hofner gab es noch die Gebrüder Grabowsky in Basel. Mit ihrem »Schweizer Tourneetheater« arbeitete ich bei all meinen Tourneen zusammen, und das nicht nur, als ich die ganze Schweiz bespielte.

Ich hatte die ideale Kombination gefunden: Otto

Hofner sorgte für die Organisation, die Reklame und den Kartenverkauf, und die Grabowskys würden sich um die Stargastspiele kümmern.

Am Schluß setzte sich folgende Formel durch: Otto Hofner organisiert die Millowitsch-Spielzeit in Köln, während des übrigen Jahres steht das Theater für Gastspiele zur Verfügung, die von Hofner und Grabowsky gemeinsam gemanagt werden. Ganz abgesehen von Ottos eigenen Gastspielen. Sie sehen also, mein Theater ist absolut durchorganisiert, auch wenn es vielleicht bisher auf Sie nicht immer diesen Eindruck gemacht hat...

Zarah Leander, Tilla Durieux, Lil Dagover, Marika Rökk, Elke Sommer, Ellen Schwiers, Curd Jürgens, O. W. Fischer, Georg Thomalla, Kurt Großkurth, Beppo Brem, Heinz Erhardt, Martin Held, Kurt Goetz, der Kuli und der Frankenfeld, Harald Juhnke, Christian Wolff, Lotti Krekel und Ernst Hilbich... für Sie sind das Namen und nochmals Namen. Für mich schöne Erinnerungen. Sie kamen ja fast alle in mein Theater, saßen in meiner Garderobe, warteten auf ihren Auftritt. Ich habe nur ganz wenige genannt, doch es waren Dutzende, nein, viel mehr noch, und manche unter ihnen weltberühmt.

Wenn dann die Vorstellung vorbei und der Vorhang gefallen war, kamen viele von ihnen zu uns nach Hause. Ach, und all die Frühstücke, die Gerda sonntäglich an unserem Wohnzimmertisch so perfekt vorbereitete...

Da saßen wir dann, tranken einen, erzählten all die

Anekdoten, die sich Schauspieler so erzählen, wenn sie zusammentreffen, wir ergingen uns im nostalgischen »Weißt Du noch?« und in den Planungen für die Zukunft. Wir waren glücklich über unser Beisammensein, unser Miteinander...

Die Liste meiner Gastschauspieler habe ich mit Zarah Leander begonnen – dabei hat die Zarah nie im Millowitsch-Theater gespielt. Das Gastspiel, das sie gab, fand bei uns zu Hause statt...

Zarah, die fünfundzwanzig Jahre lang von Otto Hofner gemanagt wurde, kam mit ihrem Mann zu Besuch... Gerda hatte sich Mühe gegeben – ein Essen, wie nur sie es zu kochen und arrangieren versteht, stand auf dem Tisch. Und die Leander wiederum, diese wunderbare Frau, deren Bild heute nicht allein die ältere Generation im Herzen trägt, sondern die unsterblich scheint, weil immer wieder die Jungen ihre Lieder in sich aufnehmen, sie war so heiter und gelöst, als sie von alten Zeiten berichtete. Und es war schon spät in der Nacht, als Zarah plötzlich zu ihrem Mann Arne Hülphers, Kapellmeister des berühmten gleichnamigen Tanz- und Unterhaltungsorchesters, sagte: »Arne, ich möchte singen.« Und Arne setzte sich an den Flügel, der von uns leider überhaupt nicht mehr benutzt wird, und spielte.

Zarah sang schwedische und finnische Kinderlieder. Nicht ihre großen Erfolge. Auch wenn sie leise und verhalten blieb, die Schwingungen dieser Stimme füllten das ganze Haus. Ich hörte, wie oben, dort wo unsere Kinder schliefen, die Türen klappten... Und dann kamen sie schon in ihren Schlafanzügen die Treppe herunter. Katarina zuerst, dann Peterchen und Mariele, Susanne. Wie magisch angezogen von den Tönen...

Sie kauerten sich auf den Boden und starrten die Frau mit dem großen, breitflächigen, so wunderschönen Gesicht an, und Zarah lächelte und sang weiter... Die Kinder hatten glänzende Augen wie an Weihnachten... Es sind Bilder, die man nie vergißt...

Ich sehe in das vertraute Gesicht von Peter Weck, hinter dessen eleganter Liebenswürdigkeit sich so viel Intelligenz, so viel Theaterkraft und Nachdenken verbirgt.

Ich sehe Karl-Heinz Schroth, dessen feinsinnigen Humor ich so liebe. Was haben wir für schöne Urlaube gemeinsam verbracht. Er mit seiner quicklebendigen Frau Barbara, die er zärtlich »Mütze« nennt, auf Elba. Gerda und ich in seinem herrlichen Domizil am Ortasee.

Ich sehe meinen verstorbenen Freund Wolfgang Kieling; er gehörte fast schon zur Familie. Meine Frau Gerda und die Kinder haben so gerne mit diesem klugen Mann diskutiert. Ich durfte nicht nur mit ihm vor der Fernsehkamera stehen im »Weekend im Paradies« – oder in einer entzückenden Clownnummer zu Ehren meines 70. Geburtstages. Nein, auch mein 75. Geburtstag hatte es ihm angetan. Da stand er als Überraschungsgast neben Martin Jente, Heinz Schenk, Chris Howland und Claudia Doren und natürlich all meinen Kindern im *Glücksmädel* auf meiner Bühne.

Ich sehe meine liebe, große Kollegin Tilla Durieux. Sie sagte immer: »Ich spiele, solange ich kann.« Sie hat das auch noch gesagt, als wir sie im Millowitsch-

Theater auf die Bühne tragen mußten und sie das berühmte »Langusten« nur noch im Sitzen spielen konnte. Sie pflegte sich an die Stirn zu tippen: »Solange das hier in Ordnung ist, spiele ich Theater.« Sie hat mir aus der Seele gesprochen. Tilla Durieux starb mit vierundneunzig.

Ich sehe all die anderen, die nicht mehr sind, doch an denen mein Herz noch immer hängt – Curd Jürgens, Gert Fröbe, Theo Lingen, Paul Hörbiger, Gustav Knuth, Walter Gross, Rudolf Vogel und Heinz Erhardt. Welche Begabungen – und manchmal auch: welcher Zweifel am eigenen Können...

Wie oft saß ich mit dem Heinz Erhardt im »Kurfürstenkeller«, wenn ihm die Aufführung drohte... Dann trank er im Flug drei doppelstöckige Steinhäger und immer wieder ein Bier dazwischen... Er starrte nur ins Glas. Ganz still war er. Und als ich fragte: »Wie schaffst du bloß die Vorstellung?«, antwortete er nur: »Ich schaff das schon. Aber ich habe Angst. So viel Angst auf der Bühne...«

Ich nickte. Und er schwieg. Und so war das jedesmal. Immer vor der Vorstellung. Ob im »Kurfürstenkeller« oder in der Garderobe... Eine halbe Flasche Schnaps mußte sein...

Aber dann stand er oben – niemand merkte ihm irgend etwas an, da stand er, verzögerte, lächelte, machte seine Pausen und ließ sein ganzes Heinz-Erhardt-Feuerwerk auf uns alle niederprasseln... Ein genialer Komiker.

Oft waren es tatsächlich die Kinder, die dafür sorgten, daß Stimmung ins Haus kam: Ich hatte Rudolf Vogel in Berlin kennengelernt, wo wir unter Géza von

Bolvary den Film *Schön ist die Welt* drehten. Wir mochten uns auf Anhieb, obwohl mich die Kollegen warnten: Der heißt nicht nur so, der ist es auch – ein Vogel. Aus unseren ersten Kontakten wurde später eine lange Freundschaft.

Rudolf Vogel spielte gerade bei den Festspielen in Recklinghausen und nahm die Einladung an, doch bei uns in Lövenich zu wohnen. Er war allerdings so schrecklich etepetete! Man brauchte ihn nur anzusehen: dunkle Anzüge, dunkle Westen, alles hochkorrekt. So saß er nun bei uns am Tisch, der geborene Gentleman.

Der arme Rudolf hatte nicht mit Katarinas Einfällen gerechnet. Kuchen gab's nämlich und Sahne. Und für die dreizehnjährige Katarina war's halt so herrlich, mit Sahne zu spritzen. Das tat sie dann auch, dem armen Rudolf mitten ins Gesicht. Rudolf tauchte einen spitzen Finger in die Sahne und tat es ihr nach. Katarina steigerte sofort: Jetzt war es schon eine Handvoll, der Arme blickte auf seinen Anzug. Seine Stirne war knallrot. Offensichtlich kämpfte er mit sich. Doch dann hatte er seine Entscheidung getroffen: Auch er nahm die Hand.

Jetzt klatschte es nur noch so. Einmal Sternchen, schon wieder Rudolf. Sie waren von oben bis unten weiß bekleckert – und wir haben uns halb totgelacht.

Es ist ja nicht nur das Theater, das mich mit meinen Freunden zusammenführte. Es war vor allem der Film, die Schwänke...

Als »Geheimnisträger« hatte ich einmal eine chemische Formel zu einem Agenten zu bringen. Die bekam ich mit farbloser Tinte auf den Po geschrieben.

Meinen »Verbindungsmann« spielte mein guter Freund Gunther Philipp.

Mit Gisi und Gunther Philipp sind wir oft und gerne zusammen. Ihr Sohn Gero ist unser gemeinsames Patenkind. Die glanzvolle Taufe im Kölner Dom haben wir nie vergessen.

Um auf die verquere und verrückte Geschichte um den »Geheimnisträger« zurückzukommen: Sie wurde von einem Mann verfaßt, der mit seiner prächtigen Frau Ebbi auch zu meinem engen Freundeskreis zählt: Heinz G. Konsalik. Es wurde auf Rhodos und in Athen gedreht. Und nicht nur, daß ich diese blödsinnige Formel auf dem Hintern hatte, ich mußte auch noch ein Segelflugzeug fliegen... Ein Glück, daß die Szene im Atelier stattfand: Ich sprang in das präparierte Flugzeug, machte den Deckel zu, stieß an einen Hebel – das war das Signal für den Mann am anderen Ende, mit einem starken Antriebsmotor das am Flugzeug befestigte Stahlseil anzuziehen. Ich schwebte...

Und während der ganzen Zeit hat der Gunther Philipp, mein V-Mann, natürlich die schreckliche Angst, daß ich ins Wasser fallen und die Formel dabei zum Teufel gehen könnte. Wie auch immer – irgendwann mußte ich ja runter mit meinem Segelflugzeug. Ich lande in einer Tempelruine, guck mich um – und sage schwach: »Mein Gott! Und das hab ich jetzt alles kaputtgefahren...?«

Sagen Sie nichts dazu. Die Leute lachen. Und wir, der Gunther und ich, wenn wir abends bei uns zu Hause gemütlich in den Sesseln sitzen, lachen noch heute. – Denn schließlich: Lachen und Heulen – wie nahe liegen sie doch nebeneinander...

Es war der 13. August 1961, ein bedeutsamer Tag. Doch was wußten wir Schauspieler schon davon? Wir feierten... Atze Brauner, der unangefochtene Filmkönig Berlins, hatte zu einer Riesenparty geladen: *Robert und Bertram*, ein Schwank, in dem ich mit Vico Torriani spielte, lag hinter uns. An dieser Stelle sollte ich vielleicht kurz erwähnen, daß er mit seiner Kochkunst während der Dreharbeiten dazu beigetragen hat, meine »Idealfigur« mit ein paar Pfunden zu verschönern.

Doch nicht nur *Robert und Bertram*, sondern auch zwei weitere Produktionen waren gerade fertig geworden. Genug Anlaß für Atze Brauner, das berühmte Restaurant »Gerhuss« zu mieten und mit seinen Gästen zu füllen... Mir war's recht. Den ganzen Abend liefen mir Berühmtheiten über den Weg und schüttelten mir die Hand: »Ach, Herr Millowitsch, wie nett, Sie mal zu sehen...« Unter anderem auch Lex Barker und mein Freund Gert Fröbe, der irgendwie unglücklich war und mir so ein bißchen sein Herz ausschüttete.

Doch das Fest ging weiter, mit Tanz und Spaß. Als wir schließlich mit ziemlich dickem Schädel am nächsten Morgen auf der Ku'damm-Terrasse des »Kempinski« unseren ersten Kaffee zu uns nahmen, drangen die ersten Nachrichten zu uns herüber. Noch keine zwei Kilometer von unserem Standort entfernt, rasselten die Panzer. Überall Polizisten, Soldaten, Amerikaner, Engländer und Franzosen... Sie standen sich schußbereit gegenüber: Panzerkanonen, Maschinengewehre, Russen und Alliierte. Und wir merkten nichts von alldem...

Die DDR, damals sagte man ja »Ostzone«, war in

dieser Nacht dichtgemacht worden. Die Mauer stand. Niemand konnte herüber, niemand zurück... Selbst das Tanzorchester, das uns in unserer fröhlichen Nacht mit seiner Musik begleitet hatte, saß in der Falle. Es stammte aus Ost-Berlin.

Nein. Es war wohl kein Kater, den wir an diesem Morgen zu bekämpfen hatten, es war jene Ernüchterung, die Menschen, die gerne träumen, dann überfällt, wenn sie plötzlich der kalten Wirklichkeit unserer Welt gegenüberstehen.

Hei-Wi-Tip-Top

Manchmal habe ich Alpträume. Ich sehe zwei Menschen vor einem Rundhorizont – und Dienstmützen...

Heidi, weißt du noch...?

Heidi Kabel und ich warteten am Checkpoint und wollten rüber nach Ost-Berlin. Genauer: wir wollten in *My Fair Lady*, das im »Metropol«-Theater gespielt wurde, denn dort stand meine Tante auf der Bühne – die Cordy Milowitsch.

Aber so einfach war das nicht.

Wir hockten auf unseren Holzbänken und warteten. Wir warteten zehn, wir warteten zwanzig Minuten, wir warteten noch länger – dann platzte mir der Kragen. Ich ging zu dem jungen Mann mit der Dienstmütze und den Sternchen auf der Schulter und sagte: »Entschuldigen Sie bitte! Ich möchte unsere Pässe zurück.«

»Ihre Pässe?«

»Ja. Die haben Sie schon seit 'ner halben Stunde. Und das ist für mich zu lange. Ich wollte nämlich rüber ins »Metropol«-Theater, um meine Tante zu sehen, die Cordy Milowitsch. Aber wenn Sie mir meinen Paß nicht geben, komme ich zu spät. Also fahre ich lieber wieder zurück nach West-Berlin.«

»Millowitsch...«, sagte er. »Ihre Tante?«, und guckte mit einemmal ganz menschlich.

Wie auch immer. Innerhalb von Sekunden waren die Pässe da. Und es dauerte auch nur wenige Minuten, bis wir unser Geld wechseln konnten.

Kurz vor Aufführungsbeginn waren wir tatsächlich noch rechtzeitig im ›Metropol-Theater‹ angelangt...

Wir schoben uns zu unseren Plätzen. Sie lagen in der ersten Reihe – dafür hatte Cordy gesorgt –, aber nun standen plötzlich Menschen auf, andere fingen an zu klatschen, dann waren alle außer sich vor Begeisterung: »Die Heidi Kabel, der Willy Millowitsch – und die beiden bei uns im ›Metropol‹-Theater!«

»Frau Kabel. Bitte!« Programme wurden uns zum Unterschreiben zugereicht. »Herr Millowitsch, bitte...« Wir holten unsere Füllfederhalter heraus, wir schrieben, und die Leute strahlten uns an und drückten uns die Hände.

Warum ich dies erzähle? Weil ich Tränen in den Augen hatte. Weil es nun mal etwas ganz anderes ist, ob einem eine solche Geschichte in Köln, Düsseldorf oder Frankfurt passiert – oder in Ost-Berlin.

Nun gut, es wurde dunkel, mit einer Viertelstunde Verspätung ging der Vorhang auf. Sie spielten hervorragend: die Einfälle, die Inszenierung, die Musik, die Tanzeinlagen – und natürlich unsere Cordy! Da sah ich sie wieder – unverwüstlich, eine Lebenskraft ausstrahlend, der weder das Alter noch die Zeit hatten zusetzen können.

Im Jahre 1913 hatte die Frau, die dort oben auf der Bühne noch immer so präsent war, den Bruder meines Vaters geheiratet und sich damit prompt in ein Wespennest gesetzt: in die Millowitsch-Großfamilie. Die Damen dieses sonderbaren Clans dachten nicht daran, fremde Götter neben sich zu dulden... Bei Cordy jedoch kamen sie an die Verkehrte: Sie machte kurzen Prozeß. Cordy verschwand, ehe sich die anderen Millowitsch-Frauen an sie gewöhnen konnten. Sie hatte nicht nur eine wunderbare Stimme, sie war eine unglaubliche sängerische Begabung. Und so zog sie durch die große weite Welt, um sich am Ende im guten von meinem Onkel Carl scheiden zu lassen.

Eine Millowitsch wollte sie also nicht länger sein, den Namen wiederum wollte sie behalten. Cordy löste das Dilemma auf ihre Weise: Sie schrieb sich von nun an nur mit einem l: Milowitsch...

An diesem Abend also zog der Millowitsch mit den zwei »l« zur Milowitsch mit einem »l« in die Garderobe. Wir fielen uns um den Hals und sprachen von alten Zeiten.

Beschwingt, auch ein wenig traurig – wir verfügten nicht über die Zeit, um nach diesem wunderschönen Theatererlebnis den Abend mit Cordy zu verbringen – gingen Heidi und ich zurück zu unserem Kontrollpunkt.

Dort hatten die Gesichter gewechselt. Die Dienstmützen aber waren dieselben, und der Name Millowitsch bewirkte rein gar nichts.

Ein anderer Mann mit Sternchen deutete auf Heidis Mantel: »Frau Kabel, wo haben Sie denn den Pelzmantel her?«

»Wie bitte?« murmelte Heidi geschockt.

»Ich möchte wissen, woher Ihr Mantel stammt!«

»Aber entschuldigen Sie mal! Den habe ich angehabt, als ich gekommen bin.«

»So? Den haben Sie also angehabt? Und wo ist die Bescheinigung?«

»Wir haben keine Bescheinigung erhalten«, erklärte ich.

»Ich fragte die Dame.«

Aber die Dame konnte da leider auch nicht helfen. Es war eine ziemliche Klamotte, und der Mann mit der Dienstmütze spielte sie konsequent durch. Nun hatte er es mit dem Geld.

»Sie haben doch sicher Geld gewechselt, Herr Millowitsch?«

»Ja. Ich glaube dreißig oder fünfzig Mark.«

»Und wo haben Sie das Geld?«

»In meiner Tasche.« Ich fischte es heraus und hielt es ihm unter die Nase.

»Das müssen Sie aber ausgeben! Hier, in der DDR.«

Ich holte wieder Luft. Aber ich hatte schon so oft Luft geholt, daß ich mich diesmal verschluckte. »Ja Himmelherrgott«, keuchte ich. »Wo bitte – wo soll ich's denn ausgeben? Ich war doch nur im Theater. Und im Theater braucht man kein Geld. Hier, ich schenk's Ihnen. Ich geb's euch ja gerne!«

Der Besternte schüttelte nur den Kopf: »Das können Sie nicht. Das kommt nicht in Frage. Das grenzt an Bestechungsversuch!«

»Was soll ich denn sonst tun?«

»Ausgeben«, sagte er.

»Und wo?« Nun brüllte ich. »Kann ich Ihnen vielleicht was abkaufen? Draußen ist schließlich alles zu! Es ist elf! Das geht doch gar nicht!«

Er zuckte nur mit den Schultern.

Ich war nicht mehr zornig, ich war verzweifelt. Die Welt besteht aus Irren, dachte ich, und dies hier muß das Zentrum sein. In derselben Sekunde erkannte Heidi die Rettung! Ein weißes Kästchen stand auf der Theke. Ein rotes Kreuz war draufgemalt. Sie gab mir einen Wink mit den Augen.

»Sehen Sie«, sagte ich voll Hoffnung, aber mit zitternder Stimme, »das Rote Kreuz ist doch eine feine Sache. Könnten wir es vielleicht da reintun?«

Auch das schien ihm zunächst nicht so recht zu passen. Er mußte es sich überlegen. Schließlich nickte er gnädig. »Ja, also von uns aus, na ja, tun Sie's da rein.«

Das tat ich dann auch...

Heidi schien das alles nichts anzuhaben, im Gegenteil, als wir die Baracke verließen, fing sie an zu lachen.

»Ich find's wirklich nicht komisch, Heidi.«

»Sieht dir ähnlich«, lachte sie. »Willy, wann geht dir endlich auf, daß das Leben viel verrückter ist als alles, was dir als Komiker einfallen kann?«

Ach, die Heidi. Einer der liebsten Menschen, die ich kenne. Eine Freundschaft, die zu jeder Sekunde, in der sie bestand, eine Bereicherung meines Lebens war! Und dies gilt nicht für mich allein, sondern für Gerda und die ganze Familie. Nicht nur wir Alten verstehen uns, auch aus den Kindern wurden Freunde, und als Peter in Hamburg studierte, nahm Heidi ihn wie einen Sohn ins Haus.

1959, vor vielen Jahren also, traf ich sie zum erstenmal. Damals hatte ich ein Gastspiel im Hamburger Theater »Besenbinderhof«. Kaum war der Vorhang zu, dachte ich mir: Jetzt gehst du ins Ohnsorg-Theater und hast mal ein richtig nettes Gespräch mit Kollegen! Ich marschierte entschlossen ins Restaurant hinein und sagte gleich zum ersten Kellner: »Ich möchte Frau Kabel kennenlernen. Und Herrn Scherau auch, wenn's möglich ist.« Das waren nun wirklich zwei Kollegen nach meinem Geschmack: Großartige, bewundernswert sichere und begabte Volksschauspieler. Als hätten sie mich erwartet, saßen sie in der Ecke und winkten: »Mensch, Millowitsch, komm her an den Tisch!«

Da saß ich nun bei ihnen. Ich weiß nicht, was ich erzählte – doch ich sehe noch immer diese Reihe von Gläsern, die da auf mich zurückten: Bier, ein Bommi, wieder ein Bier und noch ein Bommi…

Wie ich später ins »Atlantic« zurückkam, weiß ich nicht mehr so genau. Aber als ich aufs Bett fiel, dachte ich zufrieden: Na, siehst du, Willy: Jetzt hast du sie also kennengelernt – Und was für nette, feine Leute, die da in Hamburg!

Walter Scherau, der von uns allen verehrte Dicke, wurde in der Folgezeit krank. Wir hatten uns noch manches Mal gesehen, und jedesmal waren Bier und Bommis dran. Es konnte nicht gutgehen. Er lag auf der Nase. Jeder dachte, der Walter erholt sich wie immer schnell, aber es dauerte schließlich ein ganzes Jahr...

Dann erfuhr ich: Morgen steht der Walter wieder in seinem Ohnsorg-Theater auf den Brettern. Mein Gott, was ich mich für ihn freute.

Bevor bei uns in Köln der Vorhang aufging, suchte ich in meinem dicken »Privatbuch«, in dem die Nummern der Freunde und Kollegen unter den jeweiligen Städtenamen verzeichnet sind, Scheraus Nummer heraus und ließ mich mit seiner Garderobe verbinden. Da hörte ich schon seine Stimme: »Wer ist da?«

»Ich – ich, der Willy Millowitsch. Walter, ich möchte nämlich gerne...«

»Weiß schon. Du willst mich nervös machen, weil ich jetzt zum erstenmal nach langer Zeit wieder spiele!«

Ich konnte es nicht glauben, ich war wie vor den Kopf geschlagen: »Ja dann, Walter – wenn du mir so kommst, tut es mir leid, dann kannst du mir in die Tasche steigen! Dann häng ich ein.«

Ich tat's auch.

Aber fünf Minuten später bereits klingelte mein Apparat: Es war Walter Scherau.

»Ach was...? Du rufst mich an...?«

»Ja. Ich rufe an, weil ich dich um Entschuldigung bitten will. Ich war so aufgeregt und so schrecklich unhöflich zu dir.«

»Toi-toi-toi, wollte ich doch nur sagen, Walter. Nachdem du doch zum erstenmal wieder auf die Bühne gehst. Schließlich, es gibt ja auch Kollegen, die es lieb meinen, oder?«

»Willy«, seine Stimme war fast flehend, »tu mir den Gefallen: Nimm es nicht übel. Bitte, ich hab's wirklich nicht so gemeint... Und ich dank' dir...«

»Okay. Morgen rufe ich wieder an. Vielleicht auch übermorgen. Und dann erzählst du mir, wie es gelaufen ist. Versprochen?«

»Versprochen«, sagte er.

Ich hatte ihn ja verstanden. Ich konnte mich in ihn hineinfühlen: die Krankheit, die Erregung, das Lampenfieber. Aber konnte man es »Lampenfieber« nennen, nach einer Pause von einem Jahr...?

Walter Scherau wirkte stets wie ein unerschütterlicher Berg, und sein burschikoses Gehabe täuschte viele – dahinter verbarg sich jedoch ein überaus sensibler Mensch. Wie bei so vielen großen Komödianten, waren bei ihm Melancholie und Humor Geschwister. Im Grunde war er wohl ein einsamer Mensch. Und einsam starb er auch, in seiner Hamburger Wohnung. Da es ein Wochenende war, hatte niemand bemerkt, daß ein Infarkt ihn von uns nahm.

Walter Scherau und Heidi Kabel – für Hamburg waren sie das gefeierte Duo. Daß aus Heidi und mir noch ein »Traumpaar« werden sollte, das hätte ich nicht gedacht.

Zum erstenmal arbeiteten wir bei einer Live-Übertragung in *Ein Platz an der Sonne* zusammen. Eine Menge bekannter Leute von Film und Fernsehen waren dabei.

In der Auftakt-Szene – *Die Kartenlegerin* – sollte ursprünglich Heidis Mann, Hans Mahler, die Rolle des Richters spielen. Doch er verzichtete für diesen Abend – und so übernahm ich.

Das war der Anfang. Und schon bald hieß es: Die Heidi und der Willy, die muß man einfach zusammenspannen. Sie erfanden einen ziemlich sonderbaren Namen dafür: »Hei-Wi-Tip-Top«. Aber das wurde dann doch noch ein Schlamassel, weil die Fernsehoberen sich mal wieder in die Haare gerieten und die Sendereihe darunter litt.

Wir aber hatten unseren Spaß: zwei gute Freunde in Berlin! Und wie zwei Kinder versuchten wir mit diebischem Vergnügen, den anderen reinzulegen.

Meist wohnten wir bei unseren gemeinsamen Auftritten im Hotel »Kempinski«. Wir lieben es. Doch es geht da manchmal schon sehr vornehm zu. Das muß vermutlich wohl so sein – etwa die hochgezogene Augenbraue, mit der mich der Oberkellner musterte, als ich im Restaurant für Heidi und mich zwei Bockwürste mit Kartoffelbrei und Sauerkraut bestellte.

»Nun, Bockwürste, nein, Bockwürste führen wir leider nicht. Sauerkraut und Püree, das ja.«

»Was haben Sie dann zu bieten?«

»Nun, ein paar Wiener könnte ich Ihnen dazu empfehlen.«

»Also, dann bringen Sie uns schon Ihr Püree und das Sauerkraut«, entschied ich. »Und legen Sie von mir aus auch noch die Wiener mit auf den Teller.«

Er nahm's zur Kenntnis. Ich aber hatte längst eine gute Idee: Ich verließ unseren Tisch und das »Kempi« und steuerte quer über den Ku'damm die nächste Würstchenbude an.

»Zwei Paar Bockwürste, zum Mitnehmen.« Der Verkäufer wickelte mir die Würstchen ein und tat ordentlich Senf dazu.

Und ich flitzte zurück ins »Kempi«, vorbei am Ober, der mich mißtrauisch musterte. Und dann wurden die Augen unter den hochgezogenen Brauen auf einmal ganz groß.

Ich hatte nämlich inzwischen meine Bockwürste auf die Teller drapiert, die vor Heidi und mir standen. All die vornehmen Gespräche um uns waren plötzlich erloschen. Alle guckten. Und Heidi lächelte: »Ich danke dir. Für mich bist du der Größte.«

Das war ich auch, in diesem Augenblick.

Ach ja, das alte »Kempi«! Einmal wohnten wir gemeinsam im vierten Stock. Als es im Lift aufwärts ging, drückte ich die Zahl drei. Die Türen öffneten sich, und Heidi, gutgläubig, wie sie nun mal ist, betrat auf meine einladende Handbewegung hin den Flur. Ich aber hatte längst auf die Vier gedrückt und fuhr weiter.

Zweimal konnte ich diesen Streich bei ihr anbringen! Doch dann wurde sie wachsam. Irgendwie schaffte ich es auch ein drittes Mal. Ich höre noch heute ihren Schrei: »Neiiin! !«, als sie wieder mal im dritten landete.

Von nun an war's vorbei damit. Eisern wie ein Zinnsoldat stand sie neben mir und kontrollierte die Stockwerke.

Am letzten Tag unseres Aufenthaltes hatte ich eine neue Idee. Ich besorgte mir einen Schraubenzieher und vertauschte im Flur des dritten Stockwerkes die Drei mit der Vier.

Und wieder hatte ich sie soweit; sie schwor mir Rache. Um sie wenigstens ein bißchen zu trösten, schraubte ich das Schild im Lift wieder ab und schenkte es ihr zur Erinnerung... Sie wird lächeln, wenn sie beim Lesen an diese Geschichte zurückdenkt. Mir ist nicht ganz so wohl zumute – denn ich weiß genau, trotz der Zeit, die dazwischen liegt, muß ich auf der Hut sein. Denn jetzt bin ich dran. Eine Heidi Kabel läßt solche Dinge nicht auf sich sitzen...

Humor ist...

»Ach, mein lieber Herr Millowitsch! Was habe ich gelacht! – Tränen habe ich gelacht! – Ach Gott, was waren Sie heute wieder komisch...!«

Vielleicht war ich es auch; aber den von mir verehrten Hans Moser packte in solchen Situationen die Panik, und so ergriff er entweder die Flucht oder wehrte sich mit Worten, die ich nicht zitieren will...

Komiker seien Melancholiker, sagt man. Auf mich trifft es nicht zu: Ich stehe da und zeige meine Zähne... ich lächle und sage mir: Willy, du mußt komisch sein, du hast es ja schließlich gelernt. Ist ja dein Hauptfach...

»Humor – was ist das eigentlich, Herr Millowitsch? Kann man das definieren?«

Man kann. Und daß es sich bei der Definition um einen Spruch handelt, der durch millionenfachen Gebrauch längst abgeschliffen wurde, ändert nichts an seiner Wahrheit: Humor ist, wenn man trotzdem lacht...

Ich verlasse meine Garderobe, das Hotel, oder suche nach einer Tourneeaufführung mein Bier – und da sind sie schon, die Damen! Alles nette, liebe, gepflegte Wesen. Ondulierte Löckchen, Straß an der Brille und dieses vielfache, vieldeutige Goldreifchen-Klingeln, wenn sie so wild in der Luft rumrudern: »Da ist er ja, unser Willy! – Ach Willy…«

Die Damen laufen auf mich zu, sie breiten die Arme aus. Was soll ich machen? Ich tu das gleiche. Sie drücken. Ich krieg 'nen Kuß, auf die linke Backe, auf die rechte Backe. Und schon folgt ihr die nächste: »Ach, Herr Millowitsch! Darf ich Sie mal in die Arme nehmen? Darf ich Sie einmal knuddeln?«

Meine Frau steht daneben. Sie braucht weder zu drücken noch zu knuddeln.

Und dann wird über die Wangen gestrichen. Und wieder geküßt…

Und weil sie es darf, darf es auch gleich die Freundin, und deren Freundin…

Ich steh da und zwinkere. Und weiß nicht einmal, ob dieses Knuddeln nur lächerlich ist oder ob es auch sein Schönes hat. Schön ist sicher, daß all diese Menschen so viel Freude an mir haben. Und das Lächerliche? Nun stellen Sie sich die Szene doch mal genau vor. Und mich dabei…

Unter dem Strich bleibt also die Tatsache: Humor ist, wenn man trotzdem lacht… Wenn ich mir nun jetzt ganz ernsthaft überlege, was wirklicher Humor ist, fällt mir auf den ersten Anhieb der Otto ein.

Otto – diese Hektik, dieser Hühnerhals, der aus sich selber lebt, diese Gedankensprünge, die mit den Sprüngen auf der Bühne wetteifern: Der ganze Mann – ein einziger Witz! Alles aber durchdacht: guter, arschtrockener Blödsinn. Unglaublich! – Über den, da kann ich wirklich lachen...

Sonst aber?

Um zu erklären, was ich meine – es gibt schließlich nun wirklich nichts Schwierigeres, als ernsthaft über Blödsinn zu reden –, hier eine Erinnerung.

Vor Jahren war ich mal Ehrenpräsident einer Laienspielgruppe. Nun wollten die den *Schneider Wibbel* spielen, und ich wurde eingeladen. War ja auch selbstverständlich bei einem Ehrenpräsidenten. Ich setzte mich also in die Loge.

Es war eine sehr große Laienspieltruppe. Entsprechend groß war auch das Publikum. Es gab eine Freilichtbühne. Und davor saßen nun Tausende von Menschen.

Gut, ich sah mir also den *Schneider Wibbel* an. Nach dem Schlußapplaus kam ein Reporter auf mich zu und sagte:

»Ist ja schon ziemlich komisch, nicht?«

»Was ist komisch?«

»Ich meine, es ist schon ziemlich komisch, daß Sie überhaupt nicht lachen. Gefällt Ihnen das nicht?«

»Lieber Herr«, sagte ich, »wieso soll mir das nicht gefallen? Jetzt tun Sie mir mal einen Gefallen und überlegen mit: Sehen Sie, ich habe das Stück Hunderte von Malen gespielt. Tausendmal vielleicht. Was soll ich denn da lachen?«

»Ich meine ja nur so...«

»Ich hab mich innerlich amüsiert, lieber Herr«, sagte ich. »Es hat mir Spaß gemacht, daß die Leute so gut drauf sind. Soll ich denn dann ständig hahaha schreien wie die andern? Ich kenne das Stück ja. Ich sagte es eben. Jede Pointe, jeden Witz kenne ich. Ich weiß genau, was im nächsten Augenblick kommt. Und Sie verlangen von mir, daß ich jetzt losbrülle, als hätte ich es noch nie gesehen?«

»So war das nicht gemeint...«

»Ich weiß nicht, wie Sie es meinten«, sagte ich, »aber es ist Unsinn. Ich fand das Stück gut, ausgezeichnet gespielt. Aber deswegen muß ich doch nicht gleich losbrüllen wie die anderen?«

»Das mag ja alles sein, Herr Millowitsch. Aber...«

»Was?«

»Na, aber ich hatte es einfach erwartet...«, sagte er.

Und damit war er am Punkt. Er hatte die Stelle berührt, wo mir Humor weh tut – und deshalb abhanden kommt. Die Menschen scheinen alle felsenfest zu glauben, daß ich nur aus Spaß und Blödsinn bestehe. Daß mir den ganzen Tag nichts anderes einfällt, als Witze zu reißen. Wenn ich irgendwo auftauche, hör ich es ja schon: Ah, der Millowitsch! Jetzt wird es lustig. Jetzt gibt's was zu lachen...

Bei mir will keiner akzeptieren, was jeder für sich als selbstverständlich beansprucht: daß Beruf und Privatleben getrennte Dinge sind.

Manchmal ist es wirklich zum Verzweifeln. Ich bin im Auto unterwegs, halte an der Tankstelle, weil das Auto Benzin will und ich mal muß. Und was geschieht? Schon der Tankstellenwart macht mir Augen, die sagen: Jetzt fang doch gleich mal mit 'nem Salto an, Willy! – Und habe ich gar noch Hunger und will auf eine Wurst und ein Bier in die Raststätte, starren die Leute mich an, als erwarteten sie, daß ich auf Händen hereinkomme!

Was soll ich ihrer Meinung denn noch machen? Soll ich Hoppe-Hoppe-Reiter spielen, soll ich Witze reißen, gleich nach einem Mikrofon verlangen? Wieso eigentlich will niemand begreifen, daß ich genauso ein Mensch bin wie er, daß ich genausogern mal entspannen möchte, nichts als essen oder einen trinken will.

Ich freu mich ja, wenn sie sich freuen, daß sie mich sehen. Klar doch. Doch Witze erzählen und Lieder singen – einfach nur Mensch sein: bitte alles zu seiner Zeit! Das richtige »Wann und Wo« ist, wie so oft im Leben, auch hier die entscheidende Frage.

Am liebsten sind mir jene Menschen, die mir ganz still zulächeln, die mal ein »He, Willy« sagen, worauf ich still zurücklächeln und mich darüber freuen kann, daß sie mich mögen.

Aber küssen...? Um Himmels willen, ich kann doch nicht jeden gleich küssen...?!

Herzliche Grüße von Doolittle

Wenn es überhaupt nicht mit der Rolle geht, wenn du sie einfach nicht in den Kopf kriegst, dann leg doch das Buch unters Kopfkissen...!

Ob diese alte Schauspieler-Weisheit als Scherz gedacht ist oder als bange letzte Zuflucht, ob sie irgendwo auf der Welt irgendwann einem Schauspieler geholfen hat, ich weiß es nicht. Aber auch ich gehe mit dem Rollenbuch ins Bett. Ich bin überzeugt davon, daß von ihm irgendeine, nicht zu fassende und nicht fühlbare Kraft ausgeht.

Außerdem ist es praktisch. Wenn ich nachts nach dem Lesen nicht einschlafen kann, tasten sich meine Gedanken durch die Szenen, schmecken Texte ab, versuchen sie ins Gedächtnis einzugliedern. Bleibe ich mal hängen, drehe ich schnell das Licht an, gucke rein, knipse es wieder aus, drehe mich um und schließe die Augen.

Irgendein Textloch gibt's immer, in das man hineinfällt. Überall liegen Steine, über die man stolpert. – Also die Nachttischlampe wieder an, nochmals reinschauen... So ist's schon besser. Gott sei Dank lerne ich schnell.

Ich kam mir ungemein fortschrittlich vor, als ich 1953, nach meinen ersten Fernseherfahrungen, unsere Theater-Souffleuse abschaffte. Damals sagte ich mir: Sei konsequent, Willy. Vor den Kameras hilft dir auch niemand. Wo willst du denn die Souffleuse verstekken? Also gewöhn dich und das Ensemble daran, daß es auch so geht.

Den Kollegen sagte ich: »Nun lernt mal schön, Kinder. Dann könnt ihr auch gut Theater spielen. Die hilfreiche Dame gibt's bei mir nur noch bis zur Generalprobe...«

Aber manchmal, Himmelherrgott, manchmal sehne ich mich so nach dem beleuchteten Mund dort unten im Kästchen!

Die Rollen...? Man sucht und sucht – wenn man dann gefunden hat, wird gelernt. Und schließlich gespielt. Doch mit den Rollen ist es wie mit allen Dingen, die zum täglichen Umgang gehören: Man gewöhnt sich so sehr daran, daß der anfängliche Reiz sich nicht länger entfalten will. Vielleicht, daß all die Worte so in Fleisch und Blut übergegangen sind, daß wir sie gar nicht mehr wahrnehmen. Wir haben den Text assimiliert. Wir beschäftigen uns nicht länger mit ihm.

Aber da gibt es andere Rollen. Sie haben etwas Magisches, umgeben sich mit dem geheimnisvollen Reiz der Mädchen, von denen wir in der Jugend schwärmten: Die Traumrollen...!

Auch »Traumrolle« ist nur so ein Wort. Irgend jemand hat irgendwo auf einem Blatt Papier eine Figur erfunden. Und nun will sie einfach nicht aus dem Kopf! Man sitzt da, im Theater, vor dem Fernseher, sieht, wie die anderen sie spielen, und denkt: Was würdest du jetzt daraus machen? Man hat so viele Einfälle, Vorstellungen, kann sich so schwer dagegen wehren.

Ich brauch' doch nur an den Doolittle aus *My fair Lady* zu denken! Den Text, die Songs und Melodien – ich kenne sie auswendig und hab doch den Doolittle nie gespielt!

Bleib bei deinem Fach, Willy! – Ja. Aber gehört der Doolittle nicht auch dazu? Andererseits kann ich nicht sagen, daß ich all die Rollen geliebt habe, die zum »Fach« gehören – dem der Komiker und Komödianten –, von dem ich noch nicht mal weiß, ob es wirklich mein »Fach« ist. Wann hatte ich je Zeit, mir darüber Gedanken zu machen...

Eines weiß ich jedoch. Jede Rolle habe ich so gut gebracht, wie es mir möglich war. Ich nahm sie ernst. So komisch und sonderbar das für die klingen mag, die so schnell mit dem Wort »Klamotte« zur Hand sind und die in dem Begriff »Komiker« etwas Abwertendes sehen.

Ich habe das nie begriffen. Ich habe nie verstanden, warum ein Buster Keaton, ein Charly Chaplin bei den amerikanischen Kritikern nicht nur Respekt, sondern Dankbarkeit auslösen, während bei unseren Fachleuten – ehe die Nostalgiewelle begann – selbst Namen wie Heinz Erhardt, Hans Moser oder Theo Lingen nichts anderes hervorlockten als ein verständnisloses, abwertendes Kopfschütteln.

Komiker haben wir für sie zu sein, Klamotten-Auguste. Schon das Wort »Volkstheater« ist ihnen irgendwie unheimlich. Muß es ja wohl auch. Wer von diesen Theater-Kennern kommt schon mal zu mir in die Aachener Straße, um sich anzusehen, was er so leicht abtut?!

Mich belastet das alles längst nicht mehr. Ich habe mir eine dicke Haut zugelegt, aber ich weiß: Die Zeiten, als das Fernsehgremium Millowitsch mit »Kulturschande« gleichsetzte und weitere Sendungen aus meinem Theater verbot, sind so lange vorbei, daß sie schon gar nicht mehr wahr sind. Es hielt ja auch nicht sehr lange an. Nur ein Jahr. Dann haben sie uns wieder geholt. »Sachzwang« nennt man das wohl, ach ja: die Einschaltquoten!

Es gab Jahre, da spielten wir sechs oder sieben Stücke für das Fernsehen; in den letzten Jahren sind es nur noch zwei – was auch vollkommen genügt, denn wo soll man gute Stücke noch hernehmen?

Eines hat dies alles jedenfalls gezeigt: Das Karussell kann sich drehen, die Stühle der Fernsehoberen werden immer wieder neu besetzt – der Komiker bleibt! Wer immer noch da ist, selbst mit achtzig Jahren, bin ich. Ich darf das in aller Bescheidenheit sagen. Vielleicht hat es gar nicht soviel mit mir zu tun.

Fünfunddreißig Jahre haben wir uns erfolgreich im deutschen Fernsehen gehalten. Über neunzig Sendungen haben wir produziert. In den Anfängen mit Quoten von 70 oder 80 Prozent. Heute, auch wenn der spritzige junge Gottschalk, den ich sehr mag, den anderen Kanal abräumt, liegen wir noch immer zwischen 20 und 30 Prozent Einschaltquote. Und schließlich gibt es noch die Schweizer und die Österreicher. Was tun die? Sie schalten sich ein. Und warum? Weil sie zwei Stunden Entspannung und Heiterkeit brauchen.

Mehr wollte ich nie mit meinen Sendungen erreichen. Ich will die Menschen ihre Sorgen vergessen lassen. Das ist eine gute Aufgabe, finde ich – und gar nicht so einfach, o nein. Bei Charly Chaplin wurde die Klamotte zur Kunst. So viele aber, die sich darin versuchen, fallen auf die Nase.

Der deutsche Tiefsinn ist nun mal kein abendfüllendes Programm, und mit milder Freude stelle ich fest: Ganz leise nehmen auch die großen Theater die Schwänke von Arnold und Bach wieder ins Programm. Früher, in den zwanziger Jahren, spielte jedes Stadttheater pro Saison mindestens zwei Arnolds und Bachs. Sie sanierten sich nämlich damit. Die Vorstellungen waren ausverkauft. Und jetzt, heute, machen sie wieder diese sonderbare Erfahrung: Die Leute kommen ins Theater.

Was ich auch bringe, spiele und singe, im Grunde ist es doch nur Erfahrung; eine Schauspielschule habe ich nie besucht. Das Leben gab mir nicht die Zeit. Ich hatte meinen Vater, meine Tanten, meine Onkel, die Freunde, die Kollegen. Ich nahm von ihnen, was sie mir geben konnten. Ich habe nie die Klassiker studiert, wie das so üblich ist. Meine Lehrmeister haben mir genügt. Und wenn ich heute, mit fortschreitendem Alter, ein wenig Sehnsucht nach ernsten Stücken verspüre und das Leben neu und anders zu betrachten beginne, dann vielleicht aus dem Bedürfnis heraus, meine eigenen Erfahrungen in die Rollen einfließen zu lassen.

Ich bin überzeugt, die ernsthaften Regisseure unter meinen Freunden verstehen das sehr gut. Nur – wann rede ich schon darüber. Wenn zum Beispiel Jürgen Flimm, den ich sehr mag, zu mir nach Hause kommt, haben wir andere Themen. Und als er mich für den Fernsehfilm *Die Wupper* engagierte, ein ernsthaftes Stück Sozialkritik, lasen wir die Rollen gemeinsam durch. Auch hier gab es nicht viel zu bereden. Ich wußte ja, was er von mir wollte.

Auch darin sehe ich Handwerk: Die Rolle so zu bringen, wie der Regisseur sie sieht. Von meinen Leuten verlange ich das gleiche. Unter diesen Gesichtspunkt stelle ich mein ganzes Verhalten zu Regisseuren. Egal, ob ich sie mag oder nicht, ob ich sie für gut oder weniger gut halte, eines ist ganz klar: Es ist ihre Niederlage, wenn das Stück durchfällt, und bei einem Erfolg ihr Triumph. Der Mann im Regiesessel trägt die Verantwortung. Und das sollte man respektieren.

Da gibt es beispielsweise die ganz Großen, die Besessenen, die nichts anderes kennen, als großes Theater zu machen. Vor ihnen ziehe ich meinen Hut. Sie wissen, worauf es ankommt, und haben auch ihre geheimen Sehnsüchte: »Was glauben Sie, Herr Millowitsch, wie gerne ich bei Ihnen einmal mitspielen würde, in einem richtigen Schwank«, sagte mir einst Gustaf Gründgens.

Und ich? Nun, die Menschen sind sehr lieb zu mir. Auch die vom Fernsehen. Zu meinem 70. Geburtstag inszenierte Peter Weck – auch einer der Menschen, die mir so nahestehen – ein Portrait. Und da sah man nun, kommentiert von Dieter Thoma, ein Special, in dem ich in einer Art Theater-Slalom von einer Rolle in die andere schlüpfte: Als Lanz in *Die beiden Herren aus Verona,* dann als Malvolio in *Was Ihr wollt,* ebenfalls Shakespeare, als der *Geizige* von Molière, und schließlich spielte ich auch noch eine Szene aus *Die letzte meiner echt goldenen Uhren* von Tennessee Williams.

Rudolf Noelte engagierte mich für die Rolle des ersten Totengräbers in seiner Bonner *Hamlet*-Inszenierung. Auch mit Zadek besprach ich einen Theaterauftritt. Es wurde nichts daraus. Doch wir kamen schließlich zusammen, als ich unter seiner Regie in der Simmel-Verfilmung *Hurra, wir leben noch!* eine Rolle übernahm. Der Intendant des Rheinischen Landestheaters, Karl Wesseler, war überhaupt der erste, der mich überredete, mal etwas anderes zu spielen: nämlich Molières *Bürger als Edelmann*, in der Bearbeitung von Hans Magnus Enzensberger. Und ich hatte sehr gute Kritiken. Auch später mit *Ehrensache oder Die Lustpartie nach Lancashire*, ein Stück, das zu den Lieblingsdramen von Sir Laurence Olivier gehört, und Zolas *Rabourdin und seine Erben*.

Nun, die meisten allerdings wollen den Komiker. Und was ist das? Es gibt diesen alten Spruch: Ein Komiker muß entweder lang und dünn, klein und dick oder komisch sein. Ich bin wohl komisch. Aber das bedeutet auch, die Fähigkeit zu besitzen, Dialoge mit Gefühl und Herz und natürlicher Komik zu sprechen. Die Pointen müssen ihren Sinn erfüllen, die Texte handwerklich richtig gebracht werden. Und dazu kommt bei mir noch die alte Familien-Schwierigkeit der Millowitschs: Für einen Komiker sahen mein Großvater Wilhelm und mein Vater Peter und auch ich in jungen Jahren – verzeihen Sie mir die Eitelkeit – einfach zu gut aus.

Da blieb uns schon gar nichts anderes übrig, als wirklich komisch zu sein.

Ich habe nun zwangsläufig stets mit denen zu tun, die vor mir waren. Von meinem Vater beispielsweise sagte man, er habe ein Stimmvolumen wie Caruso – das dreigestrichene C muß er bei einer Tasse Kaffee seinen Kollegen so ganz nebenbei vorgesungen haben.

Als dann irgendwann ein Produzent zu mir kam und meinte: »Mach doch mal 'ne Platte, Willy«, dachte ich, wie der Vater bringst du das nie, und sagte: »Das wird doch nichts. Das hört sich doch keiner an...« Aber schon 1960 kam der Durchbruch: »Schnaps, das war sein letztes Wort«. Heino Gaze hat das für mich geschrieben, und ich habe mich mit Händen und Füßen dagegen gewehrt. Es wurde eine Millionenauflage. Inzwischen sind wohl mehr als 120 Lieder auf Platten verewigt; die meisten stammen von Heinz Korn, zum Beispiel:

Das Alter ist nur 'ne Zahl*

Text und Musik: Heinz Korn

1. Ja, mit achtzig, da macht sich
schon bemerkbar, daß man älter ist.
Das ist richtig, doch nicht wichtig,
wenn du schön aktiv noch bist.

Und man lacht sich – mit achtzig
manchmal still ins Fäustchen dann,
wenn man feststellt, daß man vieles
noch so gut wie mancher Junge kann...

Refrain

Das Alter ist nur 'ne Zahl!
Ob man sechzig, siebzig, achtzig – ist egal!
Die Hauptsach' ist, man hat noch Schwung,
Und man bleibt vor allem noch im Herzen jung!

2. Ja, die Leute, die sagen:
Schaut den Willy an, was der noch schafft!
Liebe Freunde, laßt Euch sagen:
Dafür braucht man ganz schön Kraft.

Aber mir macht es Freude,
wenn ich Euch noch Freude bring',
und so spiele ich weiter,
zur Musik ich fröhlich sing':

Gesungen von Willy Millowitsch auf Papagayo-Schallplatte

Eine der wichtigsten allerdings bleibt für mich die Langspielplatte, auf deren Hülle zu lesen steht: »Willy Millowitsch als ›Doolittle‹, die deutsche Idealbesetzung für *My fair Lady.*« Peter Alexander war in dieser Aufnahme der Higgins.

Da hat's nun einmal geklappt mit meiner Traumrolle... auf einer Schallplatte.

Mit dem *Doolittle* ist es wirklich wie verhext. Ständig rutscht er mir dicht unter der Nase vorbei. Einmal kam Grabowsky, der Tournee-Unternehmer aus der Schweiz, zu mir: »Willy, wollen Sie nicht den Doolittle spielen?«

Ich wollte schon. Und wie gerne! Doch für Monate meinem eigenen Theater fernbleiben – das ging einfach nicht.

Als Ende der sechziger Jahre *My fair Lady* im Berliner »Theater des Westens« herauskam, war es wieder so. Einige Monate später nämlich traf ich den alten Wölfer im »Deutschen Theater« in München. Und ich sagte: »Herr Wölfer, wissen Sie, daß ich Sie wegen einer Rolle fast angerufen hätte?« Er ahnte etwas: »Sagen Sie bloß nicht, Sie hätten gern den Doolittle gespielt...« Ich nickte. Da kramte er plötzlich in seinen Taschen herum und hielt mir ein Papier unter die Nase: »Hier – da hab ich's noch. Das war meine Idealbesetzung. Und da steht drauf: Doolittle – Willy Millowitsch. Aber dann sagten alle, Mensch, der Millowitsch hat doch nie Zeit. Und den kannste auch gar nicht bezahlen. Der ist doch viel zu gut im Geschäft...«

So wurde es wieder einmal nichts mit meiner Traumrolle.

Und das gilt heute noch: Herr Hampe, Intendant der Kölner Oper, hatte nämlich bei meiner *Fledermaus*-Premiere angekündigt, er wolle zu meinem 80. Geburtstag *My fair Lady* noch einmal herausbringen. Mit mir als Doolittle. Seitdem herrscht aber Funkstille.

Ich werde ihm deshalb ein Foto von mir im Doolittle-Kostüm schicken: »Die letzten Grüße von Doolittle...«

Das Special

Da hat nun mein Sohn, der Peter, in allerschönster Millowitsch-Tradition ein paar hübsche Schwänke geschrieben – nicht für uns, für den Westdeutschen Rundfunk, und dort spricht man gleich von einem »Special«.

Nun, in diesem »Special« darf ich nicht nur in jeder Episode die Hauptrolle spielen, es geht auch wirklich toll her. Wir haben beispielsweise einen älteren Herrn, einen Direktor, der plötzlich so geheimnisvoll tut, daß nicht nur die Sekretärin, sondern auch die Ehefrau den Verdacht haben, er verstecke irgendwo ein junges »Gspusi«. Im Büro ist er ständig abwesend, zu Hause unauffindbar. Und wenn er dann zurückkommt, strahlend guter Laune... Bis die Frau, gespielt von meiner Heidi, genug davon hat und verkündet: »Morgen nehm ich den Zug zu meiner Mutter!« Er aber fleht: »Wenn's schon sein muß, dann fahr übermorgen«, und faselt irgend etwas von Motorradunterricht, den er noch genommen habe. Natürlich glaubt sie ihm nicht. Und natürlich bleibt sie bei ihrem Ultimatum: zehn Uhr. Und wer erscheint anstatt des Taxis – der alte Herr auf einer brandneuen Maschine.

»Siehst du, es stimmt doch. Und sollte eine Überraschung sein. Weißt du noch, früher…«

»Ja, früher!«

Als sie jung waren, sind sie nämlich mit dem Motorrad sogar auf die Hochzeitsreise gefahren und dann prompt in einem Heuhaufen gelandet… Nun will er die alte Scharte mit der verpatzten Reise wieder auswetzen.

»Los, komm«, fordert er sie auf, »holen wir's nach!« Und sie fahren los, sind glücklich, fahren über Straßen und Dörfer. Doch dort kommt ihnen eine Dreschmaschine entgegen – der nächste Heuhaufen ist die Rettung. Und da sitzen sie nun, lachen furchtbar – und sie sagt: »Genau wie damals…«

Ist doch wirklich eine hübsche kleine Story… Doch nun kommt das Unglaubliche: Nicht nur mich – nein, gleich 28 Prominente hatte sich der Sender für das 60-Minuten-Special geholt: den Peter Weck, die Helen Vita, die Ingrid Steeger, die Inge Meysel, den Peer Schmidt, den Horst Tappert, den Ralf Wolter, den Walter Giller, den Gunther Philipp, die Brigitte Mira, den Martin Jente, die Lonny Kellner-Frankenfeld, unsere liebe Freundin. Ach du lieber Gott, ich kann sie ja gar nicht alle aufzählen…

Und was sie für ihre winzigen Rollen so alles auf sich nehmen: Der Dieter Krebs brach extra seinen Urlaub auf Mallorca ab, die Elisabeth Volkmann kam zwischen zwei Bühnenauftritten aus Hamburg angeflogen, die Heidi Kabel nutzte die kurze Drehpause, die sie bei den Aufnahmen zu ihrer Serie im »Camping-Park« in München gerade hatte.

Aber alle waren da... Und warum? – Nun, ich habe wieder mal Geburtstag. Und je länger es dauert, dieses Leben, desto mehr überkommt mich der Eindruck, das Geburtstagsfeiern habe – im Bild gesprochen – irgend etwas mit der Eisenbahn zu tun. Am Anfang ein ganz langsames Anziehen – und dann, ganz allmählich, läuft es schneller und ist wirklich furchtbar lustig. Aber jetzt auf einmal – rast es nur so, tak-tak-tak-tak macht es – wie auf den Schwellen der Geleise. Und jede Schwelle ein Jahr...

Nun, also das achtzigste!

Wie viele Geburtstagsfeiern werden noch folgen? Hoffentlich noch..., denke ich sofort. Aber der rücksichtsvolle Mensch, der ja auch in mir wohnt, sagt dann sofort: Aber Willy, das kannst du den andern doch gar nicht zumuten!

Die Tant'

Seit fünfzehn, nein, seit zwanzig Jahren stehe ich jeden Morgen in meiner Küche, nehme mir Brötchen, schneide sie auf und belege sie. Mal kommt schön Wurst drauf, mal Käse, immer ordentlich Butter drunter, und in letzter Zeit muß ich die Brötchen immer in kleine, handliche Stückchen schneiden, damit die

Tant' keine Schwierigkeiten bekommt, denn im hohen Alter fällt den Menschen das Kauen nun mal schwer.

Ja, neunundachtzig ist die Carola Leim inzwischen geworden... Und noch immer sitzt sie in meinem Büro, macht ihre Arbeit, korrekt, gewissenhaft, rechnet blitzschnell im Kopf, paßt auf, daß alles seine Ordnung hat, und ißt die »Bütterchen«, die ich ihr täglich bringe.

Wäre sie nicht so zart, die Tant', könnte man sie als »Wachhund« bezeichnen, nein als Löwin, die mich verteidigt, als sei ich ihr Junges. Wen sie nicht mag, der hat im Theater nichts zu lachen. Aber für ihre Lieblinge, auch für ihre Lieblinge von den Gastspielen, wie den Götz George oder den Georg Thomalla, tut sie alles. Die laden sie dann wiederum ein, wenn sie Premiere haben. Und die Tant' fliegt hin!

Im kleinen Büro im Theaterhof, das für mich das schönste Büro der westlichen Hemisphäre ist, sind wir beide die Idealbesetzung; die Tant' ist mit ihren neunundachtzig aus meinem inzwischen achtzigjährigen Leben nicht mehr wegzudenken.

Sie kommt morgens und nachmittags. In der Zwischenzeit geht sie zu ihrer Schwester essen, und dann ist sie wieder da, bleibt bis zum Ende der Vorstellung, führt Telefonate, macht Buchführung. Alles wird vorbereitet, ich brauche nur noch zu unterschreiben. Wo gibt es so etwas noch auf der Welt wie uns beide?

Wie ich sie kennenlernte? Das ist auch so eine Geschichte... Mein Schwager, der Mann von Gerdas Schwester, entdeckte sie einmal zur Weihnachtszeit auf dem Friedhof in Junkersdorf. Heiliger Abend war es. Und die Tant' eine schwarze, völlig verlassene kleine Gestalt...

Als der Schwager nun merkte, die weint ja, nahm er sie an der Hand und nahm sie mit nach Hause. Meine Schwiegermutter war nicht nur eine sehr liebenswerte, sie war vor allem eine fürsorgliche Frau, der das Leid anderer immer zu Herzen ging. So war die Tant' Carola von nun an immer bei den Feldhoffs zu Hause zu finden. Ich wiederum hatte mich schon seit Jahren gewundert, was mit diesem stillen, scheuen Wesen eigentlich los sei. Bis wir eines Tages dann so richtig miteinander sprachen und mir klar wurde: Wenn du schon eine neue Sekretärin brauchst, warum nicht sie?

Denn sie konnte nicht nur stenografieren, maschineschreiben – vor allem konnte sie rechnen, denn die Tant' Carola Leim war früher bei der Deutschen Bank... Ihr Mann, mit dem sie nur zehn Jahre verheiratet war, war Prokurist, sie Sekretärin... Nun, der Schreibtisch, hinter dem sie bei mir sitzt, ist sicher nicht so modern wie der, den sie bei der Deutschen Bank besaß. Aber er ist schön. Er gehörte schon meinem Großvater...

Und da sitzt sie nun, lächelt und wirft ihre berühmten scharfen Blicke. Längst ist sie zum Herzen des Unternehmens geworden, ja zu einer Art kleinen Kraftturbine, denn wo es nicht klappt, ist sie schon längst da!

Und das mit neunundachtzig.

Ich sagte es ja schon: Wir ohne die Tant'... Ja, wie denn? Sie ist so sehr ein Stück von mir, daß sie sogar mit uns die Ferien verbringen will. Wenn es wärmer wird, und der Himmel blau, dann sage ich ihr: »Kind, es ist bald Zeit, packe schon mal deine Koffer... Wir fliegen nach Elba.«

Mein kleines braunes Köfferchen

Jahr um Jahr, wenn die Theaterferien heranrücken, überfällt uns die alte Unruhe: Hemden und Shorts werden gebügelt, Koffer gepackt, Zeitungen umbestellt. Elba ist am Horizont erschienen, unser Ferienhaus, unsere Ferieninsel. Wir sehen bereits die weißen Felsen, den blauen Himmel, und vor den dunklen Pinien unser Haus an der Küste von Porto Azzurro.

Abends, wenn man im Bett liegt, hört man, wie die Wellen gegen die Steine schlagen... Es ist eines der schönsten Geräusche, die ich kenne. So lange höre ich schon dort im Sommer dem Meer zu. Als Mariele noch ganz klein war, sagte sie schon: »Mutti, warum packst du eigentlich immer noch etwas ein. Wir kommen doch von Zuhause nach Zuhause.«

Genauso empfinde ich es auch.

Doch Sie wissen ja, wie das mit den Vorsätzen ist: Wir haben doch alles dort. Ja, sicher. Aber was einem da alles einfällt, wenn der Wagen vollgepackt wird. Wer weiß denn schon, ob der Sonnenschirm vom letzten Jahr nicht doch Löcher hat oder ob die Plastikwanne an der Waschmaschine vielleicht kaputt ist? Na ja, und zu manchem braucht man doch etwas dazu. Vielleicht sogar zum Essen... Wenn wir dann also loszogen, war es ständig das gleiche: So voll war das Auto, daß es fast in die Knie ging vor lauter »Kleinigkeiten«.

Inzwischen hat es sich allerdings etwas anders eingespielt: Gerda macht die Quartiermeisterin und fährt voraus. Auch die Tant' ist schließlich abreisefertig. Nur ich hänge noch immer in den Seilen meiner Theaterpflichten...

Und dann die Kinder! Sie fallen auf Elba ein wie die Vögel – wann immer sie wollen. Irgendwann erreiche dann auch ich meine Insel. Mal mit dem Auto, doch meist mit dem Flugzeug.

Unter dem Gepäck, das ich mitbringe, ist mir eines das Wichtigste: ein kleines braunes Köfferchen. Überall schlepp ich es herum, nie laß ich es aus der Hand, nicht in meinem Urlaub und nicht bei meinen Theaterreisen.

Was darin ist, wollen Sie wissen? Zunächst mal zwei dicke private Telefonbücher – von A bis M und von N bis Z –, und zwischen den Deckeln dieser beiden Telefonbücher wiederum die Namen meiner Freunde und Kollegen. Ja, Menschen, mit denen ich in Kontakt bleiben möchte. Man kann es einen Tick, eine Manie nennen – na, wenn schon, ich brauch das einfach.

So viele Namen sind es, die mir nahe sind, Namen von Menschen, die mir begegneten, die mir halfen, die mir Freude gaben. Und stets ist es dieselbe Situation: Ein Gesicht taucht auf, eine Erinnerung und das Bedürfnis, aus dieser Erinnerung wieder Gegenwart werden zu lassen...

Ich öffne mein Köfferchen, wähle eine Karte oder eine Telefonnummer. Einmal versandte ich in einem einzigen Urlaub zweihundert Postkarten. In alle Himmelsrichtungen schwebten sie fort, dorthin, wo ich meine Freunde wußte oder vermutete – sogar bis Kanada, Südamerika und Südafrika. Und die Karten, die ich dann erhalte, wandern auch ins Köfferchen. Manchmal sehe ich sie mir an und träume.

Oder ich greife einfach zum Hörer, rufe irgend jemand an – Klaus Maria Brandauer zum Beispiel... Aus der Zeitung wußte ich, daß er gerade in München war und im »Vier Jahreszeiten« wohnte. Nach einiger Zeit hörte ich ein Knacken in der Leitung und dann eine ziemlich ungehaltene Brandauer-Stimme.

»Wer ist denn da?«

»Willy.«

»Wer?!«

»Hier spricht dein Zirkusdirektor.«

Er stutzte. In der TV-Sendung *Stars in der Manege* waren wir zusammen aufgetreten, Brandauer als Clown, ich als Direktor. Nun dämmerte es ihm.

»Ach, Willy? Ist irgendwas nicht in Ordnung?«

»Wieso? Was soll denn nicht in Ordnung sein? Ich wollte dich nur mal anrufen.«

»Ja, weswegen denn?«

»Weswegen? Du, ich wollte doch nur mal wissen, wie's dir geht...«

»Du willst wirklich nichts von mir?«

»Natürlich nicht.«

Und dann kommt es ganz erleichtert: »Ach, Willy – das ist aber wirklich lieb von dir...«

Ich legte auf, lächelte und überlegte, ob sich der

Brandauer wohl geängstigt hatte, daß ich ihm eine Rolle im Millowitsch-Theater anbieten wollte...?

So sitze ich nun, die Sonne streichelt meine Stirn, und weiter unten, zu meinen Füßen, murmeln die Wellen, brechen sich an den großen alten, tangbewachsenen Steinen. Ich aber sende Botschaften in meine kleine Welt, grüße meine Freunde und all die, die nicht mehr sind, die ich noch in meinem Herzen trage, und empfinde nichts als tiefe, dankbare Freude...

Wir Millowitschs blicken auf eine lange Theater-Tradition zurück.
Um 1880 war es noch ein Puppen-Theater, das mein Großvater Wilhelm von seinem Vater Caspar und der wiederum von seinem Vater – unserem Hiob – Franz Andreas Millowitsch übernommen hatte.
Das »Cölner Hänneschen-Theater« – eine Attraktion für jung und alt.

Schon als Kind war er begeistert von den rollenden Augen und den roten Haaren Willy Millowitschs. Jürgen Flimm, der bekannte Regisseur und Intendant des Hamburger Thalia-Theaters, wäre mit Willy als Esel am liebsten der Hahn bei den Bremer Stadtmusikanten.

WILLY

Unser Beruf ist ein flüchtiger, verweht, vorüber nach dem letzten Applaus, wenn die Lampen im Zuschauerraum ausgelöscht sind und die Schauspieler sich den letzten Rest der weißen Farbe aus den Augenwinkeln wischen – dann in den Frost des Abends, in die Kälte der Welt, in dieses traurige Bild der Wirklichkeit. Wenn man, wie ich, in Köln nach dem schrecklichen Krieg aufgewachsen ist, in dieser zertrümmerten Stadt, dann tauchen da auf der Frost der frühen Jahre, diese Heimatlosigkeit, das Chaos, die Wirren ohne Ziel und schreckliche Scham und Trauer. Das Spielen in den Trichtern, der Regen hatte aus ihnen kleine Seen gemacht, Kinderlandschaften, spielend erfanden wir uns eine eigene Welt. Und dann der Karneval, diese ersten Versuche, das Grauen und die tödlichen Lügen der 1000 Jahre wegzulachen: Wir Kinder hatten keine Ahnung von alledem – meine Mutter malte mir eine rote Nase, gab mir Vaters Hut und Stock, und auf mit der Bahn von Thielenbruch zum Neumarkt. Der Schlafanzug war das komischste Gewand, was aufzutreiben war – wir stolperten die Cäcilienstraße hoch über den Rudolfplatz, da stand noch das alte Opernhaus, zerschossene Illusion, das zerstörte Hahnentor, die Boulevards in Schutt und Asche, und dann hineinspaziert ins Theater. Und irgendwann gab's dann endlich das Rumoren, der Klang der geliebten heiseren Stimme draußen, viel zu weit weg für die Ungeduldigen, durch die bunten Pappkulissen, und rumms! war er auf der Bühne, mein heißgeliebter Willy! Die Augen rollen, die roten Haare zittern, die Zähne blitzen, das Lachen, so unendlich ansteckend, ohne sanfte hinweisende Vorbereitung ein lärmender Überfall, wehe den Zaghaften und Wankelmütigen, den Vornehmen und Geschmackhaften – sie haben keine Möglichkeit des Entrinnens –, der Fluchtweg verschlossen, verriegelt durch diese subversive Kraft des Lachens: Willy! Und das Singen und das Wiegen und die alten Kölschen Lieder. Später dann beim tosenden, jubelnden Applaus – was wäre der Beruf ohne dieses süße Geräusch, dieses zappelnde Stakkato – war ich sicher, er habe nur mich angeschaut, mich allein erwählt mit einer schier überirdischen Gunst, habe mich grinsend angeschaut und mit leichter Beugung seines Kopfes mich mit gnädiger Aufmerksamkeit geadelt. Mir lief es heiß den Rücken rauf und runter. Meine Mutter tuschelte: Wink doch! Ich lüftete den großen Hut des Vaters, aber da war der Blick schon fort, weitergehüpft. Benommen taumelte ich nach Hause – die rumpelnde kalte Straßenbahn konnte meine süßen

Erinnerungen nicht verwischen: Willy! Und später dann in der Schule – im Deutzer Gymnasium – kannte mein mittelmäßiger Deutschlehrer keine blödere Demütigung für mich, wenn er sabbelte: Se landen mal beim Millowitsch – und da bin ich ja nun heute auch –, und die Klasse juxte und feixte. Und dieser Name, in der Fremde, in den feindlichen Kantinen der Diaspora in München und Hamburg, wo meine Frau Inge und ich unseren kleinen privaten Rosenmontag feierten und uns leise Lieder zusangen – dieser Name – als Schimpfwort durch diese fremden Räume gerufen – dieser Name, um die Heimatsprache dran zu üben. Diese fünf lustigsten Silben meiner Kindheit hüpften hell durch unsere Köpfe und machten uns glücklich: Wil-ly Mil-lo-witsch. Ach, wir Kölner, die wir immer als die lustigen Lotterjungs gesehen werden, die flotten Flitzer auf den glatten, glitzernden Oberflächen des Alltags, wir sind doch ganz anders: wir sind sooo lustig und sooo fröhlich, weil wir traurig sind, weil wir wissen, daß das Lachen unsre Dämonen schreckt, daß das Schreien uns heiser macht, bis die Stimme versagt und sie keiner mehr hört, daß das Lachen eine heillose Waffe ist, ansteckende Seuche gegen den Tod: Überlebensqualität. Immer wieder wundre ich mich, daß die Bremer Stadtmusikanten nicht aus Köln kamen – zu unserer fahrenden Zunft der Komödianten gehören sie sowieso –, welch ein Kölscher Satz könnte das sein: Komm mit, etwas Besseres als den Tod finden wir überall – lach mit, was Lustigeres als die Trauer finden wir überall. Und wenn sie unsere Tiere wären, dann wär Willy – Verzeihung – der alte Esel, der uns alle trüge, stolpernd als Komiker, von einem Lachen zum andern. Sicher und gut wie auf Abraham, so auf seinem breiten Rücken trabten wir selig dahin. Und ich säße gern als Hahn ganz oben und würde vor Vergnügen krähen.

Inhalt

Personenregister

Sachregister

Die kursiv gesetzten Zahlen am Schluß des Begriffes beziehen sich auf den Bildteil.

80
LEBENS-
JAHRE
KLAUS BÖHLE

Bildnachweis

Peter Bischoff, Worpswede 42
Georg Bockemühl, Köln 43, 62
Heinz Bogler, Düsseldorf 39, 40
Conti-Press, Heinz Fremke, Hamburg 50
dpa Deutsche Presse Agentur GmbH 78
Ludvik Erdmanski, Schwanewede 38, 98
Euphono/Filipp 59
Peter Fischer, Köln 14, 16, 30, 56, 57
Karin Hackenbroich, Rösrath-Forsbach 99
Hoela-Film-Panorama, Hill Veit 49
Hans J. Hoffmann, Frankfurt am Main 60
Keystone, München 52
Kindermann, Berlin 67
Hildegard Lotz, Köln 34, 35, 36, 37
Gerhard Nietsche, Eichstätt 74
H. Nolte, Oberkassel 45
Peter Millowitsch 106
Christa Peters 31
Dr. Gunther Philipp-Placheta, Köln 85
Joachim Priem, Haueneberstein 71
Manfred Rademacher 75
Revue Weltbild 104
Heinz Rothe, 41, 53, 79, 81, 89, 101
Schneider-Press, München 83
H. Stenglein, Köln 76
WDR, Köln 54, 58, 61, 64, 65
Werek Pressebildagentur, Bonn-Bad Godesberg 77
Zik, Heinz W. Friediszik, Köln 84, 91, 97

Karikatur auf Seite 335
© Klaus Böhle, Bonn-Bad Godesberg

Alle übrigen Bilder: Privatbesitz Willy Millowitsch